Miller · Als Lehrer souverän sein

Reinhold Miller

Als Lehrer souverän sein

Von der Hilflosigkeit zur Autonomie

BELTZ

Dr. Reinhold Miller ist Beziehungsdidaktiker in der Lehrerfortbildung, Schulberater, Publizist, Kommunikationstrainer, Supervisor und Coach.

Lektorat: Cornelia Matz

www.beltz.de
Satz: Druckhaus »Thomas Müntzer«, Bad Langensalza
Druck: Druck Partner Rübelmann, Hemsbach
Umschlaggestaltung: glas ag, Seeheim-Jugenheim
Umschlagabbildung: © Panther Media GmbH / Diego C.
Printed in Germany

ISBN 978-3-407-62754-4

Inhalt

Vorwort

Ich komme eines Morgens an einer Schule vorbei und sehe einen Mann vor dem Schultor, der jedem Kind die Hand gibt, Mädchen wie Jungen. Die eine lächelt er an, den anderen stupst er freundlich, den Dritten streicht er übers Haar, und zur Vierten sagt er etwas. Den Kindern sieht man an, dass ihnen der persönliche Empfang guttut. »Ich bin der Hausmeister«, sagt der Mann zu mir, als ich ihn, verwundert über die morgendliche Szene, anspreche. »Ich begrüße alle Kinder jeden Tag, seit 20 Jahren. Sie warten schon darauf. Ich darf niemanden übersehen.«

Ich komme in eine Grundschule und sehe Kinder vor dem noch geschlossenen Schultor. »Schon so früh da?«, frage ich sie. »Klar, doch«, sagt ein Junge zu mir, »wir haben heute Projekttag. Da müssen wir unbedingt dabei sein.«

> Eine gute Schule ist eine Schule, in die die Kinder und Jugendlichen gerne gehen, in der sie etwas versäumen, wenn sie nicht dort sind, und in der sie be- und geachtet werden.

Diese Erfahrungen werden wohl nicht alle Kinder und Jugendlichen gemacht haben, sonst gäbe es kaum so viele negative Berichte über *die* Schule und deren Lehrer.

Ich selbst war insgesamt etwa 60 Jahre in der Schule, mit sehr gemischten Erfahrungen und Gefühlen, die von Glücks- bis zu psychischen Vernichtungserlebnissen reichten: als Schüler in Volksschule (Einschulung 1949) und Gymnasium; als Student zehn Jahre an Hochschulen und Universitäten, als Lehrer 15 Jahre in einer Grund- und Hauptschule und schließlich als Beziehungsdidaktiker, Supervisor und Kommunikationstrainer in der Lehrerfortbildung – mit zusätzlichen Erfahrungen in Wirtschaft und Industrie, zuerst als Werkstudent, später dann als Coach. Aus professioneller Sicht sind mir somit die Schule als Institution und die Personen in ihr mit all ihren guten Absichten und Bemühungen, mit ihren Stärken und Schwächen, ihren Anforderungen und Belastungen, ihren Möglichkeiten und Grenzen, sehr vertraut. (Miller 2003; 2006; 2007).

Mit dem speziellen Thema »Hilflose Lehrer« habe ich mich in den letzten Jahren deshalb so intensiv beschäftigt, weil ich häufig mit beruflichen Belastungen, selbst gewählten und fremd bestimmten Überforderungen, existenziellen Ängsten und gefährlichen Druck- und Grenzsituationen der Lehrerschaft konfrontiert wurde, die letztlich in lautstarken oder versteckten Hilferufen mündeten.

Mein Interesse an dieser Problematik hat aber auch einen persönlichen Grund: Vor über 20 Jahren schrieb ich das Buch »Sich in der Schule wohl fühlen« – und bekam kurz nach dessen Erscheinen mit 48 Jahren, für mich völlig überraschend, einen Herzinfarkt, trotz gesunder Lebensweise (wie ich meinte!).

Dieses einschneidende Ereignis brachte mich unter anderem zum Innehalten und zur Frage: Was habe *ich* »falsch« gemacht, was habe ich *übersehen*? – und zur Antwort: *Mich!* Mich selbst und die Grenzen meiner Möglichkeiten, nämlich: als (Fortbildungs-)Lehrer für *andere* da zu sein – und meine *eigenen* Bedürfnisse viel zu wenig wahr- und damit ernst genommen zu haben.

> Das Wohlfühlen der anderen war mir wichtiger geworden als der Blick auf mein persönliches Befinden.

Meine Motive, dieses Buch zu schreiben, entstanden somit aus der Fülle meiner eigenen und der Erfahrungen von Kolleginnen und Kollegen, ca. 15.000 in 30 Jahren während meiner professionellen Arbeit in Supervisions- und Trainingsgruppen. Die Wege, die sie aus der Hilflosigkeit gefunden haben mit dem Ziel beruflicher Souveränität und Autonomie, und die sie seither erfolgreich gehen, habe ich aufgezeichnet mit den Anliegen:

- Respekt und Wertschätzung all jenen Personen gegenüber entgegenzubringen, denen die Schule am Herzen liegt und die tagtäglich, oft weit über ihre Grenzen hinaus, verantwortungsvoll arbeiten, und deren Unbehagen in der Schule deutlich zur Sprache zu bringen (Teil I).

- Meine Wahrnehmungen, gezielten Beobachtungen, Erfahrungen und gesammelten empirischen Daten der Verhaltensweisen und Tätigkeiten von Lehrerinnen und Lehrern zu reflektieren, um Hintergründe und Zusammenhänge zu erfassen, die sie zu Hilflosen gemacht haben und machen (Teil II).
- Informationen, Übungen und Reflexionen anzubieten, damit aus »hilflosen Lehrern« – über Wege nach innen und außen – souverän handelnde und autonome Lehrpersonen und Lernbegleiter werden. Denn nur mit ihnen lässt sich »gute Schule« verwirklichen (Teil III).

Galt bisher ein *Studium* der Schulpädagogik / Didaktik und einiger Fächer als ausreichend für die Ausübung des Lehrberufs, so kann es – aufgrund der umwälzenden gesellschaftlichen Gesamtveränderungen – in keiner Weise mehr allein diesem anspruchsvollen Beruf genügen. Dieser *strukturelle Mangelzustand* ist die *Hauptquelle* der *Hilflosigkeit* von Lehrerinnen und Lehrern, aus der lediglich dürftige Rinnsale entstehen statt kräftige Wasserläufe:

1. Im Prozess der Berufsfindung und Eignungsfeststellung wird der »Beleuchtung« der Gesamtpersönlichkeit der potenziellen Lehrerinnen und Lehrer zu wenig Beachtung geschenkt: nicht jeder, der die intellektuellen Voraussetzungen und Fähigkeiten hat, ist auch für den Lehrberuf geeignet.
2. Die Ausbildung legt ihre Schwerpunkte zu sehr auf die Vermittlung kognitiver Inhalte und zu wenig auf die Einübung von Handlungskompetenzen.
3. Während der Ausübung ihres Berufes bekommen Lehrerinnen und Lehrer zu wenig begleitende Unterstützung; vor allem Supervision muss zu einem integrativen Bestandteil der Lehrerarbeit werden.
4. Die schulischen Bedingungen für eine moderne pädagogische und didaktisch-methodische Arbeit der Lehrerinnen und Lehrer sind derzeit in weiten Bereichen eher hinderlich als lehr- und lernfördernd und bedürfen einer umfassenden Verbesserung.

Zum *Fach*wissen und der Fähigkeit der Wissensvermittlung muss eine berufsspezifische *Handlungskompetenz* kommen, die durch *Simulationstraining* erreicht wird, um die vielfältigen Alltagssituationen bewältigen zu können, von schwierigen Gesprächen über emotionale Auseinandersetzungen bis hin zu unvorhersehbaren Krisen- und extremen Notfallsituationen. Dazu sind – weit mehr als bisher – entsprechende Einrichtungen, geschultes Trainingspersonal und *Zeitkontingente* für Lehrerinnen und Lehrer nötig. Durch die Kombination von Wissen und Handlungsfähigkeit erhalten Lehrerinnen und Lehrer somit Sicherheit, Souveränität und Autonomie, um ihren Beruf professionell – und damit jenseits von Hilflosigkeit – ausüben zu können.

Einleitung: Drei Wünsche

»In allen sozialen Berufen ist die eigene Persönlichkeit das wichtigste Instrument; die Grenzen ihrer Belastbarkeit und Flexibilität sind zugleich die Grenzen unseres Handelns ... Die Auseinandersetzung mit den Wünschen und Ängsten, mit der gefühlshaften Seite der Arbeit mit Menschen, wird dem Zufall überlassen.«

Diese beiden bedeutsamen Sätze aus W. Schmidbauers Buch »Hilflose Helfer« (2009, S. 7) lassen sich auch auf den Lehrberuf, *der ein Sozialberuf ist*, übertragen und erklären die Tatsache, dass viele Lehrerinnen und Lehrer sich in ihrem Beruf hilflos fühlen und entsprechend hilflos handeln. In der Aus- und Fortbildung wird weder diese gefühlshafte Seite noch die der Handlungseinübung und damit der Gewinn von persönlicher Unabhängigkeit und Handlungssicherheit genügend thematisiert und realisiert. Dadurch entsteht im Sozialberuf »Lehrer« nicht nur situative Hilflosigkeit, sondern es entwickelt sich sogar unter Umständen ein permanentes Helfer*syndrom*, das W. Schmidbauer folgendermaßen beschreibt:

> »Das Helfersyndrom ist eine Verbindung charakteristischer Persönlichkeitsmerkmale, die durch die soziale Hilfe auf Kosten der eigenen Entwicklung zu einer starren Lebensform gemacht wird. Die Grundproblematik des Menschen mit dem Helfersyndrom ist die an einem hohen, starren Ich-Ideal orientierte soziale Fassade ... Eigene Schwäche und Hilfsbedürftigkeit werden verleugnet; Gegenseitigkeit und Intimität in Beziehungen werden vermieden.« (Schmidbauer 2009, S. 25)

Nun hat nicht jeder Mensch, der hilfreich ist, gleich ein Helfersyndrom. Es entsteht da, wo die Balance zwischen einem gesunden Narzissmus und einem stimmigen Altruismus verloren geht und in eine extreme Schieflage gerät, die sich vor allem dadurch zeigt, dass der

HS-Helfer »durch sein Verhalten seine Unfähigkeit, etwas für sich zu tun«, bekämpft. (Schmidbauer 2009, S. 190).

Nach Riemann (2004) liegen die Wurzeln des HS-Helfers darin, dass sein »Lebensmotto« lautet: »Ich kann ohne dich nicht sein. Ich definiere mich nur über das DU – und in der stärksten Ausprägung über das Helfen(-Müssen).« Der HS-Lehrer: »Ich brauche dich als Schüler – und du brauchst mich als Lehrer.« Der HS-freie Lehrer: »Ich bin froh, wenn du ohne mich zurecht kommst und wenn du mich nicht mehr brauchst.«

Es ist nicht so einfach, ein HS-freier Lehrer zu sein, zu werden. Zu stark wirkt die eigene Lebensgeschichte mit all ihren Brüchen in den Beruf hinein, und zu sehr ist das gesamte System Schule »helfersyndromlastig«. Nicht von ungefähr lautet einer der häufigsten (durchaus gut gemeinten) Sätze in der Schule: Kann ich dir *helfen*?

Mir half eine gute Fee, der ich begegnet bin:

»Sie wirken bekümmert«, sagte die Frau, als sie sich neben mir auf der Bank im Park niederließ. Verwundert blickte ich aus meiner gebückten Haltung zu ihr hoch und nickte. »Ja, ich weiß, die Schule«, fuhr sie fort. Jetzt war ich noch verwunderter. »Woher wissen Sie …?« Ich hatte kaum den Satz begonnen, da unterbrach sie mich und sagte: »Ich bin doch die gute Fee, die jedem einmal im Leben begegnet. Jetzt, da Sie im Ruhestand sind, kann ich Sie ansprechen. Vorher hatten Sie zu viel zu tun.«

Ich nickte, zugegeben etwas beschämt, und wollte zu erzählen beginnen, aber dazu kam es gar nicht. Denn unvermittelt stand sie auf, berührte meine Schulter und sagte: »Sie haben drei Wünsche frei. Kleben Sie Ihren Brief bis heute Abend hier unter die Bank. Ich komme wieder vorbei.« Ich wollte noch fragen, ob sie denn auch in Erfüllung gingen, da war sie schon in einen Seitenweg eingebogen …

Eine Stunde später, zu Hause an meinem Schreibtisch: Da sitze ich nun und muss erst gar nicht grübeln …

Mein erster Wunsch: … dass die Schülerinnen und Schüler intensiv gefördert werden und sich nach ihren Möglichkeiten optimal entwickeln können.

Elite-, Preisträger-, Erprobungsschulen und Schulen mit besonderen Initiativen zeigen hinlänglich und beeindruckend, dass sich mein erster Wunsch bereits erfüllt hat, allerdings noch lange nicht flächendeckend in der gesamten Bundesrepublik. Denke ich an manche Irritationen durch die Bildungsdiskussion, an die Stoffplänedominanz, den immer noch weitverbreiteten Frontalunterricht mit der stereotypen Abfragemethode, an die undifferenzierten statt individuellen Lernangebote und sehe ich gelangweilte und frustrierte Mädchen und Jungen, an denen lebensferne Lehrinhalte vorbeirauschen, dann wird verständlich, warum ich den Wunsch nach intensiver Lernförderung vehement betone.

Ich wünsche mir vorwiegend Ganztagsschulen, in denen Entzerrung des Lehrens und Rhythmisierung des Lernens stattfindet, in denen Lern- statt Stundenpläne angeboten werden und angemessene Stoffmengen, die Wiederholungslernen und Nachhaltigkeit ermöglichen. (Die wird pro Jahr unter anderem durch außerschulische Nachhilfe in Höhe von ca. 1,2 Milliarden Euro erzwungen – einschließlich der Zunahme an Privatschulen – letztlich ein Armutszeugnis für die öffentlichen Schulen.)

Zeitgemäßer Unterricht besteht aus individuellen Lernstandserhebungen, instruierenden, konstruierenden, interaktiven und »hirngerechten« Lehr- und Lernformen, in dem körperliche und geistige Beweglichkeit, vielfältige Arbeitsweisen und mannigfaltige Lern- und Arbeitsprodukte unter der Leitung von anregenden und ermutigenden Lehrerinnen und Lehrern zu erleben sind.

Mein zweiter Wunsch: … dass die Lehrenden eine berufsorientierte Ausbildung erhalten, professionell arbeiten können und entsprechend unterstützt werden.

Die größte Herausforderung an die Schule generell und an die Lehrerinnen und Lehrer speziell sehe ich in der intellektuellen, emotionalen, sozialen, kulturell / ethnischen *Heterogenität* der Kinder und Jugendlichen im Kontext global vernetzter realer und virtueller Welten.

»Wir brauchen homogenere Klassen«, fordert ein Schulleiter, »damit es die Lehrkräfte mit der Differenzierung nicht so schwer haben« (Verglichen mit der Ärzteschaft hieße das: Wir brauchen gesündere Patienten, damit wir es mit der Diagnose und Therapie nicht so schwer haben!). Im Gegenteil: *Weil* wir heterogene Klassen haben, brauchen wir Strukturen in der Schule, die Differenzierung und Individualisierung pädagogisch und didaktisch ermöglichen, entsprechend ausgebildete Lehrerinnen und Lehrer – und diese wiederum *wesentlich mehr finanzielle und personelle Ressourcen* als bisher: Ohne günstige Voraussetzungen gibt es kaum Chancen für einen wirksamen Umgang mit Heterogenität und Individualität der Kinder und Jugendlichen in Schule und Unterricht!

Die Lehrerausbildung ist immer noch zu sehr akademisch und kaum berufsorientiert ausgerichtet. Lehramtsstudierende weisen seit Jahren darauf hin, wie praxisfern ihr Studium ist. Fächerstudium dominiert und gibt der Hirn- / Lernforschung, der allgemeinen Didaktik, dem Methodenlernen sowie psychologischen Themen zu wenig Raum.

Die etwa eine Jahr dauernde Referendarausbildung der zweiten Phase (Ferien und Prüfungsphasen abgezogen) reicht bei Weitem nicht aus, um Lehrerinnen und Lehrer umfassend auf ihren Beruf vorzubereiten. Vor allem praktische Sequenzen brauchen »Raum und Zeit« zur Verarbeitung und Internalisierung.

Der Lehrberuf ist ein Beziehungsberuf, der zur Fach- / Sachkompetenz die Selbst- und Beziehungskompetenz der Lehrkräfte benötigt. Umfangreiche Befragungen zeigen deutlich, dass die Probleme der Lehrenden weit mehr persönlichkeitsorientierte als sachlich-fachliche Ursachen haben. Ich komme mit einem Außerschulischen ins Gespräch, der mich ermutigt:

Je kreativer die Lehrer selbst sind, desto vielfältiger ist auch ihr Unterricht. Ihr müsst ihnen nur die richtige Ausbildung geben, dann klappt's schon. Und ich füge vehement hinzu: Keine Lehrerschelte, sondern: »Lasst sie nicht im Stich, gebt ihnen Mittel und öffnet ihnen Wege, gute Lehrerinnen und Lehrer zu werden und zu sein!«

Mein dritter Wunsch: … dass die politisch und administrativ Verantwortlichen für angemessene Strukturen und Rahmenbedingungen in der Schule sorgen. Damit Referendare eine berufsspezifische Ausbildung und Lehrerinnen und Lehrer eine bedürfnisorientierte Fortbildung bekommen, um erfolgreich unterrichten zu können, bedarf es erheblicher Innovationen und Anstrengungen seitens der Politiker und der Schuladministration. Der gute Wille und das hohe tagtägliche pädagogische Engagement vieler Lehrender alleine genügen nicht. Es ist unverantwortlich, Lehrerinnen und Lehrer in eine Schulwirklichkeit zu schicken, auf die sie nur fachlich vorbereitet sind.

Wer Deutschland als das führende Bildungsland ausruft, der kann die Schulen und Lehrpersonen nicht im Stich lassen und Veränderungen zum Nulltarif proklamieren. Es geht um grundsätzliche System- und Strukturänderungen.

Dass die Schulen und alle Lehrenden und Lernenden Respekt und Würdigung ihrer Arbeit durch die Öffentlichkeit brauchen, sollte sich fast von selbst verstehen. Wie gut tut da ein Ausspruch, den ich auf einem Plakat entdeckt habe, allen Lehrerinnen und Lehrern zur Ermutigung und Stärkung:

> Dass du diese Zeilen lesen kannst, verdankst du deinem Lehrer.

Ich drucke meinen Text aus, stecke die Seiten in einen Umschlag und gehe zur Bank im Park und klebe das Kuvert, wie gewünscht, unten an die Bank. Am anderen Tag stehe ich früher auf als sonst, denn ich muss unbedingt nachsehen, ob …

Ja, mein grüner Umschlag fehlt. Heißt das, dass meine Wünsche in Erfüllung gehen werden? Dass dann das allgemeine Unbehagen verschwindet und es keine hilflosen Lehrerinnen und Lehrer mehr geben würde? … zu denen auch ich gehörte, damals, 1974:

Nach zehn Jahren Universitätsstudium (Philosophie, Theologie, Pädagogik, Psychologie) kam ich als junger Lehrer in eine Grund- und Hauptschule dörflicher Prägung. Mein Urerlebnis zum Thema »Hilflosigkeit« hatte ich bereits nach einigen Wochen: Angetreten mit hohen pädagogischen Idealen und hehren Zielen, geschah es, dass ich im Affekt einem Schüler eine Ohrfeige gab, weil er mich mehrmals angelogen hatte:

Schockiert stehe ich als Täter vor A., sehe seinen Blick auf mich gerichtet in einer Mischung aus Hass und Angst. Ich bin unfähig, mich bei ihm zu entschuldigen, lasse ihn auf dem Gang stehen und gehe, um wieder zu mir selbst zu kommen, auf den Schulhof. Erst am Ende des Schulvormittags fühle ich mich seelisch in der Lage, mich bei dem Schüler zu entschuldigen, der mir überraschend sogar die Hand gibt, sichtlich erleichtert.

Ich fühlte mich als Versager und völlig hilflos. Wie konnte mir passieren, was ich auf gar keinen Fall wollte? Enttäuscht, mit gehöriger Wut über mich selbst wegen meines pädagogischen Versagens und innerlich aufgewühlt, gelangte ich zu Hause an und schwor: Sollte *mir* ähnliches Fehlverhalten wieder passieren, so würde ich den Schuldienst quittieren. Es war mir ernst mit diesem Schwur: In Gesprächen mit meiner Frau, mit vertrauten Kollegen und durch professionelle Berater fand ich Hilfen zur Änderung … Affekthandlungen sind mir seit dieser Zeit nie wieder passiert – und ich bin im Schuldienst geblieben!

Auch anderen Lehrerinnen und Lehrern ging und geht es ähnlich, was ihre Hilflosigkeit betrifft:

Lehrerin A (Anfängerin): »*Ich stehe vor der Tafel, mit dem Rücken zu den Schülern … Da treffen mich plötzlich Unmengen von Papierkugeln. Spontan drehe ich mich zu ihnen um und frage: ›Findet ihr das richtig?‹ Daraufhin schwallt mir ein schallendes Gelächter entgegen.*
Völlig hilflos stehe ich da und weiß überhaupt nicht, was ich tun soll.«

Lehrer B: »*Ich habe Aufsicht auf dem Schulhof; ein Mädchen und ein Junge, vermutlich befreundet, kommen auf mich zu und fragen mich völlig unvermittelt: ›Herr B., wie oft haben Sie eigentlich Sex in der Woche?‹ Ohne lange nachzudenken, platzt es aus mir heraus: ›Das geht euch nichts an!‹ Im Nachhinein fand ich meine Antwort sehr patzig – aber im Grunde genommen war ich hilflos, weil ich in diesem Moment nicht wusste, was ich einigermaßen angemessen hätte antworten sollen. Eigentlich wollte ich sagen: ›Das möchte ich für mich behalten …‹*
Ich wollte souverän reagieren, habe aber im Stress patzig geantwortet.«

Lehrerin C (erstes Lehrjahr): »*Elternabend. Ich informiere die Eltern über einige wichtige Vorhaben, als plötzlich der Elternvorsitzende, völlig unerwartet, mich unterbricht und mich anschreit: ›Sie haben*

doch die Klasse überhaupt nicht im Griff. Wie lange sind Sie denn schon im Schuldienst?‹
Ich bin sprachlos – schaue stumm in die Runde und möchte am liebsten im Erdboden verschwinden. So hilflos habe ich mich noch nie gefühlt.«

Lehrer D: »*Ich bin Klassenlehrer und vermittle in einem Gespräch zwischen einer Kollegin und den Eltern eines Mädchens, dessen Versetzung gefährdet ist. Da wendet sich plötzlich die Mutter an meine Kollegin, fängt an zu weinen und sagt: ›Und wenn sich die Maria was antut, dann sind Sie schuld! ‹*
Beide verstummten wir – und ich war nicht mehr in der Lage, das Gespräch fortzusetzen. Ich fühlte mich hilflos, weil die Anschuldigungen der Mutter für mich so völlig aus der Luft gegriffen waren.«

Lehrerin E: *Ein Junge rempelt sie auf dem Gang und faucht sie an: »Hey, wenn du nicht aus dem Weg gehst, dann fick ich dich von hinten.«*
Die Lehrerin kommt weinend und völlig aufgelöst ins Lehrerzimmer – und es braucht lange, bis sie sich wieder beruhigt hat; an weiterführenden Unterricht war nicht zu denken.

Lehrerin F: »*›Du mit deinem Methodenfirlefanz‹, schnauzte mich ein Kollege an, der mitbekam, wie ich unterrichte. ›Das sind alles Modeerscheinungen, die wie alle anderen verschwinden.‹*
Ich sehe heute noch sein verächtliches Grinsen, ärgerte mich darüber, dass ich nicht in der Lage war, schlagfertig zu reagieren …, aber eigentlich war ich in diesem Moment ziemlich hilflos.«

Die Liste meiner Notizen über die Hilflosigkeit von Lehrern ist in über 30 Berufsjahren lang geworden. Meist sind es unvorhergesehene Situationen bzw. Konstellationen, fehlendes oder mangelhaftes Verhaltensrepertoire, die die Hilflosigkeiten auslösen, begleitet von Gefühlen wie Ärger, Zorn, Wut, Enttäuschung. Sie beziehen sich, wenngleich unterschiedlich gewichtet, auf vier Bereiche:

(1) auf den Umgang mit sich selbst: statt Selbstbewusstsein, Souveränität und Stabilität Verunsicherung und Verletzungen
(2) auf die Beziehungen zwischen den Lehrern untereinander, zwischen Lehrern und Schülern und zu den Eltern: statt Klarheit, Sicherheit und Abgrenzung Irritationen, Zulassen von Grenzüberschreitungen und in der Folge Kränkungen
(3) auf Fach- und Sachaspekte: Hier ist der Hilflosigkeitspegel am niedrigsten. Mängel oder Fehler werden in der Regel rasch behoben. Nur selten wird in diesem Zusammenhang *Hilflosigkeit* erlebt (weil die Emotionen dabei eine geringere Rolle spielen).
(4) auf die Rahmenbedingungen: Sie erzeugen dann Hilflosigkeit, wenn sie ungünstig sind, wenn Lehrerinnen und Lehrer keinen Einfluss auf die Geschehnisse haben, und wenn über sie hinweg entschieden wird, was wiederum physische und/oder psychische Belastungen zur Folge hat. Es »rächt« sich bitter, dass bereits während der Ausbildung Selbsterfahrungen und die Beziehungsarbeit extrem vernachlässigt werden.

Befragung an den Universitäten in München und Würzburg (2009): Rund 60 Prozent geben an, dass »ihnen das im Studium erworbene Wissen im Unterricht selten oder nie geholfen habe. Insgesamt wird die universitäre Lehrerbildung in Bezug auf Kompetenzen wie Unterrichten und Erziehen knapp mit der Note ›ausreichend‹ bewertet«. Der Wunsch: zusätzliche Praktika und Unterrichtssimulationen und mehr didaktische und psychologische Kenntnis-Vermittlung (in: Pädagogik 2/2010, S.61). Und ich füge hinzu: nicht nur Kenntnis-Vermittlung, sondern vor allem Übung, Training, um Handlungsroutine zu bekommen und um dadurch von der Hilflosigkeit zur Handlungssicherheit zu gelangen.

Befragt man Kinder und Jugendliche, warum sie *gerne* in die Schule gehen, so bekommt man seit Jahren die gleichen Antworten in der gleichen Reihenfolge:

Erstens, weil sie dort Freunde treffen; zweitens, weil die Lehrer sie mögen; drittens, weil sie dort etwas lernen. Zwischenmenschliche Beziehungen und Lernen belegen die ersten drei Plätze im Ranking von Schülerinnen und Schülern, und sie werden angstfrei *er*lebt, wenn sie menschenfreundlich *ge*lebt werden: Eine »gute« Schule ist dem förderlichen Lehren, der Anteil nehmenden Lernbegleitung und dem erfolgreichen Lernen verpflichtet. Sie schafft dafür günstige Voraussetzungen und Bedingungen durch ein Klima des respektvollen Umgangs und gegenseitiger Wertschätzung; durch eine Gesprächskultur, sinnvolle Vereinbarungen und Arbeitsbündnisse; durch die Förderung individueller Entwicklungen im Kontext schülernaher Lernpläne (anstatt schülerferner Lehrpläne); durch Formen offenen Unterrichts und Methodenvielfalt, durch den Verzicht auf Ziffernnoten, jedoch durch klare Rückmeldungen über Lernprozesse, durch Verfügungsstunden für die Klassenlehrer und Begegnungsmöglichkeiten zwischen Lehrern und Schülern, durch Konfliktregelungen ohne und mit Streitschlichtern, durch außerunterrichtliche Aktivitäten, durch vielseitige Begegnungen mit den Erziehungsberechtigten und durch Kontakte zur Öffentlichkeit.

Und befragt man Schülerinnen und Schüler, warum sie *nicht gerne* in die Schule gehen, so lauten seit Jahren die Antworten:

Weil die Lehrer uns beschimpfen und bloßstellen und weil der Unterricht so langweilig ist…

Viele Schüler werden Eltern.
Alle Eltern waren auch Schüler.
Manche Schüler werden Lehrer.
Viele Lehrer sind auch Eltern.

Warum gibt es trotz so vieler Überschneidungen und Gemeinsamkeiten Unbehagen an und in der Schule?

I. Unbehagen an und in der Schule

> *»Pädagogische Arbeit in der Schule ist seelische Schwerarbeit geworden.«*
> G. Keller

Vor gut 20 Jahren publizierte ich ein Buch mit dem Titel »Sich in der Schule wohlfühlen«, das zum Bestseller wurde, weil Wohlfühlen sowohl Realität als auch Wunsch war. Heute könnte man den Titel fast als zynisch bezeichnen, angesichts Bücher, in denen zwar der Wunsch nach Wohlfühlen offen oder versteckt zum Ausdruck kommt, aber die Titel ganz anders lauten: »Das Lehrerhasserbuch« (Kühn 2005), »Schulversagen« (Kühn 2007), »Die Schulkatastrophe« (Singer 2009), »Vulkanbereich Schule« (Keller 2010).

Das Unbehagen richtet sich zunächst an die Lehrerschaft, vor allem vonseiten der Eltern, die dann nicht zufrieden sind, wenn es mit ihren Kindern Schwierigkeiten gibt, wenn Bildungsziele und bestimmte Abschlüsse nicht erreicht werden. Aber auch Schülerinnen und Schüler sind unzufrieden an und in der Schule und teilweise auch mit ihren Lehrern. Für diese wiederum ist in vielen Fällen Unbehagen noch ein gelindes Wort angesichts der Liste ihrer Belastungen, von »frechen« Schülern über penetrante Eltern bis zur verständnislosen Schulbürokratie. Und wenn schließlich weite Teile der Gesellschaft ebenfalls ins Entrüstungshorn geblasen haben, dann wendet sich der gesamte Unmut an die letzte Stufe der Kritikadressen, nämlich an die Kultusbehörden und die zuständigen Politiker. Der Beschwerdekatalog an sie ist vielseitig: fehlendes Lehr- und Betreuungspersonal und deren Ausbildungsmängel, zu wenig fachliche und didaktische Qualität und deshalb zu viel Nachhilfe, insgesamt schlechte öffentliche Schulen und deswegen Zunahme an Privatschulen, Überhandnahme von Gewalttaten und Amokläufen,

Burnout der Lehrerschaft, zu viele Reformen – und diese meist unwirksam ... Schulversagen auf der ganzen Linie?

»Die Schule zwischen acht und vierzehn Uhr ist ein ganzes Biotop, da wächst alles durcheinander« (Kühn 2007, S. 183).

Sehen wir also genauer und differenzierter hin, was da alles durcheinander wächst und was es mit dem Unbehagen, dem Unmut, dem Ärger, den Enttäuschungen in der Schule auf sich hat.

1. Im Stich gelassene Lehrer

Sie fühlen sich im Stich gelassen von der Gesellschaft (mangelnde Wertschätzung), von den Politikern (gescheiterte Reformversuche, misslungene Strukturänderungen, fehlende Finanzen), von den Kultusbehörden (zu viel Verwaltung und zu wenig Gestaltungshilfen) und von den Eltern (zu wenig Unterstützung und erzieherische Gemeinsamkeit). Und sie stehen selbst im Spagat zwischen Einzelkämpfertum bei verschlossenen Klassenzimmertüren und offenen Schulräumen im Kontext umfassender Schulentwicklung. Dabei haben doch viele von ihnen mit großem Idealismus begonnen.

1.1 Die Aufgaben der Schule

Sie ergeben sich aus dem Spannungsfeld zwischen gesellschaftlichen Ansprüchen: Schule als Funktion der Gesellschaft (Bildung und Erziehung) – und den Bedürfnissen der Kinder und Jugendlichen (Wertschätzung, Entwicklungsförderung, Lebensorientierung). Schule ist nicht zuständig für Lebenshilfe (Sozialpädagogik), für Heilung (Therapie) oder für Schutzmaßnahmen (Polizei). Diese *strukturelle Trennung* ist äußerst wichtig, um die Möglichkeiten und Grenzen der Lehrtätigkeit und die in diesem Kontext erlebte Hilflosigkeit von Lehrerinnen und Lehrern zu verstehen und entsprechend einordnen zu können. (Ich fühle mich beispielsweise als Lehrer nicht *hilflos*, wenn mich eine Mutter bittet, ihr bei ihren Ehestreitigkeiten zu helfen. Ich bin kein Eheberater – und deshalb dafür nicht *zuständig*!)

Die Schule ist *multifunktional* mit *Vielfachangeboten* für verschiedenartig Lernende, für »Alteingesessene« und Migrantenkinder, für Schülerinnen und Schüler mit unterschiedlichen Neigungen und Fähigkeiten, für Menschen mit Behinderungen, für praktisch Orientierte, technisch Interessierte und intellektuell Begabte.

Die Gemeinsamkeit in der Vielfalt besteht darin, dass für alle *der Unterricht* im Mittelpunkt steht, nämlich: gezieltes, geplantes und strukturiertes Vorgehen, klassen-, kurs- und projektorientiertes Lehren und Lernen (fachunterrichtlich bis fächerübergreifend, halbtags bis ganztags), mit oder ohne sozialpädagogischer Betreuung – je nach Bedarf und Gegebenheiten – und mit vielen Angeboten, um allein, als Tandem, in Gruppen und in Klassen lernen zu können.

Die Schule ist ein *spezifischer Lernort*, an dem die Kinder und Jugendlichen befähigt werden, sich in der *Gegenwart zurechtzufinden* und sich auf die *Zukunft vorzubereiten*, was aus Sicht von Schülern derzeit allerdings ganz anders aussieht (weil bisweilen für sie das »wahre Leben« draußen stattfindet):

> Wir sind Schüler von heute, die von Lehrern von gestern in einem System von vorgestern auf die Probleme von übermorgen vorbereitet werden sollen.

Damit sich dies ändert, brauchen Schulen eine Schulleitung (mit entsprechender Weiterbildung in Schulmanagement und Personalführung), die professionell arbeitet, und stabile, kontaktfähige und sach- / fachkundige Lehrerinnen und Lehrer, ein angenehmes Klima und anregende Lernumgebungen mit Konzentration auf Lehr- und Lernprozesse, breit gefächerte Lernangebote und spezifische Lernhilfen, angemessene Herausforderungen an die Schüler mit positiver Verstärkung, kontinuierlichem Feedback und Überprüfung der Entwicklung der Schüler, Identifikation der Lehrer und Schüler mit ihrer Schule; förderliche Beziehungen zwischen Elternhaus und Schule, systematische Fortbildung der Lehrkräfte und Evaluation ihrer Arbeit. So eröffnet die Schule Lebens-, Lern- und Erfahrungsräume, die den individuellen Bedürfnissen der Schülerinnen und Schüler gerecht werden und für die Lehrenden als Arbeitsplatz fungieren, an dem sie sich fachlich und didaktisch entfalten können – und noch dazu wohlfühlen (vgl. auch Schratz 2003, S. 25).

Qualität und Effektivität der einzelnen Schulen hängen besonders davon ab, ob

- sie »Spielräume« haben, sich selbst zu erneuern und zu organisieren. Dafür sind politische Entscheidungen notwendig, damit aus einer von oben geregelten Schule eine von unten selbst gestaltete werden kann;

- die Erneuerungsprozesse in den Schulen von den Lehrerinnen und Lehrern selbst in Gang gesetzt und gestaltet werden, und zwar durch kurz-, mittel- oder langfristige Maßnahmen, angefangen von schulinternen Fortbildungen (SCHILF) bis hin zu umfassenden Schulentwicklungsprozessen;
- die betroffenen Personen in der Schule Bedingungen vorfinden, die ihnen solche komplexen Prozesse ermöglichen. Sie benötigen entsprechendes Wissen, kommunikative Kompetenzen und vor allem *Zeit.* (Eine Neustrukturierung der Lehrerarbeitszeit ist deshalb längst fällig, wird sie doch bisher immer noch an den Unterrichtsdeputatsstunden bemessen.

1.2 Kompetente Umsetzung

Solch »gute Schulen« existieren nur mit Lehrerinnen und Lehrern, die folgende drei Kernkompetenzen aufweisen, die allerdings während der Ausbildung und in der Schulpraxis erhebliche Ungleichheiten aufweisen (vgl. auch S. 143):

Die Selbst-Kompetenz: Diese Fähigkeit, mit sich selbst klarzukommen, wird sowohl in der Lehreraus- wie auch in der Lehrerfortbildung zu wenig thematisiert und (weiter)entwickelt. Zahlreiche Untersuchungen bestätigen die Annahme, dass extreme Belastungen und Burnout-Symptome und infolge Frühpensionierungen deshalb entstehen, weil die Lehrkräfte den Blick auf die eigene Person bezüglich ihres beruflichen Handelns außer Acht lassen. Schon aus diesem Grund (neben anderen) halte ich deshalb Fortbildungsangebote zum Thema »Selbsterfahrung im beruflichen Kontext« für unabdingbar.

Die Beziehungs-Kompetenz: Lediglich etwa acht bis zehn Prozent der Lehr- und Lernangebote in der ersten und zweiten Phase der Lehrerausbildung befassen sich mit Phänomenen zwischenmenschlicher Beziehungen und sozialem Lernen – und davon wiederum ein Teil lediglich auf der Informations- und Reflexionsebene und nicht mit dem Schwerpunkt auf Simulation und Training von Verhaltensweisen mit dem *Ziel der Handlungssicherheit.* (Dieser Zustand ist vergleichbar mit dem Autofahren-Lernen, das nicht geschieht durch Vorträge des Fahrlehrers, oder mit dem Dirigieren-Lernen, das misslingt, wenn man nur Partituren einsieht; Miller 2003, S. 45 ff.)

Die Sach-Kompetenz: Sie nimmt den weitaus größten Raum ein, wobei die Blickrichtung immer noch zu sehr auf Wissensvermittlung und zu wenig auf Methodenvielfalt und *Prozesse des Lehrens und Lernens* gerichtet ist, zu sehr auf die Inhaltsorientierung als auf Arrangements der Kompetenzorientierung.

> Die größte Schwäche in der derzeitigen Lehrerausbildung besteht in der Theorielastigkeit und dem Fehlen breit gefächerter Handlungsangebote.

Und schließlich: Es grenzt fast an Beschämung und Erniedrigung, was Lehrerinnen und Lehrer bisweilen im Rahmen ihrer Berufsausübung erfahren müssen: seitens der Öffentlichkeit Respektlosigkeit, Abwertung, Unterstellungen und Diffamierung; seitens der Schülerinnen und Schüler Beschimpfungen, Missachtung und Gewalttätigkeiten, einschließlich der Gefährdung oder gar Auslöschung ihres Lebens; seitens der Eltern verletzende Kritik, unberechtigte Vorwürfe und zermürbende Rechtsstreitigkeiten.

Kein Wunder, dass unter *diesen Bedingungen und Umständen* eine beträchtliche Anzahl von Lehrerinnen und Lehrern mit gemischten Gefühlen, extremen Ängsten und großer Hilflosigkeit Tag für Tag ihren Schulalltag bewältigen muss – und dadurch Energien verliert, die sie *gerne* in ihrem Berufsalltag zur Verfügung hätten.

1.3 Hilflosigkeit: eine Bilanzierung

Hilflosigkeit im Schulalltag wird von Lehrerinnen und Lehrern dann erlebt, wenn sie durch defizitäre Aus- und Fortbildung im Stich gelassen werden, wenn ihnen Respekt und Wertschätzung vorenthalten werden und wenn sie zu geringe Unterstützung bekommen, z. B.: Schul- und Unterrichtsprobleme werden heruntergespielt und auf das Unvermögen der Lehrerinnen und Lehrer geschoben. Es gibt wenig kompetente Beratung der Vorgesetzten, die sich mehrheitlich als *Schulaufsichts*beamte verstehen. Vorgesetzte Behörden achten auf die Erfüllung von Vorschriften und zu wenig auf ihr »Personal«. Das negative Image von Schulen (vornehmlich der Hauptschulen) in der Öffentlichkeit belasten Lehrerinnen und Lehrer und verhindern qualitätsvolle Arbeit. Lehrer im Zwiespalt: Von der Öffentlichkeit abgewertet, sollen sie Schüler, die »aussortiert worden sind« und die ein geringes Selbstwertgefühl haben, wieder aufrichten, um ihnen ihre Würde zurückzugeben.

Von den Schülerinnen und Schülern werden sie provoziert, beschimpft und tätlich angegriffen; spürbar ist der Verlust an Wertehaltung bei den Kindern; bei vielen ist die Frustrationstoleranz extrem gesunken. Die »ICH-AG« wird auch durch sie realisiert.

Kollegial fehlt es an gegenseitigem Vertrauen. Vorgesetzte nutzen fähige Lehrer aus, bis diese nicht mehr können, und »bestrafen« sie, wenn sie Schwächen zeigen. Es herrscht Mangel an Solidarität (z. B. Beschlüsse mittragen, Vereinbarungen einhalten, hinschauen und handeln). Fehlender Konsens belastet die tägliche Arbeit und bewirkt oft angespanntes Klima bis hin zum Qualitätsmobbing.

Lehrerin: »*Meine Arbeit ist nach wie vor kein Freudenbrunnen. Im Klassenzimmer komme ich noch einigermaßen zurecht. Aber wäre nicht da der Rektor und die von ihm aufgestachelten Eltern. Ich verliere durch diese ganzen ›Intrigen‹ mehr und mehr die Basis dort.*«

Eltern wollen von der Schule nichts mehr wissen, weil sie das Gefühl haben, ihr Kind ist »abgeschoben« worden (Sonder- oder Hauptschule!). Die Übernahme an Erziehungsverantwortung hat sich verringert; dazu kommen Bildungsferne, Desinteresse und Schwellenangst der Eltern aufgrund von Fremdsprachlichkeit und Kulturverschiedenheit.

Was den Unterricht betrifft, so vergrößert sich Heterogenität und dadurch auch die Schere zwischen Lernwilligen und Lernunwilligen. Individuelle Förderung wird verhindert durch fachorientiertes Handeln zuungunsten der Kompetenzorientierung

Die Rahmenbedingungen/Strukturen tragen ebenfalls zur Hilflosigkeit bei: Unzeitgemäße Aus- und Fortbildung, Abgabe von Erziehung an die Schule, zu geringe professionelle Unterstützung;

chronischer Lehrermangel und zu wenig Lehrereserven (unter anderem bei Ausfall durch Krankheiten); Zunahme an Verwaltungsaufgaben; große Klassen mit äußerst schwierigen Schülern; zu viele Neuerungen durch die Schulbehörde; unrealistische Vorstellungen von Schulleitern, z. B. im Rahmen von Schulentwicklungsprozessen; dazu: Raumenge, schmale Gänge, marode sanitäre Anlagen, Schulen als »Spielfeld« schulferner Politiker …

Es ist also eine Menge zu tun, um Ich-Stärke zu gewinnen, um zwischenmenschliche Beziehungen förderlich zu gestalten, um zeitgemäßen Unterricht zu verwirklichen und um sich wegen schlechter Rahmenbedingungen nicht aus dem Gleichgewicht bringen zu lassen.

Hilflosigkeit entsteht bei Lehrern dann, wenn sie sich im Stich gelassen fühlen und wenn sie erfahren, dass die gesamte Bildungs- und Erziehungsverantwortung auf sie alleine abgeschoben wird.

2. Betrogene Schüler

Sie werden bzw. fühlen sich dann betrogen, wenn man ihnen nimmt, was ihnen gehört, und ihnen nicht gibt, was sie für ihre physische und psychische Entwicklung brauchen, nämlich eine Wachstum und Entwicklung fördernde Kindheit und Jugend:

2.1 Missachtung physischer und psychischer Bedürfnisse

Wer bereits als acht- oder zehnjähriger Schüler etwa um 6.30 Uhr aufstehen muss, eine Bus- oder Zugfahrt hinter sich hat und dann von 8.00 Uhr bis 13.00 seine Lebenszeit in der Schule verbringt, fast ausschließlich in zu kleinen Klassenräumen sitzend, mit kaum Bewegungsmöglichkeiten, der anschließend heimfährt, Hausaufgaben macht und seinen Schultag um ca. 16.30 beendet, hat einen zehnstündigen Arbeitstag hinter sich mit sieben bis acht Stunden schulischer Lerntätigkeit. Seine noch verbleibende Freizeit gestaltet er dann unter Umständen müde, ausgelaugt, frustriert, apathisch oder exzessiv.

Diese Lebensweise wird von vielen Erwachsenen in Kauf genommen und ist für Kinder und Jugendliche überfordernd, schädlich, lebenshemmend und damit unmenschlich, mit gravierenden Folgen: körperliche Beeinträchtigungen (Kopf- und Bauchschmerzen, Schlafstörungen, Appetitlosigkeit, Übelkeit, Gereiztheit), Konzentrations- und Verhaltensstörungen, Lernflucht durch Tagträume und Schulflucht durch Schulschwänzen, Lethargie und Aggressionen, Zerstörungswut, psychosomatische Störungen, Alkoholismus, Ausweglosigkeit, Suizidversuche, innere und äußere Amokläufe …

»Warum«, so fragt Kühn (2007, S. 81), »gehen so viele Kinder zur Schule, als müssten sie zum Zahnarzt?« – Weil oftmals ihre *Lebenserfahrungen*, ihre *Lebensumstände* und *Schicksalswege* zu wenig beachtet werden und weil die Leiden in und an der Schule größer sind als die positiv erlebten Anstrengungen, die Lust am Lernen und die Freude über Erfolge.

Die Lehrerin hat mit den Kindern die Heuschrecke durchgenommen. Nun will sie wissen, wie viel vom Gelernten hängen geblieben ist. Sie wendet sich an Karli, einen blassen, neunjährigen Jungen: »Karli, wie viele Beine hat denn die Heuschrecke? Das weißt du doch bestimmt.« Karli scheint die Frage unangenehm zu sein. Er runzelt die Stirn, überlegt, schüttelt den Kopf – und antwortet dann, erstaunlich selbstbewusst und etwas verwundert: »Frau Kosel, Ihre Probleme möchte ich haben.«
Welche Bedeutung hat wohl für ihn die Frage nach den Heuschreckenbeinen – und wie wichtig sind für ihn seine eigenen Lebensfragen und seine individuelle Lebensbewältigung?

2.2 Geringe Beachtung der Individualität und Heterogenität

In einer pluralen Gesellschaft ist Heterogenität in den Schulen der Normalfall, Offenes Lernen die angemessene didaktische Konsequenz und angstfreies Lernen die Folge (vgl. S. 197 ff).

Was alles in einer Klasse unterschiedlich ist: die kognitiven und emotionalen Lernvoraussetzungen, die sprachlichen und sozialen Kompetenzen, die Interessen und Neigungen, die Leistungsmotivation und die Erwartungen an Lehrer, weitgestreute Lebenserfahrungen, Lebensvorstellungen, Träume ... Und wie *verschieden* doch unsere Hirne (ver-)arbeiten:

Ein Physiklehrer erklärt den Schülerinnen und Schülern einen bestimmten Sachverhalt und merkt, dass ihn die meisten nicht verstehen. Er bittet einen Jungen, der ihn verstanden hat, seinen Mitschülern den Sachverhalt zu erklären, was diesem problemlos gelingt, während ihn diesmal der Lehrer nicht versteht.
Die Schülerhirne funktionierten untereinander ähnlicher als das Lehrerhirn und die Schülerhirne.

Die Lebensgeschichten und Erfahrungen der Kinder und Jugendlichen sind besonders gekennzeichnet durch *Heterogenität*, *Mobilität* und *Flexibilität*. Die derzeitige Schule ist zu sehr von *Homogenität*, *Unbeweglichkeit* und *Starrheit* geprägt, und es werden noch immer nicht die nötigen bildungspolitischen und schulischen Konsequenzen gezogen. Diese beginnen bereits bei der Einschulung der Kinder, die flexibler zu gestalten ist, z. B. durch wissenschaftlich fundierte Schuleingangsdiagnostik (Feststellung der körperlichen, kognitiven, emotionalen, sozialen Voraussetzungen), Beachtung der Herkunft, des Migrationshintergrundes, der Kultur, durch begründete Entscheidungen für Integration bzw. Inklusion der Kinder, für (noch) Kindergarten oder schon GS-Förder- oder Regelklassen …

Es gibt kaum individuelle Förderpläne. Die Lernziele sind pauschal (»Die Schüler sollen …«) und kaum differenziert formuliert. Die Notenpraxis beruht hauptsächlich auf Vergleichsnoten und nicht auf individuellen Leistungsbeschreibungen. Sitzen bleiben gehört in den Schulen zum jährlichen Alltag: angstbesetzt für die Schüler, schockierend für die Eltern, mit gemischten Gefühlen der Lehrer …

Die Lehrerausbildung hinkt der schulischen Realität teilweise weit hinterher (wenn auch unterschiedlich in den einzelnen Schularten); das Lehrpersonal kann die geforderten Maßnahmen und Methoden nur begrenzt anwenden aufgrund ungünstiger (Rahmen-) Bedingungen (z. B. nur eine Lehrerin für häufig 30 Kinder in der Klasse ohne Zusatzkräfte, beengte Raumverhältnisse, kaum Zeit für Erfahrungsaustausch und Teamarbeit). Nachweislich ist der Frontalunterricht immer noch die Nr. 1 unter den Unterrichtsformen, was meist nicht auf Bequemlichkeiten oder methodische Einfalt von Lehrerinnen und Lehrern zurückzuführen ist, sondern auf unzeitgemäße Strukturen, schlechte Rahmenbedingungen, unzureichendes Lehrpersonal und den (inneren oder äußeren) Druck, *Lehrpläne* erfüllen zu müssen.

Heterogenität: Chancen und Förderung für die Schüler, Herausforderung für die Lehrer – jedoch für beide Seiten unter wesentlich besseren Bedingungen als bisher!

2.3 Einschränkung der Lernpotenziale

Es werden *Stunden*pläne ausgearbeitet statt differenzierter *Lern*pläne:

Beispiel: 7. Klasse Hauptschule					
	Mo	**Di**	**Mi**	**Do**	**Fr**
1. Std.	Wi-Lehre	Deutsch	Sport		Chemie
2. Std.	Deutsch	Mathe	Sport	Förder-U.	Deutsch
3. Std.	Mathe	Englisch	Mathe	Englisch	Mathe
4. Std.	Englisch	Erdkunde	Musik	Biologie	Physik
5. Std.	Gesch/GK	Gesch/GK	Deutsch	T/HTW	Wi-Lehre
6. Std.	Religion	Religion	Deutsch	T/HTW	
7. Std.	Sport	Bild. Kunst	T/HTW		

Solche Stundenpläne und Tätigkeiten verhindern sinnvolles, kreatives und nachhaltiges Lernen. Zudem: ein vitaler Mensch sucht sich bei diesem »Reihenangebot« lebenserhaltende Auszeiten (Abschalten, lustvolles Stören, Tagträume, Absenzen …)

Schülertätigkeiten an einem Schulvormittag:

1. Stunde: Arbeitsblatt gelesen, AB alleine bearbeitet, AB besprochen (Plenum)
2. Stunde: Diskussion (Plenum), Text alleine gelesen, Text von der Tafel abgeschrieben
3. Stunde: Besprechung des Themas (Plenum), Alleinarbeit (Diagramme gezeichnet), Besprechung (Plenum)
4. Stunde: Text gelesen (Plenum), Regeln erarbeitet (Plenum), AB alleine bearbeitet
5. Stunde: Diskussion (Plenum), AB zu zweit bearbeitet, Besprechung (Plenum)
6. Stunde: Film gesehen (ohne Besprechung)

⇨ Sitzen, zuhören, Blätter bearbeiten – hauptsächlich Arbeit im

Plenum (und mit fehlenden Absprachen der einzelnen Lehrer untereinander über ihre geplanten Unterrichtsarrangements – was vor allem aus Zeitgründen nur schwer realisierbar ist).

Beispiel Oberstufe Gymnasium:
1. Stunde: Englisch: »Slavery in the South«
2. Stunde: Physik: »Trägheitsgesetz«
3. Stunde: Ethik: »Toleranz«
4. Stunde: Erdkunde: »Kollisionsgebirge Himalaja«
5. Stunde: Mathe: »Nullstellen«
6. Stunde: Deutsch: »Vater-Sohn-Problematik bei Kafka«

Schüler sind keine Maschinen, die man aus- und einschalten kann, alle 45 Minuten für ein anderes Thema. Durch solche Themenzusammenstellungen entstehen Interferenzen, die erfolgreiches Lehren und Lernen zunichte machen, Nachhaltigkeit verhindern und sich frustrierend auf Lehrer- und Schülerseite auswirken.

Die Lösung: ein *Lernplanmix*, von Einzel-/Doppelstunden über Halbtagsarrangements bis hin zu mehrtägigen Projekteinheiten oder Epochenunterricht.

2.4 Abwertungen

Keine Frage, als Fachmann für Deutsch und Englisch ist Herr O. Experte. Als Lehrer ist er gefürchtet – und seinen ironischen und abfälligen Bemerkungen, seinen Bloßstellungen ist niemand gewachsen.

Interventionen seitens der Schulleitung, der Eltern und der Schulbehörde nutzen nichts. Noch immer kann er sich in der Schule halten. Wie lange noch? Und was wird aufseiten der Missachteten geschehen?

… wenn sie Äußerungen zu hören bekommen wie

- Du bist aber schwer von Begriff!
- Du fauler Sack! / Du Blödmann!
- Du bist ein kleiner, dreckiger, dummer Junge!
- Du gehörst in den Wald zum Holzhacken!
- Du wirst es nie zu etwas bringen!

- Wenn ich dich sehe, fürchte ich um meine Pension!
- Ihr seid die blödeste aller Klassen!
- Wenn ihr zu blöd seid, dann wechselt doch die Schule!
- Eure Arbeiten könnt ihr in der Mülltonne wieder finden!
- Schlechter kann man das nicht mehr machen! (Miller, 2004, S. 13).

Schmidbauer (2009, S. 199f.) vertritt in diesem Zusammenhang die These, dass gerade in Helferberufen Aggressionen und latenter Sadismus anderen gegenüber sich dann bemerkbar machen, wenn die eigenen Aggressionsanteile verdrängt werden. Aggressionsverdrängung – wie jede andere Verdrängung auch – löst das Problem nicht, sondern verschärft es: »Der HS-Helfer, dessen Aggressionen nie richtig deutlich werden, ist letztlich dauernd latent aggressiv, missmutig, mürrisch. Er wartet auf mögliche Auslöser für seine aggressiven Spannungen, richtet sie gegen die störenden Angehörigen der Klienten, gegen konkurrierende Helfer und vor allem gegen sich selbst, indem er depressiv verstimmt ist oder psychosomatisch erkrankt.«

Aus Sicht der Schule: Die Störenden sind dann die Schülerinnen und Schüler oder Eltern und die Konkurrenten die eigenen Kolleginnen und Kollegen.

Ein Lehrer: *Ich werde meinen Schülern gegenüber immer dann ironisch bis zynisch, wenn ich Aggressionen in mir spüre, sie aber nicht artikuliere, und erst recht nicht meine dahinter liegenden Verletzungen und Kränkungen.*

> Hilflosigkeit entsteht bei Lehrern dann, wenn sie hin und her gerissen sind zwischen den offiziellen Ansprüchen der Schule, den persönlichen Wünschen, Bedürfnissen und Fähigkeiten der Schüler/innen und den hohen und weit gestreuten Erwartungen der Eltern.

3. Unzufriedene Eltern

Deren Unzufriedenheit speist sich aus den Erfahrungen während der eigenen Schulzeit, aus ihren Vorstellungen über die Lebensziele ihrer Kinder und aus den unerfüllten Erwartungen an die Schule.

3.1 Erfahrungen aus der eigenen Schulzeit

Eltern kommen in die Schule ihrer Kinder mit Erlebnissen, Erfahrungen und Prägungen aus der eigenen Schulzeit. Damals: Freude, gespannte Erwartung, Unsicherheit, auch Bangigkeit und Ängste schon zum Schulanfang und Fragen dazu: Wie wird das alles sein? Wen kenne ich schon? Muss ich allein von zu Hause wegbleiben? Wer und wie ist die Lehrerin? Tun dürfen, was Spaß macht; tun müssen, was man gar nicht will, beschäftigt und aufmerksam sein, sich langweilen und toll mitmachen, gute und schlechte Noten bekommen, gelobt und bestraft werden, glänzen und bloßgestellt werden, sich mögen, streiten und wieder vertragen, sich und andere wahrnehmen, beobachten, einordnen, bewerten, beurteilen – und merken: ich bin anders als die anderen, ich habe mit anderen Gemeinsamkeiten – wir sind verschieden und gleich …

12 bis 13 Jahre, fünf bis acht Stunden pro Tag, ca. 200 Tage pro Jahr, haben Eltern in der Schule verbracht – eine Menge Leben. Diese Fülle an Erfahrungen bringen sie als Erwachsene mit in die Schule, zu den Lehrerinnen und Lehrern – mit guten und schlechten Erinnerungen, mit erfreulichen, gemischten und belasteten Gefühlen. Die »im Damals« erfolgten Prägungen der Eltern wirken somit bis in die Gegenwart hinein, und es vermischen sich Erinnerungen aus der Vergangenheit mit Fantasien und Erfahrungen in der Gegenwart: Die Lehrerin / der Lehrer als freundliche oder strenge Person, distanziert oder unnahbar, einfühlsam oder autoritär. Zudem wird die Person des *Lehrers* auch noch im weiteren Verlauf der Beziehungen

als guter Freund, strenger Oberlehrer, nicht verstehender Arroganzling, einfühlsamer Therapeut oder sogar als gehasster Feind erlebt oder fantasiert und entsprechend bewertet.

Je nach Erfahrung und Einschätzung agieren und reagieren die Eltern dann erwartungsvoll und offen, vorsichtig oder ängstlich, entspannt oder angespannt, offen oder latent aggressiv, herausfordernd oder zurückhaltend. Wie auch immer: Schon bei der ersten Begegnung kann keine Rede davon sein, dass sie dem Lehrpersonal neutral, unbedarft, unvoreingenommen oder vorurteilslos gegenübertreten.

Wieder einmal gibt es Beschwerden in der sechsten Klasse über einen Lehrer. Vor dem Elternabend findet ein heftiger Disput statt. Während der Versammlung wird über alles Mögliche gesprochen, nur nicht über den Konflikt. Anscheinend wagt es niemand unter den Eltern, das Thema zur Sprache zu bringen. Einem Freund gegenüber äußern sich die Elternvertreter: »Wir haben Angst, dass der Lehrer unsere Kritik in den falschen Hals bekommt und seinen Ärger dann an unseren Kindern auslässt.«

Die Öffnung der »Schubladen« ist ebenso notwendig, wie deren Entrümpelung. Dabei soll der Weg begehbar gemacht werden, um Annäherungen zwischen Eltern und Lehrern zu erreichen. So entstehen dann Offenheit und Vertrauen, erfolgreiche Kommunikation und Kooperation zum Wohl und zur Entwicklungsförderung der Kinder (und der jeweils eigenen!). Erfreulich, wenn es dann Konfliktlösungen gibt wie diese:

Samstagnachmittag: Herr T. ruft privat bei der Schulleiterin an, beschwert sich lautstark über eine Lehrerin und will unbedingt und sofort über das Problem reden. Die Schulleiterin hört ihm kurz zu und vereinbart für Montag eine Sprechzeit. Widerwillig stimmt er zu. Am Montagmittag erscheint Herr T. in der Schule. Die Schulleiterin sieht ihn schon von Weitem und ruft ihm zu: »Gell, am Samstag, da hätten Sie mich am liebsten durchs Telefon erwürgt.« Herr T. stoppt seinen Gang, stutzt, verzieht kurz sein Gesicht und fängt dann schallend zu lachen an: »Sie sind mir aber eine, mich so zu empfangen. Alles hätte ich erwartet, nur so was nicht! Danke, dass Sie jetzt Zeit haben.« Und er nimmt im Rektorat Platz …

Der Sturm hat keine Macht, wenn man ihm keine Breitseite bietet, und gemeinsames Segeln ist dann sogar möglich!

3.2 Erwartungen

Aus den Erfahrungen während der eigenen Schulzeit, im Wissen um die Aufgaben der Schule und aus dem Wunsch, ihre Kinder zu fördern und zu bilden, entstehen Erwartungen an die Lehrer in einer großen Bandbreite: vom strengen Pauker über den geduldigen Erklärer bis hin zum nachsichtigen Versteher und mildtätigen Übersehen … Deshalb: Von beiden Seiten aus genau hinsehen, um herauszufinden, was Realität ist, was Fantasien sind, welche Spuren es aus der eigenen Schulzeit gibt, was machbar ist und was sich als unrealistisch erweist.

Herr N., von Beruf Rechtsanwalt, macht einer Lehrerin vehement Vorwürfe, dass sein Sohn am Ende der Grundschulzeit eine Empfehlung für die Hauptschule bekommen hat und nicht, wie von ihm erwartet, für das Gymnasium. Ein heftiges Hin und Her erfolgt, Argumente und Gegenargumente werden angeführt. Auf Wunsch beider wird ein Vermittler hinzugezogen, der Vater agiert ruhiger, und die Lehrerin kann ihre Gründe ohne weitere Vorwürfe des Vaters erläutern. Das Gesprächsklima entspannt sich.

Man merkt, dass Herr N. innerlich kämpft – und unerwartet sagt er zum Schluss des Gesprächs: »Und was glauben Sie, wer übernimmt denn dann in 15 Jahren meine Kanzlei?«

An der Oberfläche bittere Vorwürfe, im Inneren Nöte und Sorgen und die Erwartung: Gymnasium statt Hauptschule.

Die »Falle« aufseiten der Lehrer besteht darin, die Erwartungen der Eltern »automatisch« zu koppeln mit dem Ziel, sie zu erfüllen. Die guten Absichten dürfen aber nicht dazu führen, auf die wichtige Entkoppelung zu verzichten:

Die *Erwartungen* der Eltern – wie auch immer – »dürfen« sein und werden von den Lehrern wahrgenommen. Die *Erfüllung* der Erwartungen liegt in den Möglichkeiten, Bestimmungen und Grenzen der Schule.

3.3 Enttäuschungen

Dass, wie im geschilderten Fall, der Rechtsanwalt-Vater »natürlich« enttäuscht ist, ist nachvollziehbar, aber nicht der Grund, die Entscheidung rückgängig zu machen, sondern im Gespräch ihm Verständnis entgegenzubringen, Klärung herbeizuführen und Alternativen vorzuschlagen.

Ich arbeite mit einer Ärztegruppe. Wir reden auch über Ängste und Erwartungen ihrer Patienten. Ihr gemeinsames Fazit unter anderem: Wir können doch nicht den (bisweilen schlimmen) Krankheitsbefund unserer Untersuchungen zurücknehmen, nur damit es den Patienten besser geht.
Auf die Schule übertragen heißt das: Wir können den »Befund« über den Entwicklungs- und Lernstand der uns anvertrauten Kinder und Jugendlichen nicht zurücknehmen, nur damit es ihnen und den Eltern »gut« geht. Wir können jedoch einfühlsam sein und verständnisvoll, klar und aufklärend in der Sache wirken und fördernde Angebote machen.

Ferner ist zu unterscheiden:
a) Wir können niemanden enttäuschen, dem wir keine Zusagen gegeben haben.
b) Jemand kann sich jedoch selbst enttäuschen oder sich enttäuscht fühlen aufgrund seiner eigenen Erwartungen = Erwartungen als persönliches Konstrukt.
c) An der Enttäuschung des anderen sind wir allerdings dann beteiligt, wenn wir ihm gegenüber Versprechungen bzw. Zusagen gemacht und sie nicht eingehalten haben. (Deshalb stimmt der Satz, z. B. bei Paaren: »Mensch, wie habe ICH mich getäuscht!« Und nicht: »Wie hast DU mich enttäuscht«!)

Grundsätzlich gilt: Statt Enttäuschungen abzutun, sie aufzunehmen und zu verstehen – jedoch ohne den Zwang (oder Gehorsam), sie erfüllen zu müssen.

In diesem Zusammenhang weist Terhart (2010, S. 40) darauf hin, dass es sich beim Lehrerbild (das auch Eltern haben) »weniger um ein Abbild der tatsächlichen Verhältnisse als um das Ergebnis kollektiver sozialer Konstruktionen handelt, in das eben auch Wünsche und Fantasien, Hoffnungen, Enttäuschungen und bis zu einem gewissen Grad auch später Hass sowie Neid und Missgunst eingehen« (Terhart 2010, S. 40).

Die aus den unerfüllten Erwartungen sich ergebenden Enttäuschungen brauchen »Verarbeitungszeit«, die je nach Persönlichkeit und Lebensgeschichte unterschiedlich lange dauert. (Das »geliebte Kind« wird rascher zum Dialog bereit sein als das »ungeliebte Kind«.) Am Ende können sich positive Akzentverschiebungen ergeben: vom Misstrauen zum Vertrauen, von der Verweigerung zur Konfrontation (= Diskurs auf Augenhöhe!), vom Vorurteil zur Offenheit, von der Ferne zur Nähe, von der Auseinandersetzung zum förderlichen Gespräch, von unterschiedlichen Wegen zu gemeinsamen Zielen, von unterschiedlichen Handlungen zu gemeinsamen Lösungen.

Hilflosigkeit entsteht bei Lehrern dann, wenn Eltern als Kontrollinstanzen fungieren und ihren Eigenanteil an Erziehung wahrnehmen.

4. Unzeitgemäßes System

Nach Meinung von Niklas Luhmann sind Systeme in sich selbst verliebt. Deshalb ändern sie sich kaum oder nur sehr schwer. So auch das System »Schule«, ein äußerst schwerfälliges »Schiff«, das rasch an die Grenzen der Manövrierfähigkeit kommt, wenn es andere Richtungen einschlagen, das Tempo beschleunigen oder alle Passagiere zufriedenstellen soll.

4.1 Schule der Vergangenheit

1949: Ich bin Erstklässler. Mit etwa 60 Buben zusammen (die Mädchenschule ist einige hundert Meter weit entfernt) hocke ich in engen Bänken, vorne agiert der Lehrer, streng, gerecht und beliebt.

Jeden Tag gehe ich gerne in die Schule. Sie ist der einzige Ort, der mir die Welt »nach draußen« eröffnet: Wandkarten mit Tier- und Pflanzendarstellungen, Kurzfilme (deren Abspulgeräusche mir heute noch in den Ohren gegenwärtig sind), Lesen lernen (und daheim Bücher verschlingen), Schreiben und Rechnen können – (und es im Alltag anwenden dürfen).

Ein Bubenleben ohne Litfaßsäule, Reklamewände, Fernsehen, Internet, Reisen … (Die erste war ins 90 Kilometer entfernte München; da war ich neun Jahre alt – und zehn, als mir gesagt wurde, es gäbe auch Evangelische im Ort …).
Eine herrliche Welt, eng durch die persönlichen Umstände, weit in meinen Fantasien …

50 Jahre später: Meine Welt und die um mich herum haben sich vehement und rasant verändert. Die unmittelbar mit den Sinnen erfahrbare Welt ist durch die virtuelle Welt schier grenzenlos geworden – und die Schülerinnen und Schüler sind, fast mehr als die Lehrer, in beiden zu Hause. Nur die Schule als Gesamtsystem mit ihren

schwer manövrierfähigen Tankern dümpelt auf den Weltmeeren vor sich hin und schafft es mit Mühe und Not, sich im Mittelfeld der Pisaflotte zu halten. Manches (vieles?) ist immer noch wie früher: Lehranstalten in lernunfreundlichen Bauten; zu kleine Klassenräume für zu viele Kinder und Jugendliche, Lehrerinnen und Lehrer vorne am Pult als Informatoren, Vielredner und Lehrende; in den Bänken viele Sitzende, Zuhörende, Aufpassende, Abschreibende, Fingerhebende, Antwortgebende, kurzum: Lehrgutempfänger ...

Und bei allem: Lehrerinnen und Lehrer meinen es wirklich gut, haben die besten Absichten, mühen sich Tag für Tag ab – und ernten häufig so wenig Erfolg.

Szenario: Erfolglosigkeit und Nachhaltigkeit

Ich lade Sie zu einem Experiment ein, durch das Sie die Nachhaltigkeit des Lernens Ihrer Schülerinnen und Schüler überprüfen können:

a) Denken Sie bitte an ein Fach und an eine bestimmte Klasse, in der Sie unterrichten.
b) Erstellen Sie für diese Klasse einen Test, in dem Sie die zehn wichtigsten Inhalte des vergangenen Schuljahres thematisieren:
   - nur Schwerpunkte er- / abfragen
   - Stoff aus den Monaten September (Schulbeginn) bis ca. Juni / Juli (Schulende) auswählen
   - keine Vorankündigung; Arbeitszeit etwa 20–40 Minuten (je nach Klassenstufe)
c) Schätzen Sie im Voraus: Wie viel Prozent des Stoffes / Wissens wird wohl von den Schülerinnen / Schülern behalten werden?
d) Zum Schluss: Vergleichen Sie Ihre Vermutungen mit dem tatsächlichen Resultat.

P.S.: Ich habe viele Lehrerinnen und Lehrer nach den tatsächlichen Ergebnissen befragt. Die Antworten waren: von unter zehn Prozent bis (in ganz wenigen Fällen) 40 Prozent (je nach Schulart); der Schnitt liegt derzeit bei etwa 15 bis 18 Prozent. Bei 100 Prozent Input – nur sooo wenig Output? Da stimmt doch etwas nicht!

Nachhaltigkeit kann nicht funktionieren, wenn sich Pädagoginnen und Pädagogen nur dem Stoffplan verpflichtet fühlen und sich als Wissensvermittler verstehen: »Aus neurobiologischer Perspektive ist diese Vorstellung weder zutreffend noch brauchbar … Schülergehirne sind keine Fässer, die man mit Wissen füllen kann (Hüther 2010, S. 40). Die Konsequenz: weniger Wissens*vermittlung*, dafür mehr Wissens*verarbeitung* durch Strukturierung, Fokussierung, Komprimierung, Wiederholung und Übung.

Trotz der gemachten Erfolglosigkeiten träumen wir dennoch auf dem Schulschiff während der Fahrt durch die inzwischen global orientierte Welt von neuen Schulzeiten, auch wenn wir noch in alten verhaftet sind, und wünschen uns einen Weg …

Von alten Schulzeiten …	**zu neuen Schulzeiten**
zufällige Entwicklung	gezielte Entwicklung
Statik, Beharren	Dynamik, Flexibilität
Zentralisierung	Dezentralisierung
Steuerung von oben	Steuerung von unten
Organisation von außen	Organisation von innen
konstante Berufsrolle	sich verändernde Berufsrolle
begrenztes Lernen	lebenslanges Lernen
Stundenpläne	Lernpläne
Schwerpunkt: Wissensvermittlung	Schwerpunkt: Lernprozesse
abfragender Unterricht	offene Unterrichtsformen
Fachkompetenz	Fach- und Sozialkompetenz
Lehren und Belehren	Lernförderung, Lernhilfe
(zu häufiges) Eingreifen	Entfalten lassen
(zu viele) Vorgaben	Schaffung günstiger Bedingungen
lehrerzentrierter Unterricht	schülerorientierter Unterricht
Medienarmut	Medienvielfalt

Wirkliche Veränderungen brauchen Zeit, sind nicht im Hauruck-Verfahren, sondern eher unspektakulär und in kleinen Schritten erreichbar. Deshalb: Geduld mit sich und anderen haben: Don't push the River!

Geduld haben heißt jedoch nicht, alles schleifen lassen und sich nicht um Veränderungen kümmern. Warum aber sind Veränderungen im System »Schule« bisweilen so schwer zu bewerkstelligen? »Konservativ ist mir Fortschritt genug«, sagte mir einer, der von Neuerungen nicht viel hielt.

4.2 Gang durch das System

Ich habe Antworten gesucht auf die Frage, warum das Gesamtsystem »Schule« immer noch so unzeitgemäß ist, habe mich auf den Weg gemacht durch das oft undurchsichtige System und bin fündig geworden.

Ich begegne ...

- *den Kindern* und sehe ihre erwartungsvollen und vor Ideen sprühenden Gesichter; später die eifrigen, erfolgreichen, aber auch zurück- und nicht versetzten Schülerinnen und Schülern und die, die stören und/oder gestört sind – und deren eigentliche Botschaften nicht gehört werden.
- *den Eltern*, hoffnungsvoll Freude strahlend über die Leistungen ihrer Anbefohlenen, enttäuscht über Misserfolge ihrer Kinder und oft auch voller Zorn über die unbelehrbaren Lehrer und auf die Vorschriften pochende Schulleiter.
- *den Lehrerinnen und Lehrern*, gewissenhaft in ihren Vorbereitungen, Fachleute im Unterricht und hilfreich ihren Schülerinnen und Schülern gegenüber – aber auch (und dies zunehmend) häufig überrumpelt von den raschen Veränderungen, entfernt von den Lebenswirklichkeiten ihrer Schülerinnen und Schüler, enttäuscht von deren Gleichgültigkeit, verletzt durch ihre Rücksichtslosigkeiten und oft müde und ausgebrannt.
- *den Schulleitern*, mit hoher Verantwortung und besten Absichten ihre Schule leitend, deren Terminkalender beruflich übervoll ist – und die durch die zahlreichen Verwaltungsreformen sich in

ihrer Leitungsfunktion massiv gestört fühlen, und hin und her gerissen sind zwischen den sehr unterschiedlichen (An-)Forderungen, die man an sie stellt.

- *den Aufsichtsbeamten* in den Schulämtern, pflichtbewusst und verantwortungsvoll – und kaum zufrieden, weil die Ärgernisse größer sind als die Erfolgserlebnisse.
- *den Verwaltungspersonen* in den Kultusministerien, die mir zuallererst von ihren Sorgen, ihren Überforderungen und ihrer Sisyphusarbeit berichten – und die sich häufig zwischen allen Stühlen vorkommen.

Schulamtsdirektor: »Ich bin wie ein Hamster im Laufrad. Ich trete und trete … und der Sinn meiner Arbeit ist mir schon lange abhanden gekommen.«
Im Laufrad: Ob er den Absprung schaffen wird – falls er könnte, möchte?

Ich sitze im Büro eines Oberschulamtes und sehe – es ist bereits späterer Nachmittag – einige Kollegen im Eilschritt den Gang entlangrennen: spürbare Aufregung. Später erfahre ich, der Referent der Kultusministerin habe angerufen, brauche bis 18 Uhr dringend einige wichtige Informationen über die Schulsituation X … Und schon werden alle zuständigen Referenten herbeigerufen. Gestresst, aber folgsam (Beamtenpflicht) reagieren sie … Anderntags von allen Frust, Ärger, »die da oben wieder …«

In einer Besprechung nehme ich das Thema auf, bringe meine Wahrnehmungen ein und sage unter anderem: »Wenn wir alle ›brav‹ reagieren, lernen die Befehlenden, dass wir gehorchen. Das nächste Mal wird es wieder so sein – und in der Folge Aufregung, Ärger, Frust – und es wird sich nichts ändern …
Denn: Das war noch nie anders. Das haben wir schon immer so gemacht. Wo kämen wir da hin, wenn wir alles verändern würden? Ja, wo kämen wir da hin?

Die förderlichen Arbeitsbedingungen, die guten Kontakte untereinander, die erfreulichen Gemeinsamkeiten miteinander, die befriedigenden Ergebnisse und Lösungen – die muss ich im Gespräch mit ihnen allen eher suchen. Vermehrt nehme ich eher Sorgen und Nöte, Unzufriedenheiten, Missmut, Klagen, Frustrationen, Überforderungen, auch gegenseitige Abwertungen und Schuldzuschreibungen wahr.

Die Tragik: Meist das Beste wollen – und oft nur das Mittelmäßige erreichen. Woher also das Unbehagen von ihnen und im Umgang miteinander?

1. Die Berufswahl war bei vielen von Idealismus geprägt – und nun sind sie in der Realität angekommen.
2. Manche von ihnen haben Macht gesucht, Karriere gemacht und dabei ihre Freiheit und Unabhängigkeit verloren – wahrlich ein hoher Preis, den sie gezahlt haben.
3. Viele sind angetreten mit dem Wunsch, relativ selbstständig zu handeln – und erleben sich nun als folgsame und angepasste Vollzugsbeamte.
4. Sie haben nicht gelernt – oder es wieder verlernt –, zu kooperieren und vernetzt zu arbeiten. Gegenseitige Rückmeldungen sind selten, von Super- oder Intervision ganz zu schweigen. Sie sind Einzelkämpfer geblieben.
5. Eigene Fortbildung geschieht immer weniger je höher es in den Rängen und auf der Karriereleiter nach oben geht. Feedback ist Seltenheit.

Wie verschieden doch die einzelnen Systeme sind:

In der Gruppenarbeit mit Lehrern bin ich es gewohnt, im Stuhlkreis zu sitzen … Als ich im Kultusministerium eine Gesprächsrunde zu leiten hatte, stellte ich einen Stuhlkreis auf – und wurde prompt von den Teilnehmenden gerügt, was mir denn einfiele, die Tische wegzulassen …
Waren es nur die Tische, die funktional fehlten – oder entstand das Unbehagen wegen zu großer »Offenheit« und Nähe?

P.S: Ja, ich habe damals unüberlegt gehandelt, ging nur von meinen Erfahrungen aus und war zu wenig offen für die Wirklichkeit der Kultusbeamten. Mein Erkenntnisgewinn: Verwaltungsbehörden sind keine pädagogischen Selbsterfahrungsgruppen – und Schulen keine Verwaltungshochburgen.

»Ich lese schon lange kein pädagogisches Buch mehr«, sagte ein Referent einer Schulbehörde. »Erstens habe ich keine Zeit dazu, und zweitens bin ich froh, wenn ich meine Verwaltungsarbeit einigermaßen gut hinkriege. Meine Unterrichtsbesuche mit anschließenden Beurteilungen? Da genügen mir meine Kenntnisse aus der Zeit, als ich noch selbst Lehrer war.«

Roitsch (2010, S. 49) verdeutlicht den Zusammenhang »System Lehrer« und »System Schule«: »Das überaus positive persönliche Lehrerbild [der Bevölkerung, R.M.] wird jedoch überlagert durch das Bild vom Schulsystem, dessen Funktionieren beziehungsweise Nicht-Funktionieren dem Berufsstand angelastet wird. Da taucht die viel zu frühe Selektion nach der vierten Klasse auf, die Überforderung durch zu große Klassen und Unterrichtsausfall sowie die zu geringe Förderung der Begabungen und die schwache Vermittlung von sozialen Kompetenzen.« Erkenntnis: »Die Bevölkerung hat ein nüchternes Lehrerbild, misstraut aber dem System, für das die Politik im deutschen Föderalismus die Verantwortung trägt.«

Das heißt: Die Adressaten des Unbehagens und der Beschwerden sind die Falschen. Oder noch deutlicher: Im Extremfall drischt man auf die Falschen ein – und wundert sich, dass nichts geschieht – außer dass die Falschen, hier die Lehrer, sich, wenn auch auf sehr verschiedene Weise, wehren.

4.3 Zeitgemäße Schulwege

Änderungen im System bedeutet für die Schulen, einen Weg zu gehen vom Unzeitgemäßen zum Zeitgemäßen, von ALT nach NEU:

1. pädagogisch: Freiheit in der Gestaltung der Lehrpläne, Inhalte und Ziele
2. personell: Mitbestimmung in der Auswahl der Lehrpersonen
3. finanziell: Verfügung über Schulkonten, Grundmittel, Budgetierung
4. organisatorisch: Freiräume für Deputate, Klassengrößen, Vertretungen

5. verwaltungstechnisch: Zuständigkeit für Bau, Mobiliar, Hauspersonal
6. überprüfend: Durchführung von Selbst- und Fremdevaluation

Nach über zwei Jahrzehnten Schulentwicklung, nach Abklingen der Anfangseuphorie und nach unrealistischen Höhenflügen hat sich die Erkenntnis durchgesetzt, dass Schulentwicklung nach wie vor wirksam ist, wenn Schulleitung und Kollegium sich auf den Weg machen, auch wenn sich nicht sofort alle beteiligen, wenn sie nicht zu schulferne Visionen und zu hohe Erwartungen haben; wenn sie kleine Schritte mit Pausen, statt pausenlos große Schritte gehen und wenn sie Unebenheiten, Schwierigkeiten und Hürden als Teil des Prozesses sehen.

Acht Zentralfragen können dabei ein Leitfaden bei ihren Veränderungsabsichten sein:

1. Was wollen wir behalten, bewahren? Bleibendes gibt *Stabilität.*
2. Was möchten wir verändern? Veränderungen bringen *Bewegung.*
3. Was befürchten wir? Befürchtungen sind wichtige *Signale.*
4. Welche Ziele haben wir? Ziele weisen die *Richtung.*
5. Welche Vereinbarungen treffen wir? Vereinbarungen ebnen den *Weg.*
6. Wie werden wir vorgehen? Wegbeschreibungen geben *Sicherheit.*
7. Was haben wir erreicht? Evaluation zeigt *Erfolge* auf.
8. Wie geht es weiter? (vgl. Halbritter 2010, S. 34)

Hilflosigkeit entsteht bei Lehrern dann, wenn das schwere Schulschiff von vielen Kapitänen in verschiedene Richtungen gelenkt wird und dadurch ständig Kurswechsel stattfinden.

5. Bildungsbedürftige Gesellschaft

Es vergeht kaum ein Tag, an dem in den Medien nicht von Bildung die Rede ist. Viele Meinungen, viele verschiedene Vorstellungen, viele, häufig unvereinbare Ziele und Wege. Ein Zeichen von Interesse, Mitmischen wollen, Bildungsbedürftigkeit oder Bildungshunger?

5.1 Klarheit über Bildung

- Schüler sind an guten Noten und Schulabschlüssen interessiert.
- Eltern sind an guten Leistungen und Noten ihrer Kinder interessiert.
- Lehrer interessiert am Bildungsplan vorwiegend der Fächerkanon.
- Schulleiter sind an guten Lehrern interessiert.
- Die Schulverwaltung ist an einem reibungslosen Schulablauf interessiert.

Wer ist eigentlich an Bildung interessiert?

Ich habe Personen aus der Schule, Schulverwaltung und Wissenschaft befragt, was sie unter Bildung verstehen (Miller 2007, S. 150):

- die Fähigkeit, am öffentlichen Leben gestaltend teilnehmen zu können und es auch zu wollen
- sich in Zukunft in der Gesellschaft zurechtzufinden auf der Basis eines solidarischen und demokratischen Umgangs miteinander
- die Aneignung von Wissen in möglichst vielen Bereichen, um das Leben vielfältig gestalten zu können
- die Aneignung von Kulturgütern, die für die einzelne Person und für die Gesellschaft von Bedeutung ist
- die Summe von Wissen und Verhaltensweisen, über die ein Mensch zur erfolgreichen Bewältigung gesellschaftlicher Anforderungen verfügen muss

- die Vernetzung von Kenntnissen und Verhaltensweisen, die den Menschen befähigen, in seiner Lebenswelt zu bestehen und sie kompetent mit gestalten zu können
- das Zusammenwirken von Wissen, Fertigkeiten und Verhaltensweisen, die es dem Einzelnen ermöglichen, selbstständig zu sein und gesellschaftliche Belange mit zu gestalten
- »Bildung ereignet sich in der Begegnung des Menschen mit der kulturellen Wirklichkeit.« (W. Klafki)
- Bildung ist,

(1) was der sich bildende Mensch aus sich zu machen versucht.
(2) was dem Menschen ermöglicht, in einer geschichtlichen Welt und
(3) in der Gemeinschaft zu leben. (v. Hentig).

Die Aussagen sind breit interpretierbar und öffnen in der Praxis nicht nur weite Spielräume, sondern führen auch bisweilen zu Irritationen bei den Beteiligten.

Befragt man Laien, Stimmen aus der Bevölkerung, so verstehen sie unter Bildung vorwiegend berufliche (Aus-)Bildung – und die Schule wird danach bewertet, wie gut sie die Schülerinnen und Schüler auf Berufe vorbereitet. (Hohen Stellenwert haben deshalb sprachliche und naturwissenschaftliche Fächer und weniger musisch-künstlerische oder sportliche.)

Allen Sichtweisen gemeinsam sind jedoch vier Bereiche, nämlich:

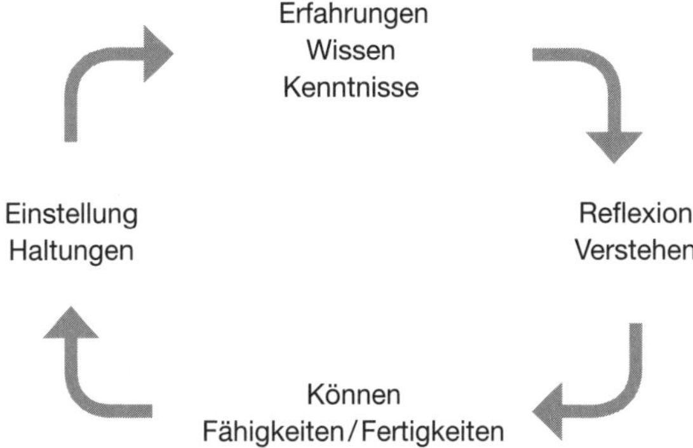

So gesehen, ist Bildung eine *Vernetzung dieser Bereiche* und ein *Prozess*, sodass ein gebildeter Mensch nicht ein »fertiger, reifer« Mensch ist (wie man früher der Ansicht war), sondern eine Person, die mit ihrem Wissen und Verstehen, mit ihrem Können und ihren Haltungen »auf dem Weg« ist.

Da die Vorstellungen über Bildung weit auseinanderklaffen, bedarf es eines Diskurses innerhalb und außerhalb der Schule darüber, wie man zu Gemeinsamkeiten kommt, um den »Bildungs- und Erziehungsauftrag« erfüllen zu können – und vor allem: Wie es der Schule gelingen kann, Lernen und Leisten als erstrebenswert, ja bisweilen auch lustvoll erleben zu lassen.

Folgende Themen sind dabei für die Klärung von Bedeutung: Bildung und Erziehung, Werte, Normen und Regeln, Leitgedanken und Bildungsstandards, Kompetenzen, Ziele und Bildungsinhalte, Praxisrelevanz, Rahmenbedingungen, Schwierigkeiten, Hindernisse und Grenzen schulischer Arbeit, Lernvoraussetzungen der Schülerinnen und Schüler, Aspekte des Lehrens und Lernens, der Leistungsbewertung und -benotung, Schullaufbahn und Abschlüsse, berufliche Perspektiven, Aufgaben der Schule und des Elternhauses, Kontakte und Vernetzung mit außerschulischen Personen und Institutionen, Schulentwicklung, interne und externe Evaluation und Möglichkeiten der Optimierung der Schule als lernende Organisation.

5.2 Zuständigkeiten

Das Unbehagen in der Gesellschaft über die Schule, ihre eigene Bildungsbedürftigkeit, ja sogar ihr Bildungshunger, und die oft verzweifelte Suche der Menschen nach Arbeit lassen Bildung in einem anderen Lichte erscheinen, als es früher der Fall war. Insofern ist es sehr verständlich, dass (fast) alle mitreden wollen, wenn es um Bildung im weiteren Sinn und um berufliche Existenz im engeren Sinn geht: Ohne Bildungschancen und ohne Bildung keine Chancen auf dem Arbeitsmarkt!

Um sich auf dem Bildungsmarkt orientieren zu können, kommt zur Klärung, was man unter Bildung versteht, deshalb auch die

Kenntnis darüber, wer für welche Art von Bildung zuständig ist – und wie sie konkret in den Schulen vermittelt wird:

Anruf einer Mutter im Kultusministerium – mit dem Glück, den persönlichen Referenten der Ministerin erreicht zu haben: Ist es richtig, dass Kinder in der ersten Klasse bereits mit dem Füller schreiben müssen …? Der freundliche Herr beruhigt die aufgeregt wirkende Mutter und verspricht ihr, sich um die Angelegenheit zu kümmern.
Auf dem Dienstweg kommt ihr Anliegen zur Schule ihrer Tochter zurück und wird dort schulintern geregelt. (Ob zur Zufriedenheit der Mutter konnte ich nicht weiter verfolgen.) Übrigens: Lehrer, nicht aber Eltern sind zur Einhaltung des Dienstweges verpflichtet!

Ein Vater schickt dem Präsidenten eines Oberschulamts eine E-Mail mit heftigen Beschwerden über permanenten Unterrichtsausfall im Gymnasium seines Sohnes. Auch hier wieder Beruhigungsversuche per E-Mail mit der Information, die Schule regele die Unterrichtsausfälle etc., einschließlich der Bemerkung, die Schulverordnung sähe keine präventive Vertretungsregelung vor, sondern lediglich eine akute im Bedarfsfall.
Auf dem Dienstweg kommt sein Anliegen zur Schule seines Sohnes zurück und wird dort schulintern geregelt. Ob zur Zufriedenheit des Vaters …?)

Eines wird durch diese beiden Fälle deutlich: Die Mutter, der Vater wenden sich an Personen, sind enttäuscht von ihnen, wenn ihr Anliegen nicht zu ihrer Zufriedenheit ausfällt – sind in der Folge verärgert und schimpfen dann auf »das System Schule« oder auf »die Schule« insgesamt, ein sehr frustrierender und wenig erfolgreicher Prozess:

1. Das Problem wird *Personen* vorgetragen.
2. Die unerfüllten Wünsche erzeugen Unbehagen, Ärger …
3. Der Ärger wird auf das *Gesamtsystem* übertragen.
4. Die Lösung der Einzelfälle hängt ab von der *Gesamtstruktur* und / oder von den Möglichkeiten der einzelnen Schule.

Das Wissen um *Zuständigkeiten* ist also vorrangig, um überhaupt zu Problemlösungen zu kommen. Darüber aufzuklären und das Prozedere transparent zu machen ist Aufgabe der Schule. Im deutschen föderalistischen Schulsystem bedeutet dies unter Umständen weite Hierarchiewege – und aus Sicht von Eltern kann er beispielsweise so aussehen:

1. Gespräch mit dem zuständigen Fachlehrer, bzw. dem Klassenlehrer
2. Weitere Klärung während eines Elternabends
3. Weitergabe an die Schulleitung
4. Weitergabe an das (Bezirks-)Schulamt
5. Weitergabe an das Regierungs / Oberschulamt / Regierungspräsidium
6. Weitergabe an das Kultusministerium

Das Unbehagen ist vorprogrammiert, wenn man an die hohen Erwartungen, den oft komplizierten (Um-)Weg und die damit zusammenhängenden langen Wartezeiten denkt … Deshalb brauchen wir flache Hierarchien für Kontakte, Begegnungen, Kommunikationen, Interaktionen von Personen, die an der Schule interessiert bzw. in ihr involviert sind, und lösungsorientiertes Denken und Handeln.

5.3 Vielfalt

In einer pluralen Gesellschaft ist die Antwort auf die Frage, wie Bildung geschehen soll, nicht »Einfalt« wie früher (= Lesen, Schreiben, Rechnen), sondern »Vielfalt«. Das mag verunsichern, irritieren und den Wunsch nach Übersichtlichkeit hervorrufen:

Bildungsstandards, einheitliche Lehrpläne, einheitliche (Abitur-) Prüfungen (von Berchtesgaden bis Flensburg, von Aachen bis Dresden – und dies bei 16 Bundesländern!). Es führt kein Weg vorbei: Dem gesamten Bildungswesen – und damit den Kindern und Jugendlichen – wird man nur gerecht, wenn man die Vielfalt in den Bundesländern und in den einzelnen Schularten und Schulen zulässt. Schülerinnen und Schüler sind keine Maschinen, die man gleichschalten kann. Sie bringen unterschiedliche Voraussetzungen mit (Gene, Hirne, Begabungen, Lebensgeschichten, Erfahrungen, Wünsche, Ziele …). Es geht künftig in der Schule weit mehr um Kompetenzen- als um Wissenserwerb. Dieser wird stärker außerhalb der Schule als innerhalb zu erlangen sein – und die Arbeit in der Schule besteht dann zum großen Teil darin, das Wissen zu reflektieren, zu hinterfragen, einzuordnen und für Tätigkeiten in der (Berufs-)Praxis zur Verfügung zu stellen:

Ich leite ein Kommunikationsseminar für junge Praktikantinnen und Praktikanten aus verschiedenen Firmen und verschiedenen Bundesländern. In der Vorstellungsrunde sprechen sie auch über ihre Zukunftspläne, mehrheitlich über Auslandsstudium, Bildungsreisen, Praktika innerhalb und außerhalb Europas … Ich staune, denke an meine eigene Studienzeit (drei verschiedene Universitäten, nur in der BRD) – und bin beeindruckt von der Vielfalt ihrer Ideen, Vorhaben, Sprachkenntnisse: Englisch sowieso, dazu Spanisch oder Französisch bis hin zu Chinesisch (und keine Rede von der Notwendigkeit einheitlicher Schulen oder zentraler Prüfungen).

Damit die Vielfalt gelingen kann, braucht es das grundsätzliche JA der Gesellschaft mit kollektiven Eigenschaften wie Solidarität, Toleranz, Flexibilität; ferner das Aushalten von temporären Perturbationen, den Abschied von dauerhaften Sicherheiten und die Offenheit für interaktive Prozesse statt nur für überschaubare Ergebnisse.

Hilflosigkeit entsteht bei Lehrern dann, wenn die Gesellschaft an Lehrer Forderungen stellt, für die sie weder zuständig noch verantwortlich sind (»That's not my problem!«).

6. Unter Druck stehende Politiker

Bauern eines Landes wurden von einer Heuschreckenplage heimgesucht, die einen Großteil ihrer Ernte zerstörte. Da wandten sie sich an Gott und flehten: Herr, verschone uns vor den schrecklichen Heuschrecken und töte sie alle. Die Heuschrecken jedoch waren sehr erfreut über ihre unerwartete Beute und genossen ihre Gefräßigkeit. Voller Dankbarkeit wandten sie sich an Gott und sprachen: »Herr, erhalte uns auch weiterhin solch reiche Nahrung.«
Was sollte da der liebe Gott tun? Für wen würde er sich entscheiden?

6.1 Ideologische Befangenheit

Diese Geschichte kommt mir immer dann in den Sinn, wenn ich an Menschen denke, die unter Entscheidungszwängen stehen, z. B. Bildungspolitiker, wenn es um Entscheidungen im Schulwesen geht. Sie sind nicht frei von Zwängen, werden von vielen Seiten mit den unterschiedlichsten Erwartungen konfrontiert, sollen Wünsche erfüllen, die nicht kompatibel sind mit der Realität, und sie sind häufig Ideologien verhaftet und an Vorgaben, Ziele und Inhalte einer bestimmten Partei gebunden:

Ich bekomme einen Anruf aus einem Kultusministerium, CDU-regiert. Ein Referent für Schulentwicklung lädt mich zu einem Vortrag ein und bittet mich, noch einen weiteren Experten vorzuschlagen. Ich nenne ihm N., einen ausgewiesenen Schulentwickler, worauf ich die Antwort erhalte: »Nein, den können wir nicht nehmen, der ist ja ein Sozi.«
»Sozi« wurde wortwörtlich gesagt!

Ideologische und parteipolitische Positionen bringen zwar die Zustimmung derjenigen, die sich mit ihnen identifizieren, werden aber der Schulwirklichkeit nicht gerecht: Hirne, Lehr- und Lernvorgänge, Schulorganisation und Schulentwicklungsprozesse haben – zum Glück – keine ideologischen Farben und sind keiner Partei zuzuordnen.

Kurzer Abstecher: *Wenn am Dienstag und Donnerstag in der ersten Klasse Religionsunterricht ist, dann gehen die Katholischen in einen Gruppenraum, während die Evangelischen im Klassenzimmer bleiben. Schuljahresbeginn: Die Lehrerin erklärt den Kindern, warum die einen bei ihr bleiben – und die anderen mit dem Pfarrer in den Nebenraum gehen.*

Der Pfarrer begrüßt freundlich seine kleine Schar und will mit dem Religionsunterricht beginnen. Da öffnet sich leise die Tür, und die Lehrerin schiebt behutsam ein Mädchen ins Zimmer. Unter Tränen stottert es: Ich bbbin auch ka-ka-tholisch. Man sieht es Sabine an, dass sie überhaupt nicht versteht, warum sie die anderen verlassen muss, was katholisch und evangelisch bedeutet und was die Trennung denn soll.

Es gibt keine katholischen oder evangelischen und auch keine »schwarzen« »roten«, »gelben« oder »grünen« Kinder – und somit auch keine entsprechende Pädagogik oder Didaktik. Doch es gibt wissenschaftlich fundierte Erkenntnisse und Ergebnisse aus schulrelevanten Bereichen wie Neurobiologie, Lehr- und Lernforschung, Didaktik und Methodik, Psychologie und Sozialpädagogik, die es ermöglichen, die notwendigen Entscheidungen rational und nicht vorurteilsbehaftet und ideologisch zu begründen und zu treffen.

6.2 Schulferne

Wer empirische Daten erhalten und sich Wissen aneignen will, um zu sachlich fundierten Entscheidungen zu kommen, braucht Zugänge zur Schulwirklichkeit.

Im Falle der Politiker kann man eher von Second-Hand-Erfahrungen sprechen; zu ihnen gelangen Informationen durch andere: Beschwerdeanrufe, subjektive Meinungen im Gespräch mit Wählern, Berichte durch die Medien, auch geschönte Mitteilungen von Schulen:

Ein Kultusminister braucht dringend Material über »Gewalt an Schulen« und bittet seinen persönlichen Referenten, per Fax Informationen von ausgewählten Schulen einzuholen. Was auch geschieht. Nur: Da die Schulen nun wiederum in Eile keine gesicherten Daten, sondern nur vage Erfahrungswerte zur Verfügung haben, bekommt der Minister auch keine wirklichkeitsnahen Informationen, zumal manche Schulen ihre Daten »frisieren« mit der Begründung: Das Kumi muss ja nicht unbedingt wissen, wie es an unserer Schule zugeht. Das regeln wir schon selbst.

Persönliche Besuche an Schulen bringen – leider – auch keine gesicherten Befunde, da sich jede Schule größte Mühe gibt, sich in bestem Lichte erscheinen zu lassen: In einigen Tagen kommt der Minister / die Ministerin: Wir werden unser Bestes tun.

Lediglich im Gespräch mit Kolleginnen und Kollegen erfährt er / sie ab und zu von deren Belastungen, Schwierigkeiten, Grenzen; er / sie zeigt auch Verständnis. Doch die anschließenden Termine, die Fülle seiner Verpflichtungen und die eigenen Belastungen lassen das meiste der Mitteilungen in den Akten verschwinden …

Das Dilemma der (Schul-)Politiker: Wie sollen sie sachgerecht entscheiden, wenn sie vielseitigem Druck ausgesetzt sind – durch die Eltern (die ja auch potenzielle Wähler sind), durch die Lehrerinnen und Lehrer, die Schulleitungen, durch Vorschläge und Forderungen aus der eigenen Partei, durch die Arbeitslast und die (immer) zu geringe Zeit? Und für stimmige Entscheidungen fehlen ihnen des Öfteren Rückmeldungen »kritischer Freunde«, der Kontakt zur Basis, aber auch Rückzug, Ruhe und Besinnung. Gründliches Denken, fundiertes Überlegen, sinnvolle Entscheidungen und wirksames Handeln können nicht in einem Milieu von Innen- und Außendruck, von rastloser Hektik entstehen, sich entfalten und wachstumsförderlich sein. Nicht Schnellschüsse, die oft ihr Ziel verfehlen, sind gefragt, sondern ruhiges Kugelschieben mit sicheren Volltreffern!

6.3 Entscheidungen

Lösungen entstehen durch Lösungen im wahrsten Sinn des Wortes:

Sich lösen von Zwängen, Ideologien, falschen »Einflüsterern« (die zu erkennen oft schwierig sind), abhängigen Untergebenen … Und an deren Stelle: Befragung und Einholung von Recherchen durch Experten mit anschließender »Ent-Scheidung« = Trennung, nach dem Motto »die Guten ins Kröpfchen, die Schlechten ins Töpfchen«.

Schulleute sind nicht – wie des Öfteren angenommen – so »blind« zu glauben, es müsse immer nur nach ihren subjektiven Vorstellungen entschieden und gehandelt werden. Sie können Entscheidungen mittragen und aufgrund ihres demokratischen Verständnisses sie auch dann realisieren, wenn sie nicht immer einer Meinung mit den Entscheidungsträgern sind; wenn sie spüren, dass Schulnähe, Expertenansichten, Authentizität, Empathie und sachliche Kompetenzen die Basis der Entscheidungen sind.

Eines allerdings steht auch fest:

Hilflosigkeit entsteht bei Lehrern dann, wenn die Politiker nur von Reformen reden, aber zu wenig für deren Umsetzung tun.

7. Abschied vom Unbehagen

Das Unbehagen, der Ärger, unüberbrückbare Differenzen: Sie verringern sich oder verschwinden ganz, wenn jede der betroffenen Gruppen ihre eigenen Interessen artikuliert, andere Ansichten respektiert – und wenn sie sich auf gemeinsame Ziele einigen können. Dann kommt es auch in der Praxis trotz der unterschiedlichen Wege und »Unternehmungen« zu erfolgreichen Prozessen und fruchtbaren Ergebnissen:

Szenario: Auf einem Schulschiff

Der Kultusminister eines Landes lädt auf sein Schulschiff »Systemia« Personen ein, die »mit Schule etwas am Hut haben«: Kinder, Jugendliche, Eltern, Lehrer, Schulleiter, Experten aus Gemeinden und der Wirtschaft, Schulräte und Verwaltungsbeamte, Politiker aus verschiedenen Ressorts …

Er heißt sie herzlich willkommen und teilt ihnen mit, dass sie auf dem Schiff tun und lassen könnten, was sie wollen. Die einzige Bedingung: Jeden Abend ist Feedbackzeit in kleinen Gruppen und am Ende der Fahrt Gesamtbilanzierung über die Tätigkeiten und Ergebnisse. (»Das nennt man Evaluation«, flüstert ein Abiturient seinem Kumpel zu.)

Kaum ist die Rede beendet, kommt bereits Bewegung in die Schar der Gäste:

die Kinder und Jugendlichen: Die einen eilen sofort in den Maschinenraum, Jungen wie Mädchen zahlenmäßig fast gleich; andere stehen in kürzester Zeit am Herd in der Großküche oder helfen in den einzelnen Restaurants; wieder andere stehen auf der Kommandobrücke und informieren sich über die Position und Geschwindigkeit des Schiffes oder die Wetterlage; dabei wenden sie stolz ihre Mathematikkenntnisse an, was sie auch als Logistikhelfer tun; ferner gibt es welche, die sich um die Sauberkeit auf dem Schiff kümmern, sei es in den öffentlichen Räumen oder in den einzelnen Kabinen; und natürlich treffen sich viele im Schwimmbereich, im Kraftraum, auf dem Tennisplatz, im Kino- oder Ballettsaal oder beim Basket- oder Volleyballspiel; im Werkraum und im naturwissenschaftlichen Labor herrscht rege Aktion, ebenso im Atelier, und wenn es dunkel wird, können Interessierte sogar die Sternwarte besuchen; in der Bibliothek ist kein Stuhl mehr frei, und auch die PCs sind alle besetzt; in einem der beiden Musikräume spielt ein Sinfonieorchester, im anderen eine Band – beide Gruppen gemischt aus Kindern, Jugendlichen und Erwachsenen. Zur Schlichtung bei Streitfällen fungieren Schülermediatoren, bei Bedarf unterstützt von Psychologen, und in manchen Ecken des Schiffes hört man, wie Mädchen wie Jungen mittels Handy Außenkontakte führen – oder man sieht, wie sie freundschaftlich Händchen halten und glücklich sind … Alle zusammen freuen sich auf die Landgänge, zum einen, weil es da immer wieder Überraschungen gibt, und zum anderen, weil sie ihre sprachlichen, historischen und geografischen Kenntnisse anwenden und Neues dazulernen können.

die Eltern: Die meisten von ihnen gehen zunächst an Deck, besetzen die Liegestühle, ruhen aus (bei klarer Sicht und angenehmer Temperatur) und kommen miteinander ins Gespräch. Hauptthema ist »natürlich« »die Schule«. Dann aber machen sie sich auf den Weg: die einen suchen ihre Kinder auf, um zu sehen, was sie machen, und zu fragen, ob sie sich an deren Aktivitäten beteiligen könnten; andere sprechen mit Lehrern, werden ihre Fragen los und bekommen Antworten; und andere sind selbst aktiv: in der Bibliothek, in den Sporträumen, am PC.

die Lehrer: Sie kümmern sich, ob ihre Schülerinnen und Schüler einen Platz gefunden haben, ob sie zufrieden sind, sich wohlfühlen und ob sie Fragen haben oder Hilfe brauchen; hier und da instruieren sie und oder geben Tipps; dann treffen sie sich in Gruppen, um Erfahrungen auszutauschen, Fachgespräche zu führen, die Bildungspläne zu überprüfen und über die weitere Fahrtrouten des Schulschiffes zu debattieren mit dem Ziel, ihre Vorstellungen der Schulleitung mitzuteilen.

die Schulleiter: Sie sind besonders zufrieden. Denn endlich haben sie Zeit für sich selbst, können ihr Tun reflektieren, müssen nicht ständig Telefonate entgegennehmen – und können sich ohne Zeitdruck in Gruppen zu Beratungen zurückziehen mit dem beruhigenden Gefühl, dass ihre Sekretärinnen ihre Arbeit unterstützen.

die Experten: Sie stellen sich zunächst untereinander vor und sind erstaunt über die Vielfalt der Fachgebiete, aus denen sie kommen; reger Austausch, weit gestreute Sichtweisen, divergierende Vorschläge und unterschiedliche Ergebnisse beherrschen die hochinteressanten Gespräche, die von zustimmendem Beifall bis erregten Tumulten der Zuhörer begleitet werden.

die Schulräte: Sie wiederum kommen mit den Eltern, den Lehrerinnen und Lehrern, den Schulleitern ins Gespräch. (Ein beliebter Treffpunkt ist der Wellnessbereich.) Sie planen Unterrichtsbesuche, diskutieren über fachliche und pädagogische Neuerungen, strukturieren mithilfe ihrer Laptops wichtige Vorhaben und arbeiten liegen gebliebene Post auf.

die Verwaltungsbeamten: Sie sitzen in bereitgestellten Büros am PC, arbeiten intensiv die Aktenberge ab, freuen sich über die ungewohnte Umgebung, die entspannte Atmosphäre – und nehmen öfters die Gelegenheit wahr, sich auf dem Schiff umzusehen und mit den verschiedenen Gruppen zu reden, Pausen zu machen und das reichhaltige Büffet nicht nur zu besichtigen …

die Politiker: Ihren zufriedenen Gesichtern merkt man an, dass sie am richtigen Platz sind; die Themen, denen sie sich im Restaurant widmen, sind brisant, vielfältig und kontrovers. Der Blick auf das Wasser, das sanfte Schaukeln des Schiffes, die offene Atmosphäre untereinander tragen dazu bei, dass sie trotz aller Meinungsverschiedenheiten zu Kompromissen gelangen bzw. Unterschiedlichkeiten respektieren.

Und der Ministerkapitän? Der kann sich vor E-Mails kaum retten. Denn es hat sich inzwischen auf dem Land herumgesprochen, was sich da alles auf dem Schulschiff abspielt: Die Nachfrage ist riesengroß, die Anmeldeliste wächst von Stunde zu Stunde … Rufe der Begeisterung sind zu hören, anstatt Hilferufe – wie in früheren Zeiten.

II. Hilferufe ... – und Antworten

»Wer ruft, hofft auf Antwort. Wer durch Antworten Hilfe bekommt, ist nicht mehr hilflos.«
Reinhold Miller

Hilferufe der Lehrerschaft haben zwei Hauptmotive:

Das eine entsteht aus akuten Situationen im Schulalltag mit der Hoffnung und dem Wunsch, Hilfe bei der Lösung von Problemen zu bekommen. Zu vielfältig sind inzwischen die beruflichen Anforderungen und Erwartungen an sie geworden, zu individuell und differenziert die Lebensgeschichten der Kinder und Jugendlichen, zu komplex die globalisierte Welt, in der Lehrende und Lernende im Lebensraum Schule agieren und interagieren, sodass Beziehung, Erziehung und Unterrichten zu einem extrem schwierigen Balanceakt und einer bisweilen gefährlichen Gratwanderung geworden sind, die Lehrer alleine nicht mehr leisten können. Viele sind durch diese gravierenden Veränderungen zu Hilflosen geworden, meist ohne Versäumnisse und ohne Schuld, jedoch gerade deshalb mit dem Anspruch, aus dieser Misere herauszufinden und ihren Beruf professionell auszuüben.

Das andere kommt aus den »Tiefen der Seele«, hat etwas mit ihrer Person und Lebensgeschichte zu tun und der Hoffnung und dem Wunsch, eigenes Verhalten zu verstehen, persönliche Schlussfolgerungen zu ziehen und im Schulalltag sie adäquat umzusetzen. Auch hier wird Hilfe benötigt, weil Lehrerinnen und Lehrer erkannt haben, dass Einzelkämpfertum sie isoliert, schwächt und in Burnout-Wege und Sackgassen führt und dass die Stärkung der Person und solidarisches Handeln zu Autonomie führen.

Was tun, so rufen, fragen Lehrerinnen und Lehrer, wenn sie in der Schule Macht und Ohnmacht erleben, Ambivalenzen und Störungen in ihren Beziehungen zu Kollegen und Schülern und wenn sie mit Antipathien und Aggressionen konfrontiert werden; wenn sie Abhängigkeiten und Liebesentzug erfahren, enttäuscht werden und gekränkt sind; wenn sie Ängste haben und Belastungen ausgesetzt sind und wenn sie an ihre persönlichen Grenzen gelangen. Oft bleiben nur Resignation oder Ausstieg übrig.

Ihre Hilferufe sind aber auch ein Zeichen von Vitalität und ihre Antworten letztlich nichts anderes als ein von innen reflektiertes Echo – mit langem Nachhall und hoffentlich stärkender Wirkung.

1. Macht und Ohnmacht

Erstaunen bei Lehrerinnen und Lehrern, wenn sie zum ersten Mal selbstständig unterrichten und dann unter anderem auch erfahren (müssen):

- »So, wie ich meinen Unterricht beabsichtigt und geplant hatte (›Die Schüler sollen …‹), läuft es nicht.«
- »Es ist ganz anders, als ich es bisher erwartet und gelernt hatte: Die Schüler wollen gar nicht, was ich will, dass sie tun – und sie verhalten sich auch ganz anders, als ich es mir vorgestellt hatte.«
- »Was auch immer ich mache, ich stoße an Grenzen, an meine eigenen, an die der Schüler und des Schulsystems. Was nun? Was tun?«

1.1 Schulpflicht vs. Lernfreiheit

Dilemma Nummer I

Kinder und Jugendliche haben Schulpflicht, aber keine Lernpflicht. Die Hirnforscher und Neurobiologen würden den Kopf schütteln, wenn sie erführen, dass jetzt die Schule auch noch die Lernpflicht einführen wolle. Denn sie sagen:

> »Menschen sind unbelehrbar, aber lernfähig!«
> K. Hille/A. Müller

Eine Lehrerin berichtet in einer Supervisionssitzung, wie sehr die »Nullbock-Mentalität« der Schülerinnen und Schüler, was ihr Fach Französisch beträfe, sie belastet. Es sei »doch eine so wunderbare Sprache«, die sie unbedingt lernen sollten!

Im Rollenspiel verkörpert ein Kollege einen Jungen, der Französisch »ganz blöd« findet, dafür aber die Disco »ganz geil«.

In der Aufarbeitung wird der Kollegin bewusst, dass sie nicht »machen« kann, dass der Junge Französisch auch so wunderbar findet und mit Begeisterung lernen soll … »Ich weiß, nicht alle können so empfinden, wie ich es empfinde.«

Sie kann nicht »machen«, dass die Schülerinnen und Schüler Französisch toll finden, sie kann (höchstens) ihre Begeisterung mitteilen, stimulieren, für günstige Voraussetzungen sorgen, damit …

Wir können nicht Einfluss nehmen im Sinne des »Einfließenlassens« und des Bestimmens, wenn der / die andere es nicht will, aus welchen Gründen auch immer. Die biologischen Erkenntnisse über die Entwicklung von Lebewesen und die Theorie der »operationalen Geschlossenheit eines Systems« sagen uns deutlich: Wir können nicht machen, dass der andere macht. Das muss er schon selbst »von innen heraus machen« wollen. Wir haben keine Macht über andere, auch wenn wir das Beste von ihm / ihr wollen:

»Selbstverständlich wollen wir nur das Beste. Aber was das Beste ist, bestimmen wir. Trotzdem: wir können nur auslösen, weil das Gegenüber keine triviale Maschine ist« (Portele 1989, S. 213).

»Ich will ja nur dein Bestes«, sagte die Mutter. »Das gebe ich nicht her«, antwortete das Kind. Vielleicht anders herum: »Ich, als Mutter, gebe dir mein Bestes.«

»Ich kriege das nicht in die Köpfe meiner Schüler hinein«, sagte mir ein Lehrer. »Aufmeißeln nützt nichts«, antwortete ich ihm. »Dafür aber sich bemerkbar machen und anklopfen.«

Ich beobachte auf Wunsch einer Schulleiterin eine Unterrichtsstunde von ihr und stelle fest, dass sie häufig die Kinder gängelt, an sie appelliert und relativ rasch zu Sanktionen greift. In der anschließenden Besprechung sagt sie unter anderem: »Aber die müssen doch tun, was ich will. Schließlich habe ich die Verantwortung für sie.« – (und etwas später) »Das gilt übrigens auch für mein Kollegium.«

Bestimmt »gut« gemeint, aber trotzdem Macht ausgeübt und Verantwortung übernommen, wo es nichts zu übernehmen gibt.

Jochen, Lehrer in einem Gymnasium, kommt in die Supervisionssitzung. Es ist die letzte vor den großen Ferien. Ziemlich aufgebracht, in-

nerlich aufgewühlt und den Tränen nahe, bricht es aus ihm heraus: »Jetzt habe ich es in diesem Jahr wieder nicht geschafft, dass in meiner Klasse alle das Abitur machen. Zwei müssen wiederholen. Ich mache mir die größten Vorwürfe.«
Das klärende Gespräch in der Gruppe ist sehr intensiv und hilfreich. Jochen stellt fest, dass er das Seine getan hat – und schließlich kann er akzeptieren, dass alles Weitere nicht in seiner Hand lag.
Er ist erleichtert …

Wir können nicht machen, dass die anderen machen, was wir wollen. Wir haben keine *Verfügung* über Wachstum und Entwicklung anderer. Aber wir können günstige Bedingungen schaffen, um den anderen zu ermöglichen zu machen, was sie wollen.

In der Klasse herrscht heute Flaute. Es geht nicht so recht voran. Niemand will sich auf das einlassen, was der Lehrer anbietet. Er selbst hat sich viel vorgenommen. Aus seiner Sicht bleibt ihm nichts anders übrig, als die Schülerinnen und Schüler anzutreiben: »Auf, jetzt macht mal! Tempo, Tempo! Seid nicht so lustlos! Strengt euch an!« Da ertönt von hinten eine Stimme: »Herr Schneider, Sie können gar nichts machen, wenn wir nicht wollen. Je mehr Sie uns puschen, desto träger werden wir.« – Gelächter, dann aber Stille. Und schließlich der Lehrer: »Ja, da habt ihr eigentlich recht.«

Unterscheidung

Macht als Vermögen/Hilfe	Macht als unzulässiger Eingriff
führen, begleiten	dominieren, erpressen
lassen, zulassen	determinieren
eröffnen, zeigen	puschen, gängeln
unterstützen	zwingen, nötigen
Entfaltung ermöglichen	Entfaltung blockieren
ermutigen, aufbauen	entmutigen, unterdrücken
schützen, begrenzen	einengen

Der wirklich Mächtige beweist Stärke für sich und andere. Sein Motiv ist die Liebe. Der nicht wirklich Mächtige unterdrückt. Seine Motive sind Hilflosigkeit und Angst. Wir sind überzeugt, »dass wir von außen determinierbar sind, instruierbar, kontrollierbar, wir handeln meist in der Gewissheit, dass wir nichts anderes tun können als das, wozu wir determiniert worden sind von außen; dies heißt, wir unterwerfen uns, wir *gehorchen*. Macht und Unterwerfung sind komplementär: keine Macht ohne Unterwerfung und keine Unterwerfung ohne Macht ... Das Gegenteil dazu ist, dass zwei Wesen sich als autonom anerkennen und sehen, das nenne ich ›Liebe‹«. (Portele 1989, S. 193)

Dilemma Nummer II

Der Lehrer hat Lehrpflicht: »Ich muss den Bildungsplan erfüllen. Ich muss den Stoff vermitteln. Ich bin doch verantwortlich für das Lernen der Schüler.« So lauten seine »inneren Antreiber«. Und wenn sie nicht wirken, die inneren Antreiber und äußeren Impulse, die Motivationsbemühungen und »Ziehbewegungen«, dann greifen Lehrerinnen / Lehrer zu (gut gemeinten) Machtmitteln mit dem »Erfolg«, dass es Sieger und Verlierer gibt – und zwar auf Lehrer- wie auf Schülerseite.

> Schule kann nur Lernangebote machen und günstige Bedingungen dafür schaffen. Lehrer/innen wiederum können lehren, vermitteln, begleiten, fördern ... Schule ist keine Verkaufsinstanz mit eigener Werbeabteilung. Lehrer/innen bieten an – biedern sich aber nicht an.

Wie viele Lehrerinnen und Lehrer bringen sich in die Lage des »didaktischen Bettelns«, oft bis hin zu Erniedrigungen und Demütigungen: »Bitte mach jetzt mit! Sei so gut ... Würdest du jetzt bitte ... Jetzt stör doch nicht schon wieder. Pass bitte auf! Mach die Hausaufgaben. Komm pünktlich!« Bitten, betteln, antreiben, drohen ..., sich ärgern, enttäuscht und erschöpft sein, resignieren ...

Ruth Cohn, die Begründerin der Themenzentrierten Interaktion, hat sich, als sie in ihrer frühen Berufsphase Lehrerin war, klar zu einem lernunwilligen und störenden Schüler geäußert:

1. Du musst dir überlegen, ob du lernen willst oder nicht. Ich kann dich nicht zwingen. Ich kann nicht für dich lernen. Das musst du selbst tun. Ich kann nur lehren.
2. Ich freue mich, wenn du mir hilfst, gut zu lehren. Das kann ich am besten, wenn du mir sagst, wie du selbst am leichtesten lernst.
3. Wenn du also lernen willst, so kann ich dir dabei helfen. Wenn du aber nicht lernen willst, dann sag mir bitte, warum nicht – und ob du es wirklich ernst damit meinst.
4. Und wenn du nun wirklich nicht lernen willst und das auch wirklich so meinst – und ich dir wirklich nicht helfen kann –, dann kann ich dir auch nichts bieten.
5. Aber dann möchte ich dich bitten, mich, uns, die Klasse nicht weiter zu stören, sondern in Ruhe zu lassen.

Schülerinnen und Schülerinnen erleben sich häufig als Personen, über die man verfügt, bestimmt und die man als Lern*objekte* behandelt. Ihre eigene Lebensgeschichte und ihre Bedürfnisse kommen in der Schule zu kurz bzw. werden zu wenig beachtet; die Schule wird von ihnen als Paukschule und nicht als Lebensort erlebt. Von Lehrern und Lehrerinnen werden sie bisweilen beschimpft und verächtlich gemacht und von Klassenkameraden ausgelacht, verletzt und gemobbt. Die Schule wird dann selten als ein Ort empfunden, an dem es sich lohnt zu lernen, sondern als eine Anstalt, die Angst macht und in der man Ansprüche zu erfüllen hat: »Die Schüler sollen …«

Deshalb:

Erfolgreiches Lehren und Lernen im Unterricht setzt voraus:
Beide Seiten wollen lehren bzw. lernen. Sie treffen die Vereinbarung (offen und/oder stillschweigend), dass sie miteinander arbeiten wollen. Auf diesem *didaktischen Grundkonsens* werden dann entsprechende Regeln für guten Unterricht entwickelt.

1.2 Lebensspuren

In den nachfolgenden lebensgeschichtlichen Spuren von Kindern und Jugendlichen wird deutlich, dass wir nicht *machen* können, dass

Menschen »machen«, oder »wollen sollen wie wir wollen« oder so »funktionieren«, damit *wir* zum Ziel kommen: Jede Lebensgeschichte eines Menschen hat ihre eigene Dynamik, die zwar von außen berühr- und stimulierbar, aber nicht determinierbar ist:

Alica, ein 16-jähriges Mädchen, in einer Großstadt lebend, mal bei der Mutter, mal beim Vater, sagt in einem Interview: »Wenn ich bei meiner Mutter bin, dann ist die meistens besoffen; sie kümmert sich einen Dreck um mich. Und wenn ich mal bei meinem Vater vorbeischaue, dann schnauzt er mich an, schlägt mich oder vergewaltigt mich.«
Was Alica wohl in der Schule alles verarbeiten, verdauen muss? Was alles bereits in ihr ist und wovon sie schon »besetzt« ist? Wie viel Platz hat sie überhaupt noch für »Unterricht« und unterrichtet werden? Wir können nicht machen, dass sie im Unterricht »mitmacht«.

Jessica lebt im Ruhrgebiet. Sie hat kein Zuhause, in dem sie sich gerne aufhält; ihre Eltern schikanieren sie. Deshalb flüchtet sie in ihre eigene Welt: Drogen, Straßenbekanntschaften ... Da sie noch schulpflichtig ist, taucht sie in der Schule auf, wann sie will, kommt unregelmäßig, wird von der Polizei gebracht, macht mit – oder auch nicht.
Die Lehrer haben inzwischen gelernt, sie anzunehmen, wie sie ist. Einfluss haben sie auf Jessica keinen. Aber sie sind da – auch wenn Jessica oft an ihnen »vorbeigeht«.

Philipp lebt im Oberschwäbischen. Seine Eltern haben einen Bauernhof. Mit Begeisterung arbeitet Philipp mit und will später selbst Bauer werden. In der Hauptschule interessiert er sich für alles, was mit Landwirtschaft zu tun hat; alles andere vernachlässigt er. »Philipp ist ein guter Junge«, sagt ein Lehrer. »Er stört überhaupt nicht, wenngleich er nur das macht, was er für richtig hält.«
Philipp wählt selbst, was er machen will und was nicht.

Katja hat in letzter Zeit während des Unterrichts ihren Kopf auf die verschränkten Arme gelegt und erweckt den Eindruck, als schlafe sie. Der Fachlehrer mit einer Unterrichtstunde pro Woche rüttelt sie kräftig, als er dies bemerkt. Eine Schülerin sagt: »Lassen Sie sie doch in Ruhe, die hat genug am Hals.« – Nach der Stunde erfährt er, dass Katja

seit Längerem schon zu Hause ihre kranke Mutter pflegt – und sich um ihre zwei jüngeren Geschwister kümmert.
Da bleiben für die Schule kaum noch Energien übrig.

Bernd macht schon seit längerer Zeit in Deutsch keine Hausaufgaben. Die Lehrerin versucht alles, um ihn dazu zu bewegen: gut zureden, ermahnen, Zusatzaufgaben geben, schließlich Strafandrohungen … Alles vergeblich. In der nächsten Deutscharbeit hat Bernd fast alles richtig und bekommt eine Zwei. Die Lehrerin wundert sich, freut sich mit Bernd, ist aber auch verunsichert: »Ob ich es den Jungen und Mädchen überlassen kann, über ihre Hausaufgaben selbst zu entscheiden?«, fragt sie sich während der Heimfahrt.
Vertrauen haben und loslassen: Lernende gleiten aus der Hand der Lernbegleiter, werden selbstständig und gehen eigene Wege …

Jonas ist ein hochbegabtes Multitalent, ein Einserschüler in fast allen Fächern. Latein und Griechisch hat er am liebsten. Das Lernen fällt ihm sehr leicht. Alles, was mit der Schule zu tun hat, macht er von sich aus, ohne Dazutun von außen.
Kein Lehrer muss sich um sein Machen kümmern. Ihn muss man eher bremsen als fördern.

Die Hilflosigkeit der Lehrer unter dem Aspekt »Macht – Ohnmacht« löst sich auf, wenn der Anspruch aufgegeben wird, sie könnten Schülerinnen und Schüler zum »Machen« zwingen. Anstelle der Hilflosigkeit tritt dann der Respekt vor den so unterschiedlichen Lebensläufen, das Zulassen von eigenen Lernentscheidungen, Lernzielen und Lernwegen der Schüler – auf dem Hintergrund von Angebot, Aufklärung, Lernbegleitung und Lernüberprüfung.

Empfehlungen

- die Ansicht aufgeben, man könne von außen andere verändern. Von außen kann man nur Bedingungen schaffen, schützen, begrenzen, verhindern …

- Abschied nehmen von der Meinung, man könne anderen Lernziele vorschreiben: »Ich möchte, dass du ...« Was er lernt, bestimmt der Lernende selbst: sich verändern, entwickeln, wachsen; aber auch stehen bleiben, verharren ...
- unterscheiden zwischen eigenen Zielen (»Ich habe vor ...«) und Wünschen und Erwartungen an die Schüler (»Ich möchte von dir ...«);
- sich bewusst werden, dass man andere zwar stimulieren, sie aber nicht motivieren kann (Bewegen müssen sie sich schon selbst).
- überlegen, was man selbst will, wenn man will, dass der/die andere wollen soll – z. B. ungestört und in Ruhe unterrichten und positive Beziehungen zu den Schülern herstellen: »Ich habe Interesse an dir ...«, »Du bist mir wichtig ...« »Ich mache mir Sorgen um dich«, »Ich bin gerne bei euch im Unterricht.«

Hüther (2010, S. 41) betont in diesem Zusammenhang: »Was für ein Kind am stärksten unter die Haut geht, sind Erfahrungen, die es in der Beziehung zu anderen Menschen macht. Was es am stärksten einschränkt, sind Störungen in der Beziehung zu all jenen Menschern, mit denen es sich besonders eng verbunden fühlt.«

1.3 Beendigung der Machtspiele

Es gibt genügend Ursachen dafür, dass der notwendige didaktische Grundkonsens zwischen Lehrern und Schülern nicht zustande kommt. Eine davon sind die Lebensgeschichten von Kindern und Jugendlichen, die für sie so gravierend sind, dass alle Voraussetzungen für ein sinnvolles Miteinander nicht greifen. Deshalb: Abschied von Macht, die als Übermacht ausgeübt wird, denn sie endet letztlich in Ohnmacht – und Ausstieg aus dem Macht-Ohnmacht-Duell und Vermeidung von Machtmissbrauch.

Szenario I: Die Colabüchse

Ein Schüler klopft permanent mit einer Colabüchse auf die Schulbank …

L:	»Hör bitte auf damit!«
Sch:	Klopft weiter …
L:	»Lass das!« (Die Stimme wird lauter, der Lehrer ärgerlich.)
Sch:	Klopft weiter; Beobachten, Schweigen, Grinsen der anderen …
L:	Geht zum Schüler und will ihm die Büchse entreißen.
Sch:	Hält die Büchse fest.
L / Sch:	Hin- und Herzerren an der Büchse, so lange, bis der Lehrer sie in der Hand hält. Der Schüler lehnt sich zurück und sagt: »Arschloch!«, verschränkt die Arme und legt die Beine auf die Bank.
L:	»Heute Nachmittag Arrest.« – Schüler kommt nicht …

Mögliche Lösung: Ausstieg aus dem Machtspiel: kein »Colabüchsegezerre« (bei dem es einen Sieger und einen Verlierer gibt); Ende der Abhängigkeit des Lehrers, die so lange währt, so lange der Schüler die Büchse behält und der Lehrer in der »Du-Kommunikation« bleibt; autonomes Handeln des Lehrers, indem er sagt: Du klopfst; mich stört das; deshalb:

a) höre *ich* jetzt auf zu unterrichten
b) warte *ich*, bis ich wieder ungestört weiter unterrichten kann
c) arbeite *ich* mit denen, die jetzt mit mir arbeiten wollen
d) gehe *ich* mit den anderen dorthin, wo wir ungestört sind …

Szenario II: Das Handy

Vereinbarung in der Schule: keine Handybenutzung im Unterricht. Falls doch, sammelt die Lehrkraft das Handy ein, und der Schüler kann es am Ende des Vormittags im Sekretariat abholen. – Bei einem Schüler und einer Schülerin klingelt während des Unterrichts das Handy:

L: »Gebt das Handy her.«
Sch: Beide weigern sich.
L: Reißt dem Schüler das Handy aus der Hand.
Geht auf die Schülerin zu …,
Sch: lässt in diesem Augenblick das Handy in ihrem Ausschnitt verschwinden. Gelächter einiger Mitschüler …
L: völlig verdutzt; fühlt sich blamiert; unterrichtet weiter, innerlich aufgewühlt …

Nachspiel: Beschwerde des Vaters des Jungen: Sein Handy, das er nach dem Unterricht abgeholt hat, sei ganz zerkratzt; Forderung: neues Handy durch den Lehrer.

Mögliche Lösung: Im Nachhinein Änderung der Vereinbarung: Nicht der Lehrer sammelt ein, sondern der Unterricht wird dann unterbrochen, wenn Handygeklingel oder sogar Gespräche stattfinden. Bei mehrmaliger Unterbrechung: Gespräche im Klassenrat oder mit den beiden Klassensprechern = interne Regelung durch die Schülerinnen und Schüler selbst aufgrund der Erfahrung: Die meisten von uns wollen lernen und nicht unterbrochen werden. D.h.: Kein Machtspiel mehr, sondern Dialog und selbstständiges Handeln auf beiden Seiten.

Hinweis: Kein Dialog in Akutsituationen, z.B. bei Grenzüberschreitungen, Gefahren, Verletzungen, sondern funktional legitimer Einsatz von Macht als Schutz- bzw. Verhinderungshandeln.

So lange der Satz lautet: Wenn DU nicht aufhörst, dann musst DU …, so lange muss Kraft (physisch und psychisch) aufgewendet werden, damit der Schüler sein Verhalten ändert. Lehrerinnen und Lehrer bleiben dann so lange von ihm *abhängig*, bis der *Schüler* sich ändert. Sie lösen sich jedoch aus der Abhängigkeit, wenn ihr Satz lautet:
Weil ICH (durch dein Verhalten) dies und jenes nicht tun kann, deshalb werde ICH …

Ende der Hilflosigkeit:

⇨ Ich-Entscheidungen treffen
⇨ statt auf Du-Forderungen beharren,
⇨ handeln statt verharren,
⇨ sich lösen statt abhängig bleiben

Wie viel an Ängsten und Verletzungen könnten minimiert werden oder erst gar nicht geschehen, wenn Eltern und Lehrer den Spuren ihrer eigenen »Macht-Ohmacht-Beziehungen« nachgingen, sie klären würden, um dadurch zu sozialverträglichen und »stimmigen« Verhaltensweisen zu kommen:

- Wie habe ich Macht/Einfluss durch andere erlebt (als Hilfe oder Unterdrückung?)? Welche Narben spüre ich heute immer noch – und in der Folge Rachegedanken oder Frieden? Wie habe ich selbst Macht (aus)gelebt und was habe ich bisher bewirkt? Wie sieht meine eigene Machtausübung aus?
- Bevorzuge ich »Macht-Spiele«: Durchsetzung (gegen den Willen derer, die nicht wollen); Unterwerfung (mit welchen Mitteln?); Erziehung als Ziehvorgänge; Hilfsangebote, Begleitung, Unterstützung, Freiräume, Vergeben, Loslassen …?
- Wie geht es denen, die gehorchen, sich unterwerfen? Welche Signale nehme ich wahr, welche Reaktionen zeigen sie?

Machtwechsel

- die eigenen Anteile von Macht – Ohnmacht – Machtmissbrauch klären
- sich der Handlungen und der dahinter stehenden Motive bewusst werden
- mächtig sein statt ohnmächtig agieren
- anbieten statt überreden und aufdrängen
- sich selbst behaupten statt sich durchsetzen
- selbst »machen« statt andere zum »Machen« zu zwingen
- machen lassen und loslassen statt festhalten und einengen
- Grenzen zeigen und setzen statt andere begrenzen

> Macht ist der Glaube an das Machbare. Macht hat dort ihre Grenzen, wo das Machbare endet. Autonome Beziehungen verzichten auf Macht, weil sie auf freier Entscheidung basieren (Portele 1989, S. 193 ff.).

2. Ambivalenzen und Störungen

Der Abschied von Macht-Ohnmacht-Duellen ebnet den Weg für autonome Beziehungen zwischen Lehrern und Schülern. Dadurch wird erfolgreiches Lehren und Lernen ermöglicht, auch wenn sie besetzt sind von Ambivalenzen, Konflikten und Störungen.

2.1 Ambivalenzen von Lehrern und Schülern

Lehrer suchen sich nicht freiwillig ihre Schülerinnen und Schüler aus; sie werden ihnen zugewiesen – und umgekehrt. Die Zusammensetzung (im wahrsten Sinne des Wortes!) ist funktional begründet, nicht aus Sympathiegründen entstanden und grundsätzlich ambivalent: stabil und instabil, nah und fern, von kurzer und langer Dauer, offen bis verschlossen, anziehend und abstoßend, friedfertig und gewalttätig; von Desinteresse und Interesse, von Gleichgültigkeit und Neugier, von Vertrauen und Misstrauen, von Zuneigung und Abneigung, von Liebe und Hass geprägt. Lehren, Belehren, Korrigieren, Bewerten und Benoten beeinflussen die Beziehungen; unterschiedliche Lebensgeschichten, Erfahrungen, Absichten, Motivationen berühren sich oder prallen aufeinander, je nach Dynamik der Beziehungen; Übertragungen, Ängste und Kränkungen, aber auch Hoffnungen, Wünsche, Sehnsüchte bestimmen die Kontakte, Interaktionen, Beziehungen.

Diese Ambivalenzen gibt es grundsätzlich auf Lehrer- wie auf Schülerseite, die je nach Art der Beziehung, der gegenseitigen Erwartungen, der eigenen Befindlichkeit und der Lehrerfolge und Lernergebnisse in der Spannweite von annehmbar bis inakzeptabel sein können:

Der achtjährige Paul gibt sich große Mühe beim Schreiben. Seine Zunge spitzt durch die Zahnreihe, sein Kopf hängt über dem Blatt Papier, sei-

ne Nase ist fast auf gleicher Höhe wie sein Schreibstift. Mehrmals geht der Lehrer an ihm vorbei, sieht nur seine falsch geschriebenen Wörter und verbessert sie mündlich, streng in der Stimme. Als er bemerkt, dass Paul vor sich hin schluchzt, sagt er zu ihm: »Musst nicht heulen, es lohnt sich bei dir sowieso nicht.«

Wie es wohl Pauls Seele durch diesen verbalen Killer geht?

Was wohl der Lehrer über seine eigenen Gefühle sagt?

Vielleicht: »Ich vertrag es nicht, wenn andere heulen, schon gar nicht Jungen. Ich hab mich auch schon von klein auf zusammenreißen müssen. Und durchs Heulen wird das Schreiben auch nicht besser. Da hilft nur Üben, und darin unterstütze ich ihn.« Die Ambivalenz: Der Lehrer zwischen sachlicher Begegnung und innerer gefühlsmäßiger Spannung.

Ann-Kathrin sagt nach dem Unterricht zur Lehrerin, sie würde die nächsten Tage nicht in die Schule kommen, ihre Oma sei gestorben. Voller Mitgefühl tröstet sie das Mädchen und gibt ihr zwei Tage frei.

Noch am selben Abend sieht die Lehrerin zufällig Ann-Kathrin vor einem Kino, ausgelassen und mit anderen fröhlich in der Runde. Völlig konsterniert geht die Lehrerin unbemerkt an den Jugendlichen vorbei, unfähig, Ann-Kathrin zu befragen.

Am anderen Tag erfährt sie von einer Mitschülerin, dass der Tod der Oma eine glatte Lüge ist. Als ob man ihr ein Messer in die Brust gerammt hätte, so fühlt sich die Lehrerin. Wie kann man so mit Gefühlen eines Menschen umgehen, fragt sie sich – und im Stillen auch Ann-Kathrin …

Wie soll man unterrichten ohne Vertrauen? Wie kann wieder Vertrauen entstehen, wenn es auf solche Weise missbraucht worden ist? Die Ambivalenz der Lehrerin: Sie ist hin und her gerissen von ihren Gefühlen zwischen Wut und Enttäuschung, weiß nicht, wie sie sich beim nächsten, ähnlichen Fall verhalten soll: auf der einen Seite der Schülerin / dem Schüler gerecht werden, auf der anderen aber nicht wieder einen solchen Vertrauensbruch erleben müssen. Ihre Entscheidung: zunächst vorsichtiger und sich selbst gegenüber behutsamer agieren, um zu erfahren, was wirklich passiert ist …

Dialog I: Feride zu ihrem Mathelehrer, während einer Pause: »Ich bin so froh, dass wir Sie in Mathe haben. Ich kapier fast alles, weil Sie so gut erklären.« »Ui, das freut mich«, antwortet Herr F. Ein Lächeln hin, ein Lächeln her – und beide trennen sich wieder.
Dialog II: Gerrit zu seinem Lateinlehrer im Anschluss an eine Unterrichtsstunde: »Bei Ihnen bin ich viel besser in Latein als im letzten Jahr bei Herrn Dorn. Hoffentlich kriegen wir Sie auch wieder im nächsten Jahr.« »Ist schon gut«, brummelt Herr N. – »und jetzt streng dich auch weiterhin an.«

Mit welchen Gefühlen Feride und Gerrit wohl wieder an die Arbeit gehen? Und mit welchen Herr F. und Herr N.? Die Ambivalenz der beiden Lehrer: Herr F. kann mit den Gefühlen des Mädchens und mit seinen eigenen umgehen, was sich förderlich auf ihre Beziehung und auf die Lehr- und Lernprozesse im Unterricht auswirkt. Herr N. dagegen tut sich schwer. Nach eigenen Angaben ist ihm Lob verdächtig (»Wer lobt, will sich einschleimen.«) und persönlich peinlich. Der Satz »Nichts gesagt ist genug gelobt« ist ihm sehr vertraut, ebenso die Devise: Leistung zählt und macht sich bezahlbar. Er sagt aber auch: »Na ja, gut getan hat mir der Satz schon, aber das muss ich ja nicht zeigen.« Herr F. ist auf dem Weg, mit Anerkennung und Lob besser umgehen zu können …

Aufgeregt kommt eine Kollegin ins Lehrerzimmer und schnaubt wütend: Den Dominik schmeiß ich noch aus meinem Unterricht. Der macht mich ganz fertig. Immer der mit seinen komischen Ansichten. Der argumentiert schon wie ein Profi. Verdutzt wendet sich ein Kollege an sie und sagt mit ruhiger Stimme: Der Dominik? Das ist einer meiner besten Schüler. Da hast du recht. Der diskutiert wirklich wie ein Profi. Genau das schätze ich an ihm. Wenn der dran ist, wird's interessant.
Die gleichen Verhaltensweisen und Fähigkeiten von Menschen werden unterschiedlich bewertet – und dadurch entstehen ambivalente Gefühle.

> Bewertungen als Auslöser von Gefühlen und Gefühle als Motor für Handlungen. Wer seine Handlungen verstehen will, braucht den Kontakt zu seinen Gefühlen, die in Beziehungen häufig ambivalent sind.

Wieder mal eine Unterrichtsstunde, aus der der Lehrer erschöpft herausgeht. Besonders Oliver hat ihm das Leben schwer gemacht. In der Pause treffen die beiden aufeinander – und Herr S. sagt zu Oliver: »Also, wenn ich ehrlich bin, manchmal nervst du mich total – und ich würde dich am liebsten rausschmeißen. Auf der anderen Seite find ich's super, wenn ich mitbekomme, was du alles kannst.« »Wow«, sagt Oliver, »mir geht's auch so. Manchmal öden Sie mich an – und manchmal find ich's spannend bei Ihnen.« Er greift in seine Schultasche, nimmt 'ne Cola und sagt grinsend: »Prost!«
Die Ambivalenz in der Lehrer-Schüler-Beziehung: sich nerven und anöden – sich mögen und gut miteinander auskommen …

Aus Lehrersicht:
1. Schüler nerven, weil sie dies und jenes tun oder unterlassen.
2. Was nervt *mich*? Dass ich unterbrochen werde, mich nicht konzentrieren kann, unruhig werde …
3. Lösung: Von der Abhängigkeit »DU nervst …« zur Autonomie gelangen: »ICH werde …«

Aus Schülersicht:
1. Lehrer nerven, weil sie dies und jenes tun oder unterlassen.
2. Was nervt *mich*? Dass ich nicht tun kann, was ich gerade will …
3. Lösung: Dass ich mich umstelle oder dass ich etwas tue, was für mich gut ist – ohne die anderen zu stören.

Die Ambivalenz auf beiden Seiten:
Dass sie sich nicht nur auf die Nerven gehen, sondern sich auch mögen, je nach Befindlichkeit, Situation und Beziehung.

Mögliche Lösung: wahrnehmen, dass beide Gefühle vorhanden sind – und dass das eine nicht das andere verdrängt, sondern dass beide aktiviert, mitgeteilt und sozialverträglich in ihrer Beziehung (aus)gelebt werden können.

Letzter Nachmittag im Psychologiekurs. Die 14 jungen Frauen und Männer, der Psychologielehrer, sie alle sitzen mit gemischten Gefühlen im Stuhlkreis: Sie freuen sich über das Erreichte, manchen ist zum Heulen zumute wegen des Abschieds nach zwei Jahren gemeinsamer

Arbeit. Am Ende der Sitzung steht die Kurssprecherin auf, überreicht dem Lehrer einen Blumenstrauß und umarmt ihn: »Der ist von uns allen«, sagt sie. »Das, was Sie uns über Psychologie beigebracht haben, haben Sie uns auch immer vorgelebt. Danke!« Ein bisschen rot wird jetzt sogar der Psychologielehrer, und gerührt über die unerwartete Geste ist er auch.
Auf beiden Seiten Wertschätzung, sich mögen, Dankbarkeit …

Leonie hat ein gutes Verhältnis zu ihrem Mathelehrer wie auch er zu ihr. Nur, dass sie in Mathe nicht so gut ist, ärgert sie. Sie möchte ihm doch »irgendwie« zeigen, dass sie ihn mag – »und das geht doch nur über gute Noten«. Bisher gab es meist Dreier, manchmal Vierer – und plötzlich taucht da eine Fünfminus auf. Leonie ist fix und fertig, enttäuscht über sich selbst, und als sie den Lehrer auf dem Gang allein antrifft, faucht sie ihn an: »Unfair von Ihnen, mir einen Fünfer reinzuhauen: Ich hasse Sie!«
Die Ambivalenz, die die Schülerin in der Beziehung zu ihrem Lehrer empfindet: »Ich mag ihn.« – »Ich hasse ihn«, entsteht dadurch, dass Leonie Mögen, Leistung und Hass koppelt. Sie bringt ihre Fantasien oder ihre realen Erfahrungen auf den Punkt: Ich werde (nur) gelobt / geliebt, wenn ich gute Leistungen bringe – und sie konfrontiert den Lehrer mit ihrer eigenen Ambivalenz, was bei ihm wiederum »gemischte Gefühle« auslöst.

So ergibt sich häufig folgende Konstellation in der Lehrer-Schüler-Beziehung unter dem Aspekt von Leistung und Bewertung:
Schülerinnen und Schüler bewerten sich aufgrund ihrer Noten, die sie erhalten, und zwar in zwei Richtungen der Beziehung:

a) sich selbst gegenüber: entweder: »Ich bin gut.« (= ergibt ein Plus) oder: »Ich bin schlecht.« (= ergibt ein Minus)
b) den Lehrern gegenüber: sie sind gut, erklären prima (= ergibt ein Plus) – oder: sie sind »blöd«, erklären schlecht (= ergibt ein Minus).

Dies verdeutlicht die unterschiedlichen Stimmungen und Verhaltensweisen von Schülerinnen und Schülern gegenüber Lehrern. Wenn Lehrer wiederum ihre Beziehungen zu Schülerinnen und

Schülern nur auf Leistungen aufbauen, dann ergibt sich für sie eine ähnliche Konstellation wie bei den Schüler/innen.

Ambivalenzen im Bereich der Sexualität

(1) *Lehrer D. kontrolliert nach der Sportstunde noch die Umkleide- und Duschräume und sieht im Vorbeigehen, wie zwei Jungen unter der Dusche onanieren. Völlig erschrocken entfernt er sich unbemerkt, weil er überhaupt nicht weiß, wie er sich verhalten soll.*
Seine Ambivalenz: »Eigentlich müsste ich mich bemerkbar machen: Das geht doch nicht … Unmöglich, was die da machen – auf der anderen Seite komme ich mir voyeuristisch vor, in sexuelle Belange von Pubertierenden einzugreifen.«

(2) *Frau K. wartet nach dem Unterricht auf Terry und sagt zu ihm: »Ich find das unverschämt von dir, dass du mir dauernd auf den Busen guckst.« Daraufhin Terry: »Spinnen Sie? Da täuschen Sie sich aber« – und rennt davon.*
Ihre Ambivalenz: »Am liebsten hätte ich ihm gesagt, dass er seine geilen Blicke zu Hause lassen soll – auf der anderen Seite habe ich überhaupt keine ›Beweise‹. So blieb ich konsterniert, sauer, letztlich hilflos.«

(3) *Ein Schulleiter, verheiratet, hat ein Verhältnis mit einer Kollegin. Jede(r) weiß es, niemand sagt etwas – und seit Wochen sind die Beziehungen einiger Kolleginnen zum Chef angespannt. Für ihn wird der Zustand immer unerträglicher …*
Seine Ambivalenz: »Ich trenne Privat- und Berufsleben. In der Schule gibt es Überschneidungen. Ich weiß selbst manchmal nicht, auf welche Seite ich mich stellen soll: Schulleiter oder Privatmann.«

In der Schule ist Sexualität ein Thema, auf Schüler- wie auf Lehrerseite, was sich auf ihre Beziehungen auswirkt: Tabuisierung und Hilflosigkeit oder Offenheit und Klärung in entsprechenden Schutzräumen …

Je stärker Sexualität und Erotik in den zwischenmenschlichen Beziehungen wahrgenommen werden (anstatt sie zu verdrängen), desto besser gelingen Loslösungen aus der Abhängigkeit (die sich bemerkbar macht durch Macht und Herrschaft, Unterdrückung und Unterwerfung, Ironie und Zynismus, Übergriffe und Missbrauch), Aufarbeitung und stimmige Lösungen:

Beispiel (1): Der Lehrer spricht zu einem günstigen Zeitpunkt mit den beiden Schülern.

Beispiel (2): Die Lehrerin macht sich immun (z. B. durch mentales Training) gegen sexuell interpretierte Blicke, Gesten …

Beispiel (3): Der Schulleiter spricht über seine Situation, nicht um sich zu rechtfertigen, sondern um zu informieren.

Die genannten Fälle zeigen beeindruckend die zentrale Bedeutung der zwischenmenschlichen Beziehungen, ihre ambivalenten Erscheinungsformen und ihre unterschiedlichen Realisierungsmöglichkeiten. Allerdings gibt es immer noch Vorstellungen von Unterricht und didaktischen Modellen, die darin bestehen, die Beziehungsphänomene als pädagogischen Appendix zu betrachten und das Augenmerk vor allem auf die Sachebene, den Fächerkanon und das Lehren im Sinne der Stoffvermittlung zu richten. Erst in jüngster Zeit, aufgrund der extremen Störfälle und Amoklaufereignisse, öffnen sich die Augen vieler – und es beginnt ein Umdenken. Zunehmend wächst das Verständnis für die vielfältige Arbeit von Lehrerinnen und Lehrern bis hin zur Akzeptanz ihrer Ängste und Hilflosigkeit.

Nun sind Klassen keine reinen Selbsterfahrungsgruppen (jedoch mit Anteilen von Selbsterfahrungssituationen und -erlebnissen); sie sind keine Therapieräume (obwohl es in Einzelfällen Personen gibt, die therapiebedürftig sind); sie sind auch keine Erziehungsanstalten für Schwererziehbare (obwohl es Fälle gibt, die zeigen, dass Kinder und Jugendliche besser dort als in der Schule aufgehoben und betreut wären). Wenn jedoch die Begegnungen, die Beziehungen und der Unterricht erfreulich, erfolgreich und entlastend, statt belastend und destruktiv sein sollen, so ist es förderlich, Ambivalenzen wahrzunehmen, die Botschaften von Störungen zu entschlüsseln und Klärungen zu suchen.

2.2 Störungen als spezifische Botschaften

Die Lehrer als Störer

Während eines Seminars zum Thema »Störung« spielt ein Kollege einen Lehrer, der eine Unterrichtsstunde beginnen will. Die anwesenden Lehrerinnen und Lehrer agieren als Schülerinnen/Schüler und unterhalten sich angeregt. Der Lehrer versucht, sich Gehör zu verschaffen. Vergeblich … In der anschließenden Analyse sagen die »Schüler«, sie hätten sich vom Lehrer in ihrer Kommunikation gestört gefühlt.
Wer stört hier wen?

»Meine Schüler schwätzen so viel im Unterricht«, sagt eine Lehrerin. »Ich muss immer ermahnen und krieg meinen Stoff nicht durch.« – »Unsere Lehrerin sagt immer, wir sollen nicht schwätzen. Dabei reden wir doch nur darüber, was uns alles einfällt, wenn sie was an die Tafel schreibt.«
Die Schüler stören die Lehrerin, die den Stoff vermitteln will, und diese wiederum stört die Schüler in ihrer Kommunikation.

Keine Frage, als Fachmann für Deutsch und Englisch ist Herr O. Experte. Als Lehrer ist er gefürchtet – und seinen ironischen und abfälligen Bemerkungen, seinen Bloßstellungen ist niemand gewachsen. Interventionen seitens der Schulleitung, der Eltern und der Schulbehörde nutzen nichts. Noch immer kann er sich an der Schule halten. Bis eines Tages die beiden Klassensprecher einen externen Beratungslehrer um Hilfe bitten …

Wieder einmal eine Unterrichtsstunde mit Herrn O., in der er ausfällig wird. Plötzlich stehen alle Schülerinnen und Schüler auf, packen ihre Sachen zusammen und verlassen schweigend das Klassenzimmer. Nur der Klassensprecher sagt mit kräftiger Stimme: »Herr O., solange Sie uns so behandeln, werden wir nicht mehr in Ihren Unterricht kommen.«

Der Lehrer als Störer – und die klare Botschaft der Schüler: »Wenn wir schon nicht Sie ändern können, so können wir uns und die Umstände ändern.« Die Botschaft des Lehrers, verdeckt: »Hinter meiner Ironie und meinen abfälligen Bemerkungen stehen meine Enttäuschung über die Schüler (*weil* sie nicht mitmachen …) und die Enttäuschung über mich selbst (*weil* ich es nicht schaffe, *dass* sie mitmachen) – und wieder fühle ich mich hilflos wie schon so oft. Eigentlich hasse ich mich in meiner Hilflosigkeit.«

Janosch ist nicht aus der Ruhe zu bringen – und er macht wirklich den Eindruck, in sich zu ruhen. Das nervt den Lehrer, denn der ist genau das Gegenteil: 1000 Ideen mit Tempo 100 beim Umsetzen und gleich zehn Sachen auf einmal! Während eines Wandertags ist Janosch am Ende der Schülerschlange anzutreffen. »Auf, auf«, ermuntert ihn der Lehrer und schubst ihn an der Schulter nach vorne. Da sagt der Junge seelenruhig, aggressionsfrei und völlig unerwartet: »Ich bin nicht Ihr Reitpferd, sondern der Janosch.« Das saß.

Und plötzlich fand sich der Lehrer als Letzter in der Reihe. Seine Nachdenklichkeit hat ihn von selbst langsamer werden lassen.

Die Botschaft des Jungen: »Ich bin kein Reitpferd, das man gängeln und zügeln kann. Ich bin Janosch und habe mein eigenes Tempo. Stör mich nicht. Ich möchte sein und anerkannt sein wie ich bin …«

Tobias ist gerne alleine, wenigstens die meiste Zeit, auch dann, wenn die anderen in Gruppen häufig miteinander arbeiten. Er ist mit sich und seinen Mitschüler/innen zufrieden. Was ihn stört ist, dass die Lehrerin ihn nicht in RUHE lässt und dauernd zu ihm sagt, er solle doch auch mit den anderen arbeiten. Je mehr sie ihn dazu nötigt, desto mehr zieht er sich zurück. Eines Tages sieht ein Lehrer, wie er sich heimlich aus dem Klassenzimmer stiehlt und dem Ausgang zustrebt. Auf die Frage, wohin er denn wolle, sagt Tobias: »Die Lehrerin lässt mich nicht in Ruhe. Und lernen kann ich auch nicht, weil es mir da drinnen zu laut ist …« Verdutzt bleibt der Lehrer zurück.

Die Lehrerin (und die Schule) als Störer – und die Botschaft des Jungen: »Wenn ich nicht da, wo ich bin, lernen kann, dann suche ich mir eigene Wege …«

Die Schüler als Störer

Montag nach dem ersten Adventssonntag, erste Stunde: Die Mädchen und Jungen sitzen im Stuhlkreis. In der Mitte am Boden liegt ein Adventskranz; eine Kerze brennt. Beschaulich und besinnlich ist die Stimmung, einem warmen Kachelofen gleich, an den man sich anlehnen kann. Plötzlich geht die Tür auf, im Türrahmen steht Ted. Er guckt, stutzt, geht auf den Kreis zu, durchbricht ihn – und wirft seine Jacke über die Kerze. Sie verlischt. Grinsend feixt er: »Was soll der Scheiß!« Sprachlos, wie gelähmt, reagieren daraufhin die anderen, auch der Lehrer. »Jetzt hast du etwas kaputtgemacht«, sagte er dann, Traurigkeit in seiner Stimme. Schweigend stehen alle auf, nehmen ihre Stühle und gehen auf die Plätze.

Und Teds eigentliche Botschaft? Er lebt in einer Familie, in der es nur Kälte gibt. Vater arbeitslos, Mutter Alkoholikerin. Ted kennt keine Wärme – und als er sie unvermittelt im Klassenzimmer wahrnimmt, muss er sie zerstören: Aus der Kälte kommend, hält er die Wärme nicht aus. Dreierlei ist notwendig: Die Botschaft des Jungen verstehen, sein Fehlverhalten missbilligen *und* ihm Hilfe zur Änderung geben.

Karin H., Lehrerin: »Diese Kinder machen mich fertig … Das sind richtige Zeitbomben … Ich hab da ein ungutes Triumvirat – Tom, Mike und Jeremy. Jeremy ist der Schlimmste. Er hält grundsätzlich keine Regel ein, und es bereitet ihm diebische Freude, andere Kinder zu provozieren. Heute ist er zu spät gekommen, schlurft in den Raum, schlägt seinen beiden Kumpels kräftig auf die Schulter, dass die anfangen zu grölen und zu kichern, wischt im Vorbeigehen zwei Kindern das Arbeitsmaterial vom Tisch, trampelt im Weitergehen drauf rum, und schon eskalierte die Stimmung. Tom und Maik springen auf, wollen sich auf Jeremy stürzen, der rennt los, wieder raus aus dem Klassenraum und auf den Hof, die anderen und seine beiden Freunde hinterher … – … und dann ist da Volkan, ein dünner, aber drahtiger Knabe, der oft stundenlang nur aus dem Fenster starrt und an Gottweißwas denkt. Dem Triumvirat macht es großen Spaß, ihn so lange zu triezen, bis bei ihm das Ventil rausfliegt. Er ist überhaupt nicht aggressiv, nur unberechenbar wie ein Eisbär. Es kann sein, dass er bitterlich weint. Kann sein, dass er aus dem Klassenraum rennt und aufs Klo flüchtet. Kann auch sein, dass er erbarmungslos auf denjenigen einprügelt, der ihn am meisten gereizt hat …« (Aus: Biermann 2009, S. 84 f.).

Auch wenn die Lehrerin ihr »Triumvirat« kennt, deren Botschaften vermutet und entschlüsseln kann, so zeigt dieser Fall, dass die Grenzen erreicht sind, dieses Verhalten zu akzeptieren: Unterricht ist aufgrund dieser Erfahrungen nicht möglich, weil – im Sinne Meyers (2008 S. 127 ff.) – ein »didaktisch-soziales Arbeitsbündnis« fehlt (vgl. S. 202 f.).

Morgenkreis: Die Lehrerin hört den Kindern zu. Jedes kann erzählen, was es erlebt hat, was es fragen oder wissen will, wie es ihm geht … Aber der Reihe nach! Was auch die meisten tun. Nur Maria hält sich nicht an die Vorgabe und plappert immer wieder dazwischen. Die Ermahnungen der Lehrerin sind nutzlos. Als die Lehrerin zum x-ten Male energisch interveniert, wird es auch Maria zu viel, und es platzt aus ihr heraus: »Zu Hause, da reden wir alle auf einmal – und es klappt auch.«
Ihre Botschaft: »Warum muss ich in der Schule anders sein als zu Hause? Es klappt doch, so wie ich es gelernt habe … Und: Stör mich nicht, ich hab doch was ganz Wichtiges zu sagen!«

Diese Beispiele zeigen, dass Störungen offene oder verdeckte Botschaften sind. Es gibt keine »objektiven« Störungen; sie sind immer Deutungen von Personen: Für die eine ist z. B. Schwätzen im Unterricht Störung, für den anderen rege Beteiligung; den einen stört Kaugummikauen, die andere toleriert dies; die einen stört der Lärmpegel, während andere ihn als »kreative Unruhe« deuten. Im Extremfall kann das bedeuten: Sogar kriminelle Verhaltensweisen sind für die Täter keine Störungen, sondern eben »normal«, denn sie kennen nichts anderes und haben keine sozialverträglichen Handlungsalternativen parat, wie z. B. Pit:

Pit wird vom Lehrer zurechtgewiesen, weil er zu einem Mädchen mehrmals »Hure« sagte. Darauf Pit: »Wieso? Das sagt mein Vater jeden Tag zu meiner Mutter.«
»Soziale« Erfahrung ganz anderer Art

»Nicht die Dinge selbst, sondern unser Denken über die Dinge entscheidet, ob wir glücklich oder unglücklich werden.«
Epiktet

Übertragen auf die Störungen in der Schule heißt dies: In vielen Fällen sind es nicht die konkreten Verhaltensweisen an sich, die uns stören und belasten, sondern unsere Sicht (Einstellungen) über sie. (Damit sollen keineswegs verbale Entgleisungen und körperliche Verletzungen bagatellisiert oder gar entschuldigt werden! – Es geht hier um »Störungen« und nicht um kriminelles Verhalten.)
Störungen basieren immer auf der Sach-, Beziehungs- und Selbstebene:
Schüler:
Sachebene: »Ich bekomme einen Fünfer.«
Beziehungsebene: »Ich habe eine Stinkwut auf den Lehrer.«
Selbstebene: »Ich ärgere mich über mich, weil ich nicht genügend gelernt habe.«

Lehrer:
Sachebene: »Peter hat keine Hausaufgaben gemacht.«
Beziehungsebene: »Ich ärgere mich über ihn, weil er nicht macht, was ich ihm aufgetragen habe.«
Selbstebene: »Ich habe das Gefühl, als Lehrer keinen Einfluss zu haben …«

Wenn man Störungen als spezifische Botschaften sehen und sie (um) deuten kann, dann heißt das auch:

a) Wovon müssen sich Lehrerinnen und Lehrer »verabschieden«? Welche Vorstellungen, Ziele, Absichten können sie nicht mehr aufrechterhalten (ohne das Gefühl des Versagens zu haben)?
b) Was behalten sie – trotz aller Umstände – bei, auch mit dem »Risiko« zu »stören«?
c) Welche Belastungen / Störungen können sie aushalten, worauf können sie sich einstellen?
d) Wo müssen sie Grenzen signalisieren, durch entsprechende Verhaltensweisen einfordern bzw. aus dem »System« aussteigen?

2.3 Schlussfolgerungen

Die Auflösung von Ambivalenzen und Störungen mit dem Ziel, wieder zu zwischenmenschlich verträglichen Verhaltensweisen und Arbeitshaltungen zu kommen, beginnen immer mit kommunikativen Interaktionen und dem Versuch, zu »sozialen-didaktischen Vereinbarungen« zu gelangen (Meyer 2008, S. 127 und hier S. 202 f.).

Erst wenn feststeht, das Lehrerinnen und Lehrer in Gesprächen das ihnen Mögliche getan haben, um die Störungen zu beseitigen, und dass das gravierende Störverhalten der betreffenden Schülerinnen und Schüler im Rahmen des *schulischen* Unterrichts und mit den dort zur Verfügung stehenden Mitteln (Personal, Räume, pädagogische Maßnahmen) nicht mehr aufzufangen ist und dass diejenigen, die lernen wollen, wegen der Störungen nicht mehr lernen können, erst dann ist zu disziplinarischen Maßnahmen zu greifen: Im Gespräch mit den betroffenen Schülerinnen und Schülern, den Erziehungsberechtigten, den zuständigen Lehrerinnen und Lehrern, der Schulleitung und der Schuladministration werden Angebote besprochen, die Verhaltensänderungen zum Ziel haben, und Orte angeboten, an denen diese Veränderungen eingeleitet, begleitet und stabilisiert werden mit dem Ziel der Rückführung in Schule und Unterricht.

Niki Lauda in einem Interview über Störungen und Ängste nach seinem lebensbedrohlichen Unfall: »Warum bekam ich plötzlich Angst? Offenbar, weil ich das Auto nicht beherrschte. Weil das Auto mich fuhr« (Kammertöns / Lebert 2010, S. 17).

Nicht die Störungen sind Herr über uns, sondern *wir* beherrschen die Störungen. Deshalb:

1. Verletzendes Verhalten sofort stoppen (Verhinderungs-/Schutzfunktion)
2. Störungen nach dem Belastungsgrad einschätzen
3. Störungen hinterfragen: Was ist die Botschaft der Störenden?
4. Positive Anreger anbieten (Methodenwechsel, Bewegung, Eigentätigkeit)
5. Negative Anreger vermeiden (monotoner Unterricht, abwertendes Verhalten ...)
6. Einstellungen verändern, umdeuten und Gespräche mit den Beteiligten führens
7. Die Störungssituation entschärfen (beobachten, abwarten, Humor haben, ablenken ...)
8. Mit denjenigen Schülern arbeiten, die wirklich lernen wollen
9. Räume für die »Störenfriede« zur Verfügung stellen und Personen, die sie betreuen und sie beim Umlernen unterstützen
10. Gegebenenfalls den Unterricht abbrechen (bevor man selbst zusammenbricht!);
11. Temporäre Unterrichts-/Schulauszeit geben, mit Aufenthalt in schulinternen oder -externen Einrichtungen (z. B. Schule für Erziehungshilfe mit dem Ziel der Reintegration)

Beziehungsambivalenzen und Störungen machen nicht mehr hilflos, wenn
- sie wahrgenommen werden
- Klärungen durch Selbstreflexion und Dialog erfolgen
- den Schülern Umlernhilfen angeboten werden

3. Antipathien und Aggressionen

Es wurde deutlich: Wer die Ambivalenzen in den Beziehungen zu Menschen wahr und ernst nimmt, entdeckt unter anderem auch Phänomene wie Sympathie, Antipathie und Aggressionen. Im privaten Kontext »erlauben« sich Menschen eher, diese Beziehungsweisen zu zeigen. Im beruflichen Bereich, vor allem im sozial orientierten, fällt es ihnen schwerer, den unsympathischen und aggressiven Teil in sich zu aktivieren. Da sind Menschen zurückhaltender, vorsichtiger, affektreduzierter.

- Der Leiter einer großen Firma: »Ich sage meinen Mitarbeitern, was sie richtig und falsch machen, aber wen ich sympathisch und wen ich unsympathisch finde, das behalte ich für mich.«
- Ein Bankangestellter im Kundenbereich: »Ich würde mir nie anmerken lassen, wen ich von meinen Kunden unsympathisch finde.«
- Ein Arbeiter: »Natürlich habe ich gegen meinen Chef Aggressionen; aber die werd' ich nie rauslassen.«
- Eine Krankenschwester: »Ich würde zu einem Patienten nie sagen, dass ich etwas gegen ihn habe. Ich bin doch für seine Gesundheit zuständig.«
- Ein Lehrer: »Ich finde zwar manche meiner Schüler unsympathisch; dies würde ich ihnen aber nie sagen oder sie gar spüren lassen. Alle haben das Recht, von mir fair behandelt zu werden.«

Wie gehen Lehrerinnen und Lehrer mit dem Widerspruch um zwischen der Wahrnehmung, andere unsympathisch zu finden und Aggressionen gegen sie zu haben, und dem Anspruch (noch dazu als »Sozialexperten!«), sympathisch handeln zu wollen / zu müssen? Sie bleiben hin und her gerissen und so lange hilflos, bis sie den Widerspruch zwischen pädagogischem Anspruch, persönlichem Empfinden und authentischem Handeln aufgelöst und Entscheidungen getroffen haben, die für sie stimmig und sozialverträglich sind.

3.1 »Unsympathen!«

Wenn Menschen sich begegnen und längere Zeit beisammen sind, dann ist es normal, dass sie sich sympathisch oder unsympathisch finden; dass sie im Laufe der Zeit auch Aggressionen entwickeln. Inneres Davonlaufen ist möglich, äußeres nicht immer:

Ein Lehrer berichtet: *»Ich habe einen Schüler, der mir total auf den Wecker geht. Ich finde ihn unsympathisch und habe keinen Zugang zu ihm. Das fängt schon bei seiner Kleidung an und geht bis zu persönlichem Verhalten. Ich kann ihn doch nicht wegschicken. Und was mir am meisten zu schaffen macht: Er hat doch das Recht auf gerechte Behandlung, die ich ihm aber nicht garantieren kann. Was aber, wenn ich mich nicht mehr beherrschen kann?«*

Eine Mutter kommt in die Beratung und beklagt sich über ihren neunjährigen Sohn. Nach ihren Angaben wird sie mit ihm überhaupt nicht mehr fertig. Mit Tränen in den Augen und einem »Mischgefühl« aus Wut, Hilflosigkeit und Schuld sagt sie: »Manchmal wünsch ich ihn zum Teufel … Und wenn ich diese Gedanken habe, dann komme ich mir vor wie eine Mutter, die ihr Kind verstößt. Das ist das Schlimmste …«

Aus unserer Kindheit bringen wir Erziehungsmuster mit, die die natürliche Antipathie in uns verdrängt haben und deren Forderungen sich bis ins Heute gehalten haben wie: »Sei höflich!« – »Entschuldige dich!« – »Vertragt euch wieder!« – »Das sagt man nicht.« – »Das gehört sich nicht.«

Ein Junge weigert sich, sich neben einen anderen zu setzen. Die Lehrerin zwingt ihn jedoch mit den Worten: »Jetzt sei kein solcher Dickkopf. Der Peter hat dir doch nichts getan. – So, und jetzt arbeitet schön miteinander!«

Wie kann der Schüler »schön« arbeiten, wenn er den Nachbarn unsympathisch findet; wenn niemand ihn nach seinen Motiven fragt; wenn man ihn zwingt …?

Die Lehrerin schaut nicht auf die Wirklichkeit des Jungen, sondern auf ihre eigene. Sie zwingt ihn zu einer idealen Handlung, weil sie das Ideal in ihrem Kopf hat, alle müssten sich vertragen, »schön« miteinander arbeiten – und sich (wieder) lieb haben!

Jemanden unsympathisch *finden*, ist ein Emp*finden*, also ein innerer Zustand, der nur aufgelöst und verändert werden kann, wenn man ihn wahrnimmt und im inneren und äußeren Dialog klärt, statt ihn zu verdrängen.

3.2 Wege der Klärung

Es gibt eine wirksame Übung, um mit Menschen, die einem unsympathisch sind, zu zwischenmenschlich annehmbaren Beziehungen zu kommen:
Teil I:

Setzen Sie sich bitte auf einen Stuhl und posticren Sie einen anderen Stuhl gegenüber. Stellen Sie sich eine Person vor, die auf ihm sitzt und die Sie unsympathisch finden:

1. Notieren Sie nun, was sie *tut*, was Sie nicht mögen, z. B.: »Sie unterbricht mich häufig oder redet zu lang!«, »Ihr Äußeres ist ungepflegt.«, »Sie beachtet mich nicht …«
2. Notieren Sie Ihre Empfindungen, die Sie ihr gegenüber haben (z. B. Abscheu, Wut, Ärger …).
3. Notieren Sie, was Sie jetzt am liebsten machen *würden* (z. B. ihr die Meinung sagen, nicht mit ihr reden, weggehen …).

Es hat sich also folgender Dreischritt ergeben:

Aus Ihrer BESCHREIBUNG → entstanden EMPFINDUNGEN → und daraus HANDLUNGEN

Nach einer kurzen Pause:
Teil II:

1. Stellen Sie sich Ihr Gegenüber wieder vor und notieren Sie, was Sie *hinter* den Beschreibungen der Person vermuten, fantasie-

ren … Vielleicht entdecken Sie Gründe für ihr Verhalten: Scheu, Hemmung, Unsicherheit, Angst …

2. Notieren Sie Ihre Empfindungen, die Sie nun ihr gegenüber haben, wenn Sie *dahinter blicken* (vielleicht Mitleid …?)
3. Notieren Sie, was Sie jetzt tun *würden* (vielleicht doch mit ihr reden …?)

Es hat sich wiederum ein Dreischritt ergeben:

Aus Ihrem DAHINTER BLICKEN → entstanden (andere?) EMPFINDUNGEN → und daraus (andere?) HANDLUNGEN

Es liegt also an *Ihnen*, was Sie wahrnehmen, was ein Mensch tut und was Sie hinter seinem Verhalten vermuten. Verändern sich Ihre Einstellungen zu ihm/ihr, so verändern sich auch Ihre Empfindungen und damit Ihre Handlungen.

Ich habe ein paar in der Klasse, die sind mir so richtig unsympathisch, stöhnt Frau L.: »Was soll ich bloß mit denen anfangen?« »Bewertungen ändern und umdeuten«, meint daraufhin eine Kollegin. »Und wie mache ich das?« »Indem du hinter die unsympathischen Verhaltensweisen guckst: Hinter der Überheblichkeit vielleicht die Unsicherheit siehst, hinter der Arroganz vielleicht die Hilflosigkeit, hinter der Süffisanz vielleicht die eine oder andere Angst, hinter der Kaltschnäuzigkeit die Not …«

> Umdeuten bringt Verstehen, Verstehen erleichtert den Zugang, Zugänge eröffnen Begegnungen.

Ein Mädchen sagt zu seiner Freundin: »Ich bin ganz verliebt in Pat, obwohl ich ihn zunächst ziemlich doof fand.«
Ihre Wahrnehmung hat sich verändert – und damit ihre Bewertung.

In der Pause sehe ich zwei Jungen heftig streiten. Zwei Stunden später verlassen sie einträchtig die Schule, während der eine dem anderen zuruft: »Also bis nachher beim Training …«

Was hat sich bei ihnen verändert, dass sie sich nun wieder vertragen?

> Lehrer sind dann nicht mehr hilflos, wenn sie
> a) ihr Augenmerk auf das *Verhalten* der Schüler richten,
> b) ihre eigenen *Empfindungen* wahrnehmen und akzeptieren
> c) Veränderungen anbahnen, die auf der Verhaltensebene liegen
>
> Durch diesen Klärungsprozess hebt sich der Widerspruch zwischen Antipathieerfahrung und Sympathieanspruch auf – eine wichtige Voraussetzung für professionelles Handeln.

Auf Übertragungen achten

Bei Menschen, die man unsympathisch findet, kann es sich – wie in anderen Beziehungsweisen auch – unter anderem um Übertragungen handeln, die immer Irrtum in der Person (= nicht du bist gemeint, sondern jemand anderes), im Ort (= nicht hier, sondern dort) und in der Zeit (= nicht jetzt, sondern damals) sind (ausführlich S. 181 ff.):

Meine Lehrer haben mich öfters als ein »lebendiges Kerlchen« erlebt und mich deshalb auch oft gelobt. Das tat mir gut. Manchen aber ging diese »Lebendigkeit« auf den Geist, und sie nannten mich dann »Hektiker«. Dies gab mir immer einen Stich und tat weh. Noch heute habe ich Schwierigkeiten, wenn ich auf »hektische« Menschen treffe. Sie sind mir bisweilen unsympathisch, weil ich durch sie mit meiner eigenen »Hektik-Vergangenheit« (wieder) konfrontiert werde.
Meine Übertragung: Die »Stiche« von *damals* wiederholen sich im *Heute* durch Unbehagen, das ich auf die entsprechenden *Personen* übertrage.

Deshalb: Auch eruieren, ob die Bewertungen anderer mit eigenen Bewertungen zusammenhängen, und zwar in der ganzen Breite der Möglichkeiten: »Ich mag dies und das an ihm, weil ich das auch an mir mag …« bis: »Ich mag dies und das nicht an ihm, weil ich es bei mir nicht mag und ablehne.«

3.3 Aggressionen

Befragt man Schüler, was Lehrer tun, wenn sie aggressiv sind, dann antworten sie: »Er schreit uns an, brüllt in der Klasse, beschimpft uns, stellt uns bloß, bestraft sofort, ist ungerecht, lässt keine andere Meinung gelten …« Befragt man Lehrerinnen und Lehrer, warum sie aggressiv reagieren, so antworten sie: »Ich stehe unter Stress, weiß nicht mehr weiter, bin frustriert, fühle mich provoziert, angegriffen, verletzt, gekränkt, hilflos…«

Der Lehrer ist seit Längerem total frustriert. Nichts geht mehr in der 9. Klasse. Die Leistungen der Schülerinnen und Schüler sind sehr schlecht. Wieder einmal korrigiert er die Arbeiten, ist schier verzweifelt, hat eine schlaflose Nacht hinter sich und fährt am anderen Tag sehr niedergeschlagen in die Schule. Auf dem Weg zum Klassenzimmer packt ihn die Wut – und als er vor der Klasse steht, fährt es aus ihm heraus: »Ihr seid wohl alle zu blöd fürs Gymnasium! Und eure Arbeiten könnt ihr euch in den Hintern stecken.« Schweigen in der Klasse … und hinterher Schuldgefühle und Entschuldigung seitens des Lehrers.
Seine Botschaft: »Ich brülle, beschimpfe – aber eigentlich bin ich mit meinem Latein am Ende.« Er hat nicht wahrgenommen, was er eigentlich hatte sagen wollen, nämlich: »ICH ärgere mich, bin wütend. ICH bin enttäuscht, frustriert. ICH möchte mit euch nach Lösungen suchen …«

Eine Lehrerin faucht ihren Kollegen an mit den Worten: »Mensch, hör doch auf mit deinem Gelabere. Das nervt mich.«
Ihre Aggression als verbales Abstoppen (»Hör' doch auf!«).

Ein Vater sagt zu einer Lehrerin: »Wenn mein Sohn nicht versetzt wird, dann wird's für Sie hier noch ungemütlich.«
Seine Botschaft: »Wenn du nicht tust, was ich will, dann …«: Aggressionen als Bedrohung.

Ein Schulamtsleiter schreit einen Schulrat an: »Ich lass mir doch von Ihnen nicht sagen, wie ich meine Amtsgeschäfte führen soll …«
Schreien als verbale Form der Aggression

Zwei Ebenen werden deutlich:
Die eine: Aggression ist eine Form des »Herantretens« (lat. *adgredi* = herantreten, bzw. *aggressio* = Angriff). Die andere: Hinter aggressivem Verhalten stehen Gefühle wie Wut, Zorn, Enttäuschung, Minderwertigkeit, Verletzung, Kränkung … Wer diese zwei Ebenen, die aggressive *Handlungs*ebene und die dahinter liegende *Gefühls*ebene, bei sich nicht wahrnimmt, der verliert die Einfühlungsfähigkeit, und latenter Sadismus wird bemerkbar: »Der (Helfersyndrom-)Helfer, dessen Aggressionen nie richtig deutlich werden, ist letztlich dauernd latent aggressiv, missmutig, mürrisch« (Schmidbauer 2009, S. 198). Dies erklärt u. a. die aggressiven Ausbrüche jener Lehrern, die ihre Gefühlsebene von der rationalen Ebene abkoppeln.

Es zeigt sich das von klein auf abgelehnte und »ungeliebte Kind« in all seiner Verletztheit, instabilen Entwicklung und narzisstischen Unersättlichkeit: Was damals versäumt wurde, wirkt nach und macht sich als »Dauerhunger« negativ bemerkbar. Das angenommene, geliebte und »gesättigte« Kind jedoch mit einem stabilen Selbst wird meist positiv reagieren können (vgl. Schmidbauer 2009, S. 50 ff. und S. 87).

Hinzu kommt: Bei starkem Über-Ich, wie es z. B. im religiösen Bereich Gott, rigide Verbote, Versündigungen oder Strafandrohungen oder im säkularen Bereich extreme Moralvorschriften sein können, »erlauben« Menschen sich ihre Aggressionen nicht wirklich auszuagieren aufgrund der gelernten und internalisierten Befehle »Du sollst nicht, du darfst nicht, tu ja nicht!« beziehungsweise »Sei höflich, lieb, brav, folgsam, gehorsam; reiß dich zusammen …!« Wohin dann aber mit dem Ärger, der Wut, dem Zorn? Entweder werden sie verdrängt oder im Affekt (= als unkontrollierte Gefühlsausbrüche) in Form von körperlicher oder seelischer Gewalt ausagiert oder abreagiert: anbrüllen, schlagen, sexuell misshandeln, nötigen.

Beispiel: Jemandem Ohrfeigen geben, d. h. jemanden mit der Hand ins Gesicht (!) schlagen, war und ist grundsätzlich *pervertiertes Erziehungsmittel* (zu der man früher Züchtigung sagte), weil es losgelöst ist vom *Gefühl* des Schlagenden. An dessen Stelle tritt die *Affekt*handlung als Ausdruck *pervertierter Beziehung*, weil sie Vergeltung und Rache statt pädagogisch wirksame Veränderungshilfen zum Inhalt hat.

»Ich war wütend auf meinen Freund.
Ich erzählte ihm von meinem Zorn.
Und meine Wut erlosch.
Ich war wütend auf meinen Feind.
Ich schwieg und mein Zorn blieb.«
P. Ferucci

Kemil findet den Stoff »Scheiße«, langweilt sich, motzt … Irgendwann im Unterricht beschimpft er sogar die Lehrerin, worauf diese von ihrem Pult aus einige Schritte auf ihn zugeht, ihn mit ernster Miene ansieht und zu ihm unaufgeregt sagt: »Kemil, bitte unterlasse deine Beschimpfungen! Und damit das klar ist: Ich bin hier der Boss.« Dann geht sie zurück zum Pult und fährt konzentriert mit dem Unterrichten fort. Kein Anschreien, keine Abwertung, keine Bestrafung … Und Kemil murmelt: »Ist ja schon gut, ist ja schon gut. Tschuldigung.«
Herantreten, klar kommunizieren, Grenzen aufzeigen und gegebenenfalls den kulturellen Hintergrund beachten.

Die Kollegin, befragt, warum sie so authentisch reagieren konnte, antwortete: »Weil ich mir der Vorgänge bewusst bin, sowohl was bei Kemil abläuft als auch bei mir; gelernt habe ich dies in Selbsterfahrungsgruppen. Und dort konnte ich auch meine Reaktionen in solchen kritischen Situationen trainieren.« (Und weil sie vermutlich zu den »geliebten Kindern« gehört; Anm.: RM). Es war ihr also möglich heranzutreten (Aggression), jedoch nicht hineinzutreten (Destruktion).

Heranzutreten ohne hineinzutreten, physisch wie psychisch, benötigt also die *Haltung* der professionellen Distanz, *Reflexion* der Situation und *Einübung* von adäquaten Verhaltensweisen.

Aggressionen sind vitale Ausdrucksmöglichkeiten von Menschen, die allerdings nicht immer unbeschadet kommuniziert werden. Deshalb gilt im Lehrberuf, wie in anderen Berufen auch, die mit Kollegen, Kunden, Klienten oder Patienten zu tun haben, sich – ohne Verdrängungen – so zu verhalten, dass die Würde des Menschen gewahrt wird.

Ende der Hilflosigkeit
Die eigenen Empfindungen und Gefühle wahrnehmen; sie gegebenenfalls als Aggressionen, nicht aber als Destruktionen ausleben und entscheiden, ob dieses Ausleben *in* akuten Situationen angemessen ist oder ob eher für sich alleine, im privaten Milieu oder in Supervisionsgruppen und Ähnlichem.

Mitten im Unterricht steht eine Vierzehnjährige auf, packt ihre Sachen zusammen und verlässt fluchtartig das Klassenzimmer. Bevor sie die Tür zuschlägt, schreit sie zurück: »Ihr seid ja alle Arschlöcher …«
Die (Auf-)Lösung des Konflikts durch den Lehrer:
a) Nach der Pause geht er auf das Mädchen zu: »So habe ich dich ja noch nie erlebt, Moni …« *(Verstehensebene)*
b) »Wir alle waren ziemlich schockiert …« *(Selbstmitteilungsebene)*
c) »Über den Vorfall möchte ich mit dir reden …« *(Klärungsebene)*
d) Am anderen Tag: Gespräch in der Klasse – Grenzziehung – Umlernhilfe … *(Metaebene und Handlungsebene)*

Die Mädchen und Jungen berichten der Vertrauenslehrerin, dass Herr S., der Mathelehrer, sie häufig beleidigt, bloßstellt und sie abfällig behandelt. Die Lehrerin spricht mit ihm. Dieser verbietet sich jede Einmischung und verteidigt seine Pädagogik: Das müssen die aushalten – und in Mathe müsse man spuren … Auch Interventionen einiger Eltern nutzen nichts. Sie haben auch Angst, dass ihre Kinder Repressalien ausgesetzt sein würden, wenn sie stärker insistieren. Einige Zeit später nehmen die beiden Klassensprecher auf Empfehlung an einem Verhaltenstraining teil … Wieder einmal schreit Herr S. einige Schüler nieder. Da geschieht unmittelbar Folgendes: Einer der beiden Klassensprecher steht auf und sagt: »Wir werden im Unterricht so lange nichts mehr sagen, bis Sie uns nicht mehr so behandeln wie eben jetzt.«

Völlig unerwartet für alle: Der Lehrer setzt sich ans Pult und schweigt. Dann geht er vorzeitig aus dem Klassenzimmer.
Die Auflösung des Konflikts durch die Schüler: Es muss keinen Krieg geben, wenn Lehrer sich unfair verhalten. Man kann auch mit friedlichen Mitteln Fehlverhalten auffangen und dadurch zur Konfliktlösung beitragen.

Frau P. hat in ihrem Klassenzimmer einige »Aggressionshämmer« bereitliegen: alte Telefonbücher, die zerrissen werden dürfen; Gartenschlauchteile, mit denen man auf einen Sandsack schlagen kann … Die Jungen und Mädchen benutzen sie zum Abbau ihrer Aggressionen.
Besser auf Gegenstände schlagen statt auf Menschen!

4. Liebesentzug und Abhängigkeiten

Für Portele (1989, S. 223 f.) ist Liebe eine Bezeichnung für eine Beziehung und eine Haltung, nämlich »… dass zwei Wesen sich als autonom anerkennen und sehen«. Für ihn wird häufig »lieben« mit »geliebt werden« verwechselt: Unter »lieben wird oft ein Gefühl verstanden, und es wird übersehen, dass lieben ein Tätigkeitswort ist, sich also das Gefühl in Handlungen äußern kann, auch natürlich in Worten.«

4.1 Angst vor Liebesentzug

Über Frau W. sagen alle, sie sei eine liebe Lehrerin. Die Kinder mögen sie – und umgekehrt. Und doch ist es immer wieder vorgekommen in ihren inzwischen 33 Berufsjahren, dass sie manche Kinder bevorzugt hat. So auch in diesem Schuljahr: Zwei Mädchen, Jessica und Carina, mag sie besonders. Sie werden öfter aufgerufen als die anderen; sie dürfen beliebte Sonderdienste machen; sie bekommen nette Bemerkungen ins Heft geschrieben; sie dürfen die Tasche zum Auto tragen … »Die beiden mag ich am liebsten«, gesteht sie einer Kollegin. »Ich wünschte sie mir als meine eigenen Kinder. Aber ich habe ja leider keine.« Und sie bekommt feuchte Augen, während sie dies sagt.
Die beiden Mädchen als Ersatz für die persönlich erwünschten eigenen Kinder, die sie bemuttert und »liebt«. Sie definiert sich als »Liebende«. Auf diese Weise jedoch benutzt, d. h. instrumentalisiert sie die (Schul-)Kinder und hat gleichzeitig Angst, deren Liebe zu verlieren. Ihr »lieben« verwechselt sie mit »geliebt werden«.

Bevor der Elternabend beginnt, legt die Lehrerin eine Blume auf jeden Platz der Eltern. Im Vorbeigehen bemerkt ein Kollege: »Das mache ich nicht, völlig unnötig. Bei mir wird informiert, kurze Aussprache – und das war's dann.« »Für mich ist es aber wichtig«, bekommt er zur Ant-

wort. »Wenn ich eine Blume als freundliche Geste auf die Stühle lege, dann sind die Eltern auch freundlich zu mir – und es gibt keine Konflikte am Abend.« Kopfschüttelnd geht Herr F. weiter …
Blumenverteilung als Konfliktverhinderungszeremonie? Oder als »subkutane« Botschaft: »Wenn ich euch durch Blumen Freundlichkeit zeige, dann seid ihr auch zu mir freundlich. Das brauche ich in der Beziehung zu euch …« Dadurch verliert sie jedoch ihre Autonomie.

Frau M., als Schulleiterin neu in einer Grundschule, nimmt sich Zeit, ihr Kollegium kennenzulernen. Manche Kontroversen hat sie schon erlebt. Eines Tages sagt sie: Mein größter Wunsch ist es, dass wir im Kollegium eine Familie werden. »Eine Familie? Um Gottes willen. Nur das nicht. Mir genügt schon die meine zu Hause. Ich mache hier meinen Job, basta«, entgegnet eine Kollegin. Da ist Frau M. ganz enttäuscht. »Schade«, sagt sie, »ich hab' mir das so schön vorgestellt; damit wird wohl nichts.«
Nein, damit wird nichts: Das eine ist die Familie, das andere ein Lehrerkollegium. Aber in beiden kann man sich entsprechend unterschiedlich einrichten und wohlfühlen.

Ziel der Lehrerinnen und Lehrer ist es, *die* (nicht *ihre*!) Kinder und Jugendlichen freizugeben und in ihre eigene Autonomie zu führen. Dies jedoch setzt Unabhängigkeit und Selbstsein voraus. Ist das nicht der Fall, so werden die Schülerinnen und Schüler instrumentalisiert, um eigene narzisstische Befriedigung zu erreichen.

> Das Dilemma von Lehrerinnen und Lehrern: Sie möchten geliebt *werden*. Aber dafür ist die Schule nicht der Ort – und die Kollegen und Kinder sind nicht die zuständigen Personen.

Jedoch: als Lehrer in seiner Funktion akzeptiert und als Person respektiert werden, die mit Kindern und Jugendlichen in Beziehung tritt und mit ihnen zusammen arbeitet, nach Martin Buber ein Subjekt-Subjekt-Verhältnis und keine Subjekt-Objekt-Abhängigkeit (vgl. S. 162).

Kinder können per se nicht »lieben« im genannten Sinn, weil sie (noch) nicht autonom sind. Ihre Art der Liebe besteht aus Zuneigung, Zärtlichkeit, Dankbarkeit. Insofern ist der Wunsch von Erwachsenen, von Kindern »geliebt« zu werden, ein pervertierter.

Erwachsene jedoch können lieben, wenn oder weil sie autonom sind. Lehrer, die abhängig sind von der »Liebe« der Schulkinder, haben Mangel an Autonomie, der sich im schlimmsten Fall durch Übergriffe und Missbrauchshandlungen äußert.

4.2 »Tödliche« Abhängigkeit

»Einer Lehrerin, Karin, wurde die Klasse ›genommen‹. Dazu ihr Kommentar: ›Ich habe keine Klasse mehr.‹ Mehr als zwanzig Jahre hatte Karin eine Klasse geleitet, und nun, mit 51 Jahren, sollte das vorbei sein? Ich wusste: Genau das würde Karin den Lebensinhalt nehmen und ihr den Boden unter den Füßen wegnehmen. Sie hatte nur diese Kinder, für die sie verantwortlich war, für die sie sorgte, deren Seelchen sie manchmal streichelte, deren Charakter sie zu formen versuchte, mit denen sie fast so viel Zeit verbrachte wie deren Eltern ... Ihr musste zumute sein wie einer Mutter, der man das Sorgerecht entzogen hat und die nur noch von ferne wahrnehmen darf, wie sich ihre Schutzbefohlenen entwickeln. ... Karin Hübner starb durch einen Sturz aus ihrem Alltag, bei dem erst ihr Fuß und dann ihr Herz brach.« (Biermann 2009, S. 185; 200), nach einer authentischen Geschichte).

Wäre ich mit Karin befreundet gewesen, so hätte ich behutsam und klar zugleich mit ihr über ihre berufliche Einstellung gesprochen, über die *Not wendende* Trennung von Beruf und Privatleben, über ihre Übertragungen und über ihre Auflösung der Mutter-Kind(er)-Symbiose – und vielleicht hätte ich dann nicht erschüttert an ihrem Grab stehen müssen, weil Karin vermutlich nicht mit 51 Jahren an gebrochenem Herzen gestorben wäre:

- Karin wurde der Lebensinhalt genommen: Die Beziehung und die Arbeit mit ihren Kindern war ihr Lebensinhalt; sie trennte nicht Lebensinhalt – Berufsinhalt.
- Der Boden wurde ihr unter den Füßen weggenommen: Wäre es nur der »Schulboden« gewesen, so hätte sie zumindest einen Teil des Lebensbodens behalten.

- Sie hatte nur diese Kinder: Als man sie ihr »wegnahm«, war sie kinderlos und damit, gleichbedeutend für sie, ihres Lebenssinns beraubt.
- Sie war für die Kinder verantwortlich: Sie trennte nicht zwischen verantwortlich sein (= für das eigenverantwortliche Tun) – und sich (aus dieser Eigenverantwortung heraus) den Schülerinnen und Schülern zuzuwenden, sich um sie zu kümmern.
- Sie streichelte manchmal deren Seelchen: So fürsorglich und lieb das gemeint ist, die Seelchen ihrer Kinder streicheln Eltern. Lehrerinnen und Lehrer streicheln nicht, sie berühren, einfühlsam und taktvoll.
- Sie versuchte, deren Charakter zu formen: Niemand kann Menschen formen (außer durch Zwang); wir können sie allerdings stimulieren, für ihr Wachstum günstige Bedingungen schaffen, sie begleiten.
- Sie verbrachte fast so viel Zeit mit ihnen wie deren Eltern: Sie ist nicht »Eltern« (»Mutter« oder »Vater«), sie ist Lehrerin.
- Ihr war zumute wie einer Mutter, der man das Sorgerecht entzogen hatte: Da sie sich in der Mutterrolle sah, erlebte sie die Entscheidung, nicht mehr Klassenlehrerin sein zu dürfen, als »Tod ihrer Kinder« – und sie starb selbst, an gebrochenem Herzen.

So tragisch dieser Fall ist und so schmerzlich für die Betroffenen: Das Schicksal Karin und ihre Einstellung zu ihrem Beruf haben die Abhängigkeiten und Grenzen des Lehrberufs aufgezeigt und deutlich gemacht, was geschehen kann, wenn sie überschritten werden:

- Karin ist Lehrerin und nicht Mutter »ihrer« (Schul-)Kinder. Im Raum Schule gibt es nicht »meine Familie« (aus Schulleitersicht), »meine Kinder« (aus Lehrersicht).
- Wichtig ist die Trennung zwischen Berufs- und Privatleben.
- Schule kann nur ein Teil des Lebensinhaltes sein.
- Die Art der Zuwendungen wird bestimmt von der Rolle, die man übernimmt: Mutter-, Eltern-, Lehrerrolle.

Es ist schwer, diese Unterscheidungen immer »genau« treffen zu können; es »darf« auch im Bedarfsfall Überschreitungen geben (und die Grenzen sind fließend). Die notwendige Trennung zwischen der Berufsrolle und dem Privatleben wird dann in akuten Notfällen, wie z. B. bei Amokläufen und ihren entsetzlichen Folgen physischer und psychischer Art, aufgehoben: Da helfen Menschen (Psychologen, Seelsorger, Sozialpädagogen, Lehrer, Kollegen, Nachbarn, Freunde …) den Betroffenen und Opfern, auch Tätern, und die Art der Zuwendung und Hilfe ergibt sich aus den Notsituationen, der Schwere der Leiden und den Möglichkeiten und Kompetenzen, die die Helfer haben.

Keine Hilflosigkeit mehr, wenn Lehrerinnen und Lehrer

- sich ihrer Rolle und den daraus resultierenden Haltungen und Einstellungen bewusst werden,
- sich aus Abhängigkeiten und narzisstischen Zuwendungsbedürfnissen lösen,
- autonom sind und adäquat handeln.

5. Enttäuschungen und Kränkungen

In 40 Berufsjahren richten, nach eigenen Aussagen, Lehrerinnen und Lehrer u. U. bis zu einer Million »Appelle« (Wünsche, Bitten, Aufforderungen, Befehle) an Schülerinnen und Schüler: ca. 20 pro Schulstunde, ca. 20.000 pro Schuljahr = über 800.000, plus ungefähr 200.000 außerhalb der Klassenzimmer ... Weil diese »Appelle« so wenig fruchten, sind dann Lehrerinnen und Lehrer möglicherweise bis zu 80.000 mal in ihrem Berufsleben enttäuscht. Und weil aus manchen Enttäuschungen Kränkungen erwachsen, ist es realistisch anzunehmen, dass ein Lehrerleben Tausende von Kränkungen zu ertragen hat.

5.1 Von der Enttäuschung zur Kränkung

Es gibt immer etwas, was uns enttäuschen könnte:

- Ansprüche an sich selbst haben, die man dann auf andere überträgt
  ⇨Enttäuschung, wenn sie nicht erfüllt werden
- Verantwortung für andere übernehmen
  ⇨Enttäuschung, wenn andere Verantwortung für sich beanspruchen
- Nur schwerlich Veränderungen anderer akzeptieren
  ⇨Enttäuschung, wenn andere sich verändern
- Unrealistische bis »grenzenlose« Erwartungen haben
  ⇨Enttäuschung, wenn sie nicht erfüllt werden

Unterscheidung

Enttäuschungen können bei Menschen entstehen, wenn durch sie selbst oder durch andere ihre Wünsche und Erwartungen nicht erfüllt werden. Sie sind dann enttäuscht von sich und / oder von anderen und *produzieren* ihre Enttäuschung selbst. Auf der anderen Seite: Man kann niemanden enttäuschen, wenn man Erwartungen anderer nicht erfüllt, denen man nichts versprochen hat. In diesem Falle *fühlen* sich Menschen enttäuscht:

Muster I: »Ich bin enttäuscht, weil meine Erwartungen nicht erfüllt wurden.« »Ich bekomme viele Einladungen, Seminare, Vorträge und Ähnliches zu halten. Leider muss ich häufig absagen – und manche Anfrager sind dann sehr enttäuscht. Ich habe sie nicht enttäuscht (denn ich habe ihnen nichts versprochen), sondern sie sich selbst durch ihre Erwartungen an mich.«

Wenn man allerdings etwas versprochen oder berechtigte Ansprüche nicht erfüllt hat, dann ist die Enttäuschung anderer berechtigt (= Enttäuschung als Folge von …). In diesem Falle tragen wir die Verantwortung für unser Versprechen, unser Tun.

Wir sind nur für unser eigenes Tun verantwortlich, nicht aber für die Reaktionen (Gefühle und Handlungen) anderer Menschen. Von wem ich mich enttäuschen lasse, bestimmte ich.

Muster II: »Ich bin von *dir* enttäuscht worden, weil *du* dein Versprechen nicht gehalten hast.« Wir kennen das alle aus unserer Kindheit: Papa / Mama haben uns etwas versprochen, (»hoch und heilig« und »ganz bestimmt«) – und dann haben sie ihr Versprechen nicht eingehalten – und uns dadurch enttäuscht (Miller 2007 / 4 S. 34 f.).

»Das Ansehen der Lehrer ist … schwer angeschlagen – ihre Gesundheit übrigens auch. Die mangelnde gesellschaftliche Anerkennung ihres Berufs nennen die Lehrer zusammen mit der Belästigung durch Lärm im Klassenraum, schwierigen Schülern, überehrgeizigen oder gleichgültigen Eltern, schlechtem Zeitmanagement der Lehrer selbst, aber auch schlechtem Klima im Kollegium als häufigste Beispiele für Kränkungen …« (Kühn 2007, S. 189).

Lehrerinnen und Lehrer fühlen sich auch gekränkt, wenn ihre Macht unerfüllt bleibt, wenn die Schülerinnen und Schüler sich nicht unterwerfen und Gehorsam verweigern: »Ich erwarte von dir, dass du tust, was ich will.« Die (narzisstische) Kränkung lautet: »Ich nehme es persönlich, wenn du nicht gehorchst, weil mein Selbstbewusstsein dies nicht aushält; weil ich nicht autonom, sondern von deiner Unterwerfung abhängig bin; weil ich es nicht aushalte, wenn du dich ›aufblähst‹ und selbstständig wirst.«

W. Schmidbauer (1989, S. 93): Ein Sozialarbeiter befürchtet, »einfach mal dreinzuschlagen …, wenn ein Jugendlicher sich narzisstisch aufbläht«. Aus Sicht der Schule: Lehrer neigen dazu, wenn ein Schüler sich »aufbläht«, d. h. den »King« spielt, ihn gerade deshalb zu erniedrigen, z. B. durch Ironie oder Sarkasmus, anstatt seine Motive zu verstehen und ihn in seinen eigentlichen Anliegen und Bedürfnissen zu unterstützen, die da heißen: »Ich blähe mich auf, weil ich mir klein vorkomme. ›Eigentlich‹ möchte ich dies gar nicht; ich brauche Hilfe, um zu wachsen und *er*wachsen zu werden!«

Ein Lehrer: »*Ich ertappe mich, Schüler kleinzukriegen, weil ich Angst habe, sie wachsen mir über den Kopf …*« *(Etwas später):* »*Ich weiß, ich werde auch nicht größer, wenn ich andere kleinmache …*«

Ein Lehrer: »*Kränkungen haben etwas mit Macht zu tun. Ich merke das immer dann, wenn ich von meinen Schülern unbedingt etwas haben will. Wenn ich mein Ziel erreicht habe oder wenn meine Wünsche in Erfüllung gegangen sind, dann ist es in Ordnung. Wenn aber nicht, dann fühle ich mich hilflos und bin gekränkt, weil ich mich nicht durchsetzen konnte und weil meine Macht wirkungslos blieb.*«
Gekränktsein als Folge des Machtverlustes

Nicht repräsentative Befragung von Lehrerinnen und Lehrern: »*Was mich am meisten kränkt*«: die Abwertung und Missachtung in der Öffentlichkeit; die Gleichgültigkeit der Schüler mir gegenüber; dass mein Fach nicht ernst genommen wird, von Schülern nicht und von den Kollegen nicht; dass mein Engagement für selbstverständlich gehalten wird (»dafür wird er ja bezahlt«) und ich so wenig Dank zurückbekomme; dass ich für viele einfach Luft bin; dass ich so wenig Erfolg habe.

Die Wurzeln der Kränkungen gehen bis in die früheste Kindheit zurück: Kinder sind noch nicht in der Lage, für sich selbst zu sorgen und sind von der Zuwendung und Hilfe der Eltern (im weiteren Sinne der Erwachsenen) abhängig. Wenn diese entzogen werden und ausbleiben (z. B. Beachtung, Hilfe, Begleitung, Betreuung, Anerkennung, Liebe ...), dann sind / fühlen sich die Kinder gekränkt und können – physisch und psychisch – krank werden mit unter Umständen folgenden Reaktionen: »eingeschnappt« und beleidigt sein (= sie verweigern den Kontakt); aggressiv sein (= sie greifen an, um sich zu holen, was sie brauchen); stören / Verhaltensauffälligkeiten zeigen (= sie machen auf sich aufmerksam). Erst im Laufe der Zeit erfahren Kinder, dass nicht alle Bedürfnisse und Wünsche erfüllbar sind / erfüllt werden, und sie erlernen eine gewisse Frustrationstoleranz, ein wichtiger Prozess auf dem Weg zum Erwachsensein.

»Normalerweise« sind Erwachsene in der Lage, ihre Bedürfnisse realistisch zu betrachten, nach Erfüllung zu suchen oder mit unerfüllten Wünschen zu leben. Es gibt allerdings auch (Krisen-)Situationen, die für Menschen so belastend sind oder in denen die Bedürfnisse und Wünsche so groß sind, dass sie sie sofort und unbedingt befriedigt / erfüllt haben wollen. Geschieht das nicht, greifen Menschen unter Umständen auf ihre ihnen vertrauten Kindheitsmuster zurück und reagieren enttäuscht und in der Folge gekränkt – anstatt realitätsgerecht, angemessen und vernünftig.

Blick in den Schulalltag

Die Situation:	**Die Kränkung:**
Die Schüler haben partout kein Interesse am Fach X.	Der Lehrerin gibt es immer einen Stich, wenn sie das erleben muss, und sie empfindet dies als persönliche Niederlage.
Eine Kollegin hat bei einer Bewerbung den Vorzug erhalten.	Die Mitbewerberin denkt: Da war ich doch nicht gut genug, und sieht sich als Versagerin.
Die Eltern kritisieren den Lehrer, weil er fachlich zu strenge Maßstäbe anlegt.	Er fordert angemessene Leistungen von den Schülern und fühlt sich von den Eltern abgelehnt.

> Die Grundkränkung:
> Ich werde zu wenig wahrgenommen, beachtet, anerkannt, geliebt.

5.2 Von der Kränkung zur Gesundung

Enttäuschungen durch Einstellungsänderung verarbeiten:

- Erwartungen an andere haben, aber nicht den Drang und Zwang, sie müssten erfüllt werden
  Einstellung: loslassen können
- das Seine tun – und alles andere in der Verantwortung anderer belassen
  Einstellung: Verantwortung übernehmen und Verantwortung abgeben
- sich bewusst sein, dass Erwartungen keine Befehle sind
  Einstellung: Erwartungen als Erwartungen sehen – und nichts darüber hinaus
- sich nicht den Schuh anderer anziehen (ihn aber ansehen!)
  *Einstellung: eine dynamische Balance erreichen zwischen Be*teiligtsein und professioneller Distanz (= Dissoziation)
- Selbstbewusstsein entwickeln – ein probates Mittel gegen Anfälligkeit von Enttäuschungen
  Einstellung: eine gelungene Mischung aus Selbstständigkeit und realistischen Wunschvorstellungen haben

Kränkungen können vermieden bzw. minimiert werden, indem man

- einen Blick auf die kränkenden Erfahrungen der eigenen Lebensgeschichte wirft, sie reflektiert, klärt und gegebenenfalls mithilfe Dritter aufarbeitet
- sich nicht in Abhängigkeiten begibt bzw. sich aus ihnen löst, sich von anderen abgrenzt, auf Distanz geht (= Dissoziation)
- zu den eigenen Empfindlichkeiten, Verletzlichkeiten und »Eitelkeiten« steht
- die eigenen Stärken wahrnimmt, die eigene Mitte findet und sich stabilisiert und sich seiner eigenen Werte bewusst wird
- weniger Erwartungen und mehr realistische Wünsche hat

- die Motive des Gegenübers versteht und deren »eigentliche« Botschaften entschlüsselt
- Personen meidet, die sich abwertend verhalten, und sich Menschen zuwendet, die das Selbstbewusstsein stärken

Die Hilflosigkeit löst sich auf, wenn Lehrerinnen und Lehrer in ihrem Ich Stärkung erfahren. Denn: Ein schwaches Ich ist enttäuschungs- und kränkungsanfälliger als ein starkes.

6. Ängste und Verdrängungen

Über Angst und Ängste, wenn man sie nicht hat, lässt sich gut reden und sie als »menschliche Normalerscheinung« einordnen: *Es gibt kein Leben ohne Ängste, ohne Spannungen, ohne Hin-und-her-Gerissensein.* Diesem Erfahrungssatz kann der Kopf gut zustimmen.

Wenn man sie jedoch konkret hat, die Angst vor Prüfungen, vor dem Zahnarzt, vor Spinnen, vor bestimmten Situationen und Menschen, gar vor dem Leben …, dann lässt sich nicht mehr so leicht darüber reden, dann bekommt der Kopf einen »Widerpart«, und das Ich spürt den dringenden Wunsch, sie abzuschaffen, zu handeln und Hilfe zu holen, um den Ängsten zu begegnen, ohne in Ausweglosigkeit zu fallen:

Die Angst vor Unterrichtsprüfungen, vor unerwarteten Schülerreaktionen, vor Elternbriefen, vor Gesprächen mit Vorgesetzten, vor Auseinandersetzungen; die Angst zu versagen; ausgelacht zu werden und sich zu blamieren; das Gesicht zu verlieren; andere zu enttäuschen … Ängste haben, wie es Neurobiologen inzwischen nachgewiesen haben, genetische Ursachen. Sie haben aber auch ihre Wurzeln in der Lebensgeschichte von Menschen.

6.1 Kindheitserfahrungen

Ängste aus der Kindheit und Schulzeit

Das ungeliebte Kind

»Papa / Mama, spielst du mit mir?« »Nein, ich hab jetzt keine Zeit.« – »Ich möchte ein Eis!« »Gibt's nicht; ist ungesund.« – »Hast du Zeit für mich?« »Quengle nicht immer!« – »Hast mich noch lieb?« »Frag nicht so dummes Zeug!«

Punktuelle Zurückweisung können Menschen unbeschadet überstehen, nicht aber dauerhafte Ablehnung – und Kinder schon gar nicht, da sie grundsätzlich in Abhängigkeit zu den Eltern stehen. Entstehung und Verfestigung der Angst durch die Erfahrung: »Ich werde nicht geliebt.«

Das abgelehnte Anderssein

»Bist ja nur ein Mädchen.« – »Schade, dass du kein Junge bist.« – »Immer du mit deinen Spinnereien.« – »Spiel was Vernünftiges, so wie die anderen auch.« – »Was du für blöde Ideen hast!«
Das Anderssein wird nicht als etwas wertgeschätztes Besonderes erlebt, einmalig, interessant, faszinierend, sondern als Abwertung, Ablehnung und sogar Abartigkeit. Entstehung und Verfestigung der Angst durch die Erfahrung: »Ich bin kein wertgeschätztes Individuum.«

Die gravierenden Demütigungen

»Du bist nichts.« – »Du taugst nichts.« – »Du kannst nichts.« – »Du bist ein Versager.« Die Minderung, ja die Auslöschung des Selbst ist eine der furchtbarsten Erfahrungen von Menschen und kann, im schlimmsten Fall, in der eigenen, physischen wie psychischen Auslöschung und / oder der Liquidierung anderer münden. Entstehung und Verfestigung der Angst durch die Erfahrung: »Mein Leben ist nichts wert – und das der anderen auch nicht.«

Die grausamen Erpressungen

»Mama hat dich nicht mehr lieb, wenn du …« – »Was du gemacht hast, sag ich Papa; dann …« – »Wenn du mir nicht dein Pausenbrot gibst, dann schlag ich dich nach der Schule zusammen …« Erpressungen führen grundsätzlich zu Unfreiheiten und Behinderungen auf dem Weg zu einem autonomen Selbst. Entstehung und Verfestigung der Angst durch die Erfahrung: Ich bin abhängig.

Das abgelehnte, ungeliebte Kind, sein Anderssein, die erlittenen Demütigungen, die Erpressungen erzeugen (unter anderem) tiefe Ängste, die sich bis in das Erwachsenensein auswirken: Misstrauen und Angst anderen Menschen gegenüber; Angst, eigene Meinungen zu sagen mit der Furcht (wieder) abgelehnt zu werden …, letztlich Zerstörung des Selbst.

> Wer Angst davor hat, von anderen nicht mehr geliebt zu werden, tut alles, um die Liebe aufrechtzuerhalten und begibt sich damit in totale Abhängigkeiten.

6.2 Grundformen der Angst

Im Zusammenhang mit Ängsten bin ich auf Riemanns Buch »Grundformen der Angst« (2002, S. 34) gestoßen, in dem er vor allem Ängste in zwischenmenschlichen Beziehungen thematisiert. Seine Ausführungen (auf dem Hintergrund von Paarbeziehungen) haben mir sehr geholfen, die Interaktionen zwischen den Protagonisten in der Schule besser zu verstehen, und besonders im Bereich der Schulentwicklung auf den Prozess von hemmenden *Grundängsten* zu stärkenden *Grundimpulsen* zu achten.

Riemanns Schema sieht folgendermaßen aus:

Die Angst vor Geborgenheitsverlust
»Ich kann ohne dich nicht sein.«
Deshalb der Wunsch nach Nähe
und Bindung, Kontakt, Offenheit

Die Angst vor Veränderung
»Alles bleibt so wie bisher.«
Deshalb der Wunsch nach
Dauer und Beharren,
Bewahren, Erhalten

Die Angst vor Begrenztheit
»Immer mal was Neues.«
Deshalb der Wunsch nach
Wandel und Risiko,
Verändern, Bewegen

Die Angst vor Bindung und Hingabe
»Komm mir ja nicht zu nahe.«
Deshalb der Wunsch nach Distanz
und Freiheit, Selbstbewahrung,
Ich-Abgrenzung

Diese vier Grund*ängste* korrelieren mit den vier Grund*impulsen*: auf der einen Seite das Streben nach Selbstbewahrung mit dem Gegenstreben nach Selbsthingabe und auf der anderen Seite das Streben nach Dauer mit dem Gegenstreben nach Wandlung. Je nach Persönlichkeit und Lebensgeschichte ist die eine oder andere Seite ausgeprägt, was sich beispielsweise im Schulalltag so auswirken kann:

- Die einen sind für Schulentwicklung (Wunsch nach Wandel und Risiko), die anderen wollen alles beim Alten belassen (Wunsch nach Dauer und Beharren).
- Die einen sehen das Kollegium als große Familie (Wunsch nach Nähe und Bindung), die anderen geraten bei diesem Gedanken in Panik und fühlen sich vereinnahmt (Wunsch nach Distanz und Freiheit).
- Während ein Lehrer sagt: »Ich unterrichte Biologie und Chemie« (mehr Nähe zu Sachen, mehr Distanz zu Menschen), sagt ein anderer: »Ich freue mich jeden Tag auf meine Kinder. Der Stoff ist mir nicht so wichtig« (mehr Nähe zu Menschen, mehr Distanz zu Sachen).

Als bestimmte »Angsttypen« leben wir unsere Unsicherheiten und Sicherheiten, unsere Ängste und Arglosigkeiten, unsere Nöte und Freiheiten unterschiedlich aus:

- *Nähe und Bindung*: möglichst lange dieselben Kinder unterrichten; das Kollegium als Familie und Zuhause sehen; gern an Ausflügen teilnehmen (Typ: »Kontaktnudel«)
- *Distanz und Freiheit*: nicht immer im Lehrerzimmer sein wollen; lieber sich allein im Klassenzimmer aufhalten; sich bei Schulfesten zurückziehen (Typ: »Einzelkämpfer«)
- *Dauer und Beharren*: jedes Jahr die gleiche Klassenstufe unterrichten wollen; immer im selben Kollegium bleiben; jahrelang am selben Ort wohnen (Typ: »Gewohnheitsmensch«)
- *Wandel und Risiko*: häufig die Klassen wechseln; einen Auslandsschuldienst übernehmen; jedes Jahr den Urlaub woanders verbringen; (Typ: »Wandervogel«)

Eine Lehrerin unterrichtet schon seit Jahren immer eine erste und zweite Klasse. Sie weigert sich vehement, im kommenden Schuljahr eine

Hauptschulklasse zu übernehmen: Wunsch nach Dauer, Angst vor Neuem.

Ein Lehrer bittet schon seit Längerem den Schulleiter, ihm im kommenden Schuljahr eine neue Klasse zu geben. Er braucht Abwechslung: Wunsch nach Wandel, Angst vor Routine und Endgültigem.

Zwei Lehrer streiten sich. Der eine hält die neuen Unterrichtsformen für völlig unnötig, während der andere den bisherigen Frontalunterricht für völlig überholt ansieht: auf der einen Seite Wunsch nach Dauer, Angst vor Veränderung; auf der anderen Seite genau umgekehrt: Wunsch nach Änderung und Angst vor Dauer.

Im Umgang mit diesen Ängsten ist es sinnvoll, die Stärken und Schwächen jeder dieser Persönlichkeitsstrukturen zu kennen:

der Nähetyp: Stärken: kontaktfreudig, ansprechbar (»Wie gut, dass es dich gibt.«), Schwächen: aufdringlich, vereinnahmend (»Oh, schon wieder du.«), Ängste: nicht genügend anerkannt / geliebt zu werden; verlassen zu werden

der Distanztyp: Stärken: unaufdringlich, eigenständig (»Wie gut, dass du Verantwortung übernimmst.«), Schwächen: distanziert, unnahbar (»Schade, dass du dich so oft zurückziehst.«), Ängste: vereinnahmt zu werden; Dauerbindungen nicht halten zu können

der Dauertyp: Stärken: verlässlich und beständig (»Man weiß bei dir, woran man ist.«), Schwächen: unbeweglich, schwerfällig (»Mensch, bist du aber stur.«), Ängste: mit Neuem / Unerwartetem konfrontiert zu werden; Risiko eingehen zu müssen

der Wandeltyp: Stärken: ideenreich, kreativ (»Deine Welt ist voller Bewegung und Vielfalt.«), Schwächen: unruhig, immer auf Achse (»Wo steckst du denn schon wieder?«), Ängste: zu erstarren; sich in Langeweile zu verlieren; das Leben zu verpassen

Lösung von Ängsten

Wir brauchen uns gegenseitig und können die Grundängste in *Grundimpulse* umwandeln: Der Nähetyp braucht den Distanztyp, sonst würde er sich im anderen verlieren (= zu sich selbst kommen). Der Distanztyp braucht den Nähetyp, sonst würde er den Kontakt mit der Umwelt verlieren (= Es braucht zwei, damit einer sich kennenlernt.). Der Dauertyp braucht den Wandeltyp, sonst würde er erstarren (= Leben ist Bewegung). Der Wandeltyp braucht den Dauertyp, sonst würde er »zerfließen« (= Ruhe als Gegenpol zur Bewegung).

Zwei Sprichwörter drücken verschiedene Erfahrungen aus: Gleich und gleich gesellt sich gern – Gegensätze ziehen sich an.

> Von der Grundangst zum Grundimpuls:
> Vom Nähepol zum Distanzpol – und zurück
> Vom Dauerpol zum Wandelpol – und zurück

Darüber hinaus sprechen Lehrerinnen und Lehrer auch immer wieder von Ängsten, wie z. B. der Angst, den eigenen Erwartungen und denen der anderen nicht gerecht zu werden; nicht »Herr« der Situation zu sein, dem (Ideal-)Bild der anderen nicht zu entsprechen, den Anforderungen nicht gewachsen zu sein, als Minderleister und Versager abgestempelt zu werden, vereinnahmt zu werden und als Verlierer das Feld räumen zu müssen und Ähnliches. Deshalb:

6.3 Minimierung von Ängsten

1. Von idealistischen zu realistischen Erwartungen gelangen:
   Den Blick auf das richten, was ist und nicht darauf, was »man« wünscht oder was unbedingt sein soll

   Ein Kollege hatte seit Jahren einen hohen Anspruch an sein eigenes Tun, den er in dem Satz ausdrückte: »Ich muss es doch schaffen, dass alle meine Schüler das Abitur machen …«
   Die Realität sieht anders aus.

2. Erwartungen anderer als Erwartungen sehen (und nichts sonst!):
   Wir koppeln die »Erwartungen anderer an uns« mit »Erfüllung der Erwartungen« – statt zu trennen: Erwartung an uns ist das eine, Erfüllung das andere.

   Ein Vater zur Lehrerin: *»Sie müssen unbedingt erreichen, dass mein Sohn die Empfehlung für das Gymnasium bekommt.«*

In der Beratung sagt die Lehrerin, sie fühle sich total unter Druck gesetzt und empfinde die Erwartungen sogar als Bedrohung, was bei ihr große Ängste auslöst.
Der Leitsatz lautet: Ich nehme die Erwartungen anderer auf, überdenke sie und entscheide, wozu ich in der Lage bin und was ich tun kann.

3. Die eigene Professionalität festigen bzw. erweitern: Wissen / Können geben Sicherheit und minimieren dadurch Ängste:

   »Mir kann man nicht so schnell an den Karren fahren«, sagte mir, sehr selbstbewusst, ein Kollege. »In der Schule bin ich der Fachmann.«
   Experte sein ist ein fester Boden, auf dem man sicher stehen kann.

4. Respekt (aber nicht geliebt werden) einfordern:

   Eine Kollegin teilte jede Woche am Montag in der ersten Stunde ihren Schülerinnen und Schülern (= ihren »Kindern«) Bonbons aus. Gefragt nach dem Grund, sagte sie: »Das sorgt für gutes Klima und« (etwas errötend) »die Kinder mögen mich dann mehr.«
   Die Schule ist nicht der Ort, um geliebt zu werden. Die Unabhängigkeit davon ist schlechthin die Voraussetzung, als Lehrerin / Lehrer frei und (fast) ohne diese Verlustangst zu leben.

Annahme, Vermeidung und Minimierung von Ängsten geschehen auf verschiedenen Wegen: durch persönliche »Konfrontation« mit ihr (wahrnehmen, sich erinnern, innere Monologe führen, reflektieren, meditieren, fantasieren); durch Gespräche mit vertrauten Personen oder durch therapeutische Hilfe.

Diese »Begegnungen mit der eigenen Angst« sind gesundheitsförderlich, körperlich wie seelisch, und professionell geboten. Denn: Von Dauerangst besetzte Menschen – mit zusätzlich destruktiven Verdrängungsmechanismen – schaden sowohl sich selbst als auch denjenigen, mit denen sie beruflich zu tun haben, Kolleginnen und Kollegen, Kindern und Jugendlichen, die ihnen anbefohlen sind, und Eltern.

> Ängste werden zu Lebenswidersachern, wenn man sie ablehnt, jedoch zu selbstverständlichen Lebenspartnern, wenn man ihnen begegnet.

An dieser Stelle wäre es angebracht, auch die Ängste von Lehrer/innen und Schüler/innen anzusprechen, im Zusammenhang mit den Amokläufen an Schulen. Ich tue dies nicht, da ich der Meinung bin, dass diese tief greifenden und das gesamte Schulgefüge erschütternden Ereignisse nicht über Literatur, sondern vor Ort und mit Experten angesprochen und verarbeitet werden sollen.

6.4 Verdrängungen

Verdrängung ist zwar kontraproduktiv für ein gesundes Leben, aber in bestimmten Lebenssituationen Not wendend – und somit das kleinere Übel. Es gibt aber auch Verdrängungen, die in ihren Auswirkungen, vor allem was das Verhalten sich und anderen gegenüber betrifft, schädlich sind – und deshalb aufgedeckt werden müssen:

- Verdrängung des Machtmissbrauchs
  In Erziehungsverhältnissen geht es immer (auch) um Macht, die dann sinnvoll ist, wenn es um den Einsatz des eigenen Machens (= Vermögen) geht oder um Hilfe und Schutz. Sie kippt dann zum Machtmissbrauch, wenn es nur um eigene Interessen und Befriedigungen geht, um Unterdrückung und Unterwerfung, beispielsweise mit den Mittel des Sarkasmus, des Zynismus, der Brutalität und Gewalt, körperlich wie seelisch.
  Verdrängung des Machtmissbrauchs geschieht dann, wenn er ideologisch kaschiert (Idealismus, Humanismus …), pseudopädagogisch begründet (sogenannter pädagogischer Eros …) oder erzieherisch gerechtfertigt wird mit dem Ziel, egoistische Ziele zu erreichen z. B. mit den Mitteln der Durchsetzung und Erpressung:
  Gegenüber Erwachsenen: In Gesprächen unter Vorgesetzten habe ich immer wieder mitbekommen, wie sie über Untergebene denken und reden, vor allem dann, wenn diese in ihren Augen »etwas angestellt haben« oder nicht so handelten, wie sie wollten: »Die werden wir zitieren!«, »Den stellen wir in den Senkel!«, »Den

nehmen wir an die kurze Leine!« »Den nehmen wir zur Brust …« Die Haltung: »Wir haben die Macht, dich zu verändern – und zwar durch Druckausübung!« Dahinter steht die eigene Angst: »Der Vorfall, die Ereignisse, werden uns doch nicht aus dem Ruder laufen!«
Gegenüber Kindern: »Tu das jetzt gefällig!«, »Mama meint es sooo gut mit dir«, »Solange du deine Füße …«, »Halt deinen Mund«, »Arbeite weiter, sonst fliegst du raus!«, »Dir werde ich's schon noch zeigen, wer hier das Sagen hat …« Die Einstellung: Weil wir Erwachsene sind, haben wir das Recht, dich nach unserem Willen zu formen; dahinter die Angst: die Oberhand zu verlieren

- Verdrängung der Rachebefriedigung
Schüler / Schülerinnen haben sich Lehrern gegenüber unfair, frech, respektlos, abwertend verhalten und sogar Tätlichkeiten angedroht oder ausgeübt …
Die verletzten, gekränkten Personen reagieren dann im akuten Fall häufig affektiv und pädagogisch unangemessen (z. B. durch »hartes« Durchgreifen oder »knallharte« Sanktionen.
Verdrängung geschieht dann, wenn anstelle der (wahrgenommenen) Verletzung und *angemessenen* Reaktionen (z. B. Wiedergutmachungen) Racheaktionen oder Vergeltungen folgen (die nie *angemessen* sind):
Auf dem Gang sagt im Vorbeigehen ein Schüler zu einem Lehrer: »Hey, du Wichser, mach Platz!« Drei Tage Schulausschluss für den Schüler. In der Supervision sagt der betroffene Lehrer: »Es stimmt schon, ich wollte mich rächen. Deshalb habe ich überreagiert, und wir haben ihn so drastisch bestraft. Im Grunde war ich zutiefst verletzt.«

Ein Schulleiter berichtet, dass während von ihm geleiteten Konferenzen sein Stellvertreter seit Jahren (!) penibel Protokoll führt und hinterher sämtliche Ungereimtheiten und Fehler ihm schriftlich übermittelt. »Ich gehe nur noch verkrampft in die Konferenzen«, war sein Schlusskommentar. »Ich weiß schon, weshalb er sich auf diese Weise rächt …«
Die Rache des Stellvertreters, weil ihm bei seiner Bewerbung zum Schulleiter der jetzige vorgezogen wurde – und er dies als Erniedrigung erlebte.

- Verdrängung der Inkompetenz
  Allseits bekannt in Behörden und Schulen sind die sogenannten »Wanderpokale«, Lehrerinnen und Lehrer also, deren Lehrkarriere (meist schon von Anfang an) einen Knick hat, die unter die »Flaschen« eingestuft werden, die man hin- und herversetzt, von einem Schulort zum anderen, weil sie beamtenrechtlich (noch) nicht in den Ruhestand versetzt werden können. Häufig wird offen und verständnisvoll mit den Beteiligten gesprochen. Verdrängungen jedoch gibt es auch hier:

a) Die Betroffenen leugnen vehement ihre Fehler und Inkompetenzen, suchen anderswo die Schuldigen und werden verbal ausfällig. Es kommt (wieder) die Angst hoch, ein Versager zu sein und in die Ecke der »ungeliebten Kinder« gestellt zu werden.
b) Diejenigen, die kollegial oder von Amts wegen mit den Betroffenen reden sollten, tun dies nicht, beschönigen oder bagatellisieren die Vorfälle und decken den Mantel des Schweigens darüber; dahinter die Angst vor der eigenen Inkompetenz, nicht einfühlsam genug und sachgerecht mit den Betroffenen reden zu können – oder man könnte als »Nestbeschmutzer« gelten.

Ebenfalls bekannt ist die Art und Weise, wie Stellenbesetzungen gehandhabt werden, und nicht immer kommen dabei die Kompetenten zum Zuge, weil Parteien- oder Verbandszugehörigkeit, Gehaltsstufen oder persönliche Rücksichtnahmen den Ausschlag für die Entscheidungen geben. Inkompetenzen werden hier insofern verdrängt, weil sie nach außen hin als Kompetenzen deklariert werden – zum Nachteil der Lehrerschaft, oft zum Schaden der Schülerinnen und Schüler.

- Verdrängung der Sucht
  Beispiel Alkoholismus: Diese Sucht findet sich auch bei Lehrerinnen und Lehrern. Sie ist häufig Ausdruck von starker Belastung und Überforderung, die sich nicht nur auf rein schulische Belange zurückführen, sondern oft tiefe seelische Probleme erkennen lässt. Alkoholiker selbst weisen hohe Verdrängungsmechanismen auf wie Bagatellisierung, strikte Leugnung, große Empörung, aggressives Abwehrverhalten, Verschleierung ihres Trinkverhaltens, irreale Unterstellungen. (Von Polizeikontrollen ist dann die Rede

bis hin zu Überwachungsmethoden aus der Stasizeit.) Dahinter steht die Angst, entdeckt und bloßgestellt zu werden, die Schule wechseln zu müssen, in Pension geschickt zu werden – für sie ein »Elend«, das zu all ihren anderen Sorgen noch hinzukommt (von Ehescheidung bis Sorgerechtsentziehung …).

Generell geht es um zwei Aussagen, die der Suchtperson mitzuteilen sind, um von der Verdrängung zur Offenlegung zu gelangen:

a) Sollte Suchtverhalten festgestellt werden, so muss mit allen zur Verfügung stehenden Mitteln gehandelt werden, um die *Schülerinnen und Schüler* zu schützen.
b) Sollte kein Suchtverhalten festgestellt werden – und handelt es sich bisher nur um Vermutungen – dann muss alles getan werden, damit der Verdacht beseitigt und die vermeintliche Suchtperson rehabilitiert wird.

- Verdrängung der Sexualität
  Auch im Schulalltag wird Sexualität auf sehr verschiedene Weise verdrängt und häufig als Sexismus artikuliert:

Eine Grundschule mit 24 Frauen leitet ein Mann. Es ist bis jetzt noch nie darüber offen gesprochen worden, was dies für die tägliche Arbeit in der Schule bedeutet – aber hinter vorgehaltener Hand wird gewitzelt: Weiberverein, Hühnerstall, Hahn im Korb …

Eine Frau ist in eine Führungsposition gelangt, und hinter ihrem Rücken wird getuschelt: Typisch Quotenfrau; eigentlich nicht tauglich – und auch die Frau spürt die Doppelbödigkeit in den Begegnungen: freundlich zu ihr, unfreundlich und abwertend über sie … bis hin zu Bemerkungen wie: heute ist sie aber besonders geschminkt; der Rock steht ihr aber gar nicht …

Ein Lehrer, unverheiratet, lebt allein. Er getraut sich nicht, den Kolleginnen und Kollegen zu sagen, dass dies für ihn in Ordnung ist und dass er nicht schwul ist – obwohl durch Anspielungen und »blöde Witze« über ihn Vermutungen angestellt werden.

Wenn, aus gegebenen Anlässen, das Thema Sexualität/Erotik in den zwischenmenschlichen Berufsbeziehungen wahrgenommen und thematisiert wird (mit dem entsprechenden Feingefühl und in Schonräumen), dann ist die Wahrscheinlichkeit der Verunglimpfung bis hin zu Missbrauchshandlungen sehr gering. Die eigene Geschlechtlichkeit und die der anderen zu akzeptieren und sie dort sexuell zu aktivieren, wo sie erlaubt und angemessen ist, befreit von der Abhängigkeit und führt zur Autonomie.

Was die Schülerinnen und Schüler betrifft, vor allem wenn sie in der Phase der Pubertät sind, so ist es in der Beziehung zu ihnen und erzieherisch notwendig, das Thema Sexualität aufzugreifen, und zwar entweder wenn es sich situativ ergibt, beispielsweise durch sexuelle Anspielungen, zotige Witze, Handgreiflichkeiten … oder wenn es generell geboten erscheint, z. B. im Rahmen des Sexualkundeunterrichts.

Während ich an diesem Buch arbeite (Frühjahr 2010), ist das Thema sexualisierte Gewalt besonders aktuell durch die aufgedeckten Fälle in kirchlichen und weltlichen Institutionen. Erschreckend dabei, wie sehr Tabuisierung und Verdrängung über Jahrzehnte hinweg die Oberhand behielten. Es genügt jedoch bereits der Blick in den Schulalltag im öffentlichen Umgang miteinander, welche Arten der Verdrängung es gibt, um zu erahnen, welche Tiefendimensionen die Misshandlung von Kindern und Jugendlichen erreichen können. Deshalb gilt grundsätzlich: Wehret den Anfängen! Und dies durch hin- statt wegschauen; offenlegen statt schweigen; eingreifen statt sich heraushalten; stoppen und begrenzen statt zulassen; den Opfern beistehen; den Tätern sozialverträgliche Alternativen zeigen statt sie moralisch verurteilen.

Stichwort Wahrnehmung

Im Zusammenhang mit sexuellen Übergriffen, suizidgefährdeten Jugendlichen und Amokläufen an Schulen wird unter anderem der Wunsch, bisweilen die Forderung laut nach erhöhter Wachsamkeit und Wahrnehmung durch die Erwachsenen generell und, innerhalb der Schule, durch die Lehrer speziell. Ich teile diesen Wunsch und befürworte erhöhte Wahrnehmung, deren Realisierung jedoch in der Regel bestimmter Voraussetzungen bedarf: zum einen die Bereitschaft, überhaupt hinschauen zu wollen; zum anderen die Fähigkeit, genau hinsehen zu können; zum Dritten die Zeit für vermehrte Wahrnehmung und schließlich aber auch die Akzeptanz – bei allem Wollen und Können – der Grenzen der Wahrnehmungsmöglichkeiten: z. B. in einem Schulzentrum von ein- bis zweitausend, in einer Klasse von über 30 Schülerinnen und Schülern; in Situationen, in denen Lehrer selbst belastet/gestresst sind; in einer Schule, an die hohe Erwartungen gestellt werden und die unter hohem Druck steht und Ähnliches … Zu schnell könnten sonst bei schlimmen Ereignissen Schuldzuweisungen und Schuldgefühle entstehen.

Verdrängungen kommen an die Oberfläche bzw. lösen sich auf, wenn
a) der persönliche Leidensdruck zu groß geworden ist und die Betroffenen sich öffnen (= intra-subjektive Vorgänge)
b) Verhaltensweisen aufgedeckt werden, die schädigend sind und Opfer hervorbringen (= inter-subjektive Vorgänge)

P. S.: Frühjahr 2010

Ich stehe an einer Straße und sehe ein Mädchen mit Schulranzen, das, wie ich, über die Straße gehen will. Seine Blicke schweifen nach links, nach rechts, während, wenn auch in einigem Abstand, ständig Autos vorbeifahren. Ich bin schon dabei, zu ihr zu gehen, um sie zu fragen, ob ich sie mit über die Straße führen kann – da zögere ich: Stopp! Da könnte es ja lernen, sich wildfremden Männern anzuvertrauen. Eine Frau neben mir bitte ich, sich doch um das Mädchen zu kümmern. Sie schaut mich an, nickt verständnisvoll – und begleitet dann, auf Nachfrage, das Mädchen über die Straße …

Ich schaue den beiden nach, traurig – und gleichzeitig wütend und mit dem Gedanken: Jetzt kann ich nicht einmal mehr, wie früher selbstverständlich, ein Kind an die Hand nehmen und es über die Straße führen, nur weil es Menschen gibt, die solche und ähnliche Situationen schändlich ausnützen …

7. Belastungen und Grenzverluste

Erfahrungen und Vergleiche von Lehrerinnen und Lehrern hinsichtlich ihrer Berufsausübung: Früher habe ich ohne gravierende Probleme in großen Klassen unterrichtet, einen hohen Lärmpegel ertragen, viele Korrekturen erledigt, alle paar Jahre mehrtägige Klassenfahrten unternommen, lernunwillige Kinder motiviert, Erwartungen, die ich an mich stellte und von anderen gestellt bekam, erfüllt …

Heute sieht dies ganz anderes aus: Ich bin älter geworden, meine Kräfte haben nachgelassen; die Kinder und Jugendlichen, die Familien, die Gesellschaft, die Umwelt … haben sich verändert. Ich erreiche viel weniger, als ich mir vorgenommen habe – und merke oft zu spät, wie »es« mich schafft! Ich bin unzufrieden, weil ich meinen Ansprüchen von früher heute kaum mehr gerecht werde.

Die Lebensgeschichten von Menschen weisen häufig eine Koppelung von »Leistung erbringen« und »anerkannt werden«, von »perfekt sein« und »geliebt werden« auf; die Erfahrung des Geliebtwerdens an sich fehlt.

Sowohl für private als auch für berufliche Unabhängigkeit ist eine »Entkoppelung« dringend notwendig: Die Ansprüche müssen in erster Linie mit dem *eigenen Wollen* und der *eigenen Leistungsfähigkeit* übereinstimmen, unabhängig vom Ziel, von anderen geliebt zu werden. Die Einfühlung in das eigene Ich und die Wahrnehmung körperlicher und seelischer Befindlichkeit sind die besten Gradmesser für das Erspüren von Niveau und Qualität eigener Kompetenzen bzw. schädigender Überforderungen.

Es ist also wichtig, Grenzen und Überforderungen klar zu erkennen, um angemessen, realitätsnah und gesundheitsförderlich zu handeln. Von klein auf ist allerdings auch anderes gelernt worden, z. B.: sich schicksalhaft und geduldig fügen (= brav sein); aufbegehren, aber schließlich doch nachgeben (= folgsam sein); zustimmen, sich aber bei Dritten beschweren (= »scheinheilig« sein); so tun als ob (= sich verstellen).

7.1 Belastungen

Lehrerinnen und Lehrer sind gefordert, in vielfältigen Situationen, mit unterschiedlichen Personen und in verschiedenen Entscheidungsprozessen kompetent zu handeln. Sie leben in Spannungsfeldern von divergierenden Wünschen und Forderungen der Kolleginnen und Kollegen, der Schülerinnen und Schüler, der Eltern, der Schulverwaltung und der Öffentlichkeit, wobei die betreffenden Personen ihre Kommunikationen (von Selbstbehauptung bis Durchsetzungsstrategien) sehr unterschiedlich ausagieren. Sie sehen sich von vielen Seiten hohen und unterschiedlichen Erwartungen ausgesetzt – und bekommen bei Nichterfüllung die geballte Ladung an Frustrationen zu spüren; sie erfahren Reibungen, vor allem durch die Schüler/innen, wenn diese auf der Suche nach eigener Identität sind. Sie treffen unter Umständen auch Entscheidungen, durch die sich manche ungerecht behandelt und zurückgesetzt fühlen. Sie bekommen »Gegenwind« durch Äußerungen von Unbehagen, Missmut, Wut, Vorwürfen und Aggressionen. Sie werden als Vorbilder betrachtet, ob sie es wollen oder nicht. Sie stehen im »pädagogischen Rampenlicht«, zumal dann, wenn Irritationen oder Unvereinbarkeiten im schulischen Alltag auftauchen; sie setzen sich selbst (und andere) unter Druck: Ich muss doch die Schüler/innen motivieren, die Eltern überzeugen/überreden, die Schulaufsicht zufriedenstellen, den Kollegen helfen, in der Öffentlichkeit gut dastehen, mein Gesicht wahren …

In »Akzente« (2003, S. 23), einer Lehrerzeitung über berufliche Bildung lese ich zum Thema »Gesunde Lehrer – Wege aus der Belastungsspirale« Folgendes: »Prof. Peter Paulus aus Lüneburg untermauerte mit empirisch gewonnenen Daten, dass der Lehrerberuf sehr anstrengend sei. So müssten z.B. in einer durchschnittlichen Unterrichtsstunde ca. 200 Entscheidungen getroffen und 15 erzieherische Konfliktsituationen bewältigt werden.« Auf das Erste betrachtet eine Riesenlast, aber auch nur dann, wenn der Lehrer glaubt, Kapitän, Steuermann, Ruderer und Lotse in einem sein zu müssen. Aufgrund dieser Prämissen und geschilderten Erfahrungen wird deutlich, dass es grundsätzlich kein belastungsfreies »Schule halten« gibt.

> Belastbarkeit ist ein berufsspezifisches Merkmal im Lehrberuf.

Überprüft für die »Tauglichkeit« des Lehrberufs werden allerdings meist »nur« kognitive Fähigkeiten – und eben nicht auch »Belastbarkeit«, was zur Folge hat, dass zu spät erkannt wird, wer in der Lage ist, schulrelevante Belastungen auszuhalten (siehe Schaarschmidt 2005 und S. 143 ff.).

7.2 Aushalten

Bruno Reichard, Direktor der Herzchirurgischen Klinik in Großhadern bei München, erzählt in einem Interview eine Geschichte aus seinem beruflichen Alltag, die mich sehr berührt hat (Kammertöns / Lebert 2010, S. 189):

Während einer OP setzt das Herz eines Mannes (eines jungen Vaters) plötzlich aus. »Wir versuchen alles, um ihn zu retten, doch er stirbt. Dann kommt die Ehefrau hinzu, das Kind auf dem Arm, und fragt: ›Und? Wie geht es meinem Mann?‹ Ich brauchte ein paar Anläufe, erst sagte ich, es sieht nicht gut aus, na, ja, und dann irgendwann: Nein, er ist tot. Die Frau fing an zu weinen, und das Baby lacht die ganze Zeit. Ein schrecklicher Moment ...« – und später: »Das muss man aushalten!«

Ich stelle mir vor: Ich operiere, der Patient stirbt. Zwei Fragen kommen in mir hoch: Habe ich, haben wir als Team Fehler gemacht? War es Schicksal? Dann gehe ich auf den Gang, sehe die Frau, die mich fragt: »Wie geht es ihm?« (Und nicht: »Lebt er oder ist er tot?«) D. h., sie kommt auf mich zu mit ihrer Gewissheit, dass er lebt. Ich sehe sie, das Kind – und muss antworten: Er ist tot. Die Frau weint, das Kind lächelt: wie nahe doch Tod und Leben beisammen sind.
Ob *ich* das aushalten könnte? Der Arzt muss es aushalten, muss Patienten (auch) sagen: »Sie haben eine schwere Krankheit; Sie haben Krebs; Sie sind unheilbar krank; Ihre Lebenserwartung ist ...« »Ihr Mann, Ihre Frau, Ihr Kind ist tot ...«

Dieser Satz: *Das muss man aushalten*, geht mir seither nicht mehr aus dem Kopf, verbunden mit der Frage: Wie ist es in anderen Berufen mit dem Aushalten, z. B.: Der Mann mit dem Presslufthammer, trotz Ohrenschutz; der Feuerwehrmann, der verbrannte Leichen sieht; die Hebamme, die vor Schmerz schreiende Mütter erlebt; die Psychologin, die mit entsetzlichen Schicksalen von Menschen konfrontiert wird; der Polizeibeamte, der mit einem Mehrfachmörder spricht; die Arbeiterin am Fließband mit den gleichen Handgriffen im Minutentakt; der Zugführer, vor dessen Zug sich ein Mensch wirft … der Pfarrer, der in der Beichte in seelische Abgründe blickt …

Angesichts solcher gravierender Beispiele werden die Belastungen im Lehrberuf nicht bagatellisiert, aber doch relativiert. Und sie lösen wichtige Fragen aus:

- Was muss ich in meinem Beruf aushalten?
- Was muss ich tun, lernen »trainieren« …, *damit* ich die berufsspezifischen Belastungen aushalten kann?
- Welche subjektiven Empfindlichkeiten muss ich zurückstellen?
- Wovor kann ich nicht flüchten?
- Und: Wie kann ich mich stärken und *Aushalten* lernen, wenn der Alltag es erfordert?

> So gut wie möglich:
> - Sich selbst stabilisieren und immunisieren,
> - in der Balance sein zwischen Anteilnahme und Distanz,
> - sich Routine aneignen – ohne gleichgültig zu sein,
> - mitfühlen, aber nicht mitleiden.

7.3 Belastbarkeit durch Entlastung

Es gibt eine Reihe von Möglichkeiten der Entlastung und der physischen wie psychischen Stärkung, die Lehrer in die Lage versetzen, besser mit Belastungen umgehen zu können (Miller 2007, S. 44 f.; Frank 2010, S. 31):

1. Achtsamkeit für sich selbst entwickeln
   Belastungen und die damit verbundenen Symptome wahrneh-

men, sie als »spezifische Botschaften« und Warnsignale ernst nehmen und behutsam mit sich selbst umgehen; auf Empfindungen und Gefühle achten

2. Gesund leben
   Vollwertige Ernährung bevorzugen (vitamin- und ballaststoffreich, zucker- und fleischreduziert, alkoholarm und nikotinfrei) und für körperliche Bewegung und sportliche Tätigkeiten sorgen, die Herz und Kreislauf fördernd und seelisch gesund sind
3. Klarheit gewinnen
   Überlegen, was man selbst will und wo die Grenzen sind, damit man Überforderungen vermeiden kann; sich auf die eigenen Stärken besinnen, sie aktivieren und verstärkt innere Stabilität finden, die sich nach außen positiv auswirkt
4. Gespräche führen
   Probleme nicht mit sich allein »herumschleppen«, sondern sie und sich mitteilen; »Unverdauliches« (Ärger, Wut, Enttäuschungen …) nicht hinunterschlucken, sondern zur Sprache bringen und Kritik/Vorwürfe (auch) als versteckte Botschaften anderer »übersetzen«
5. Abschied nehmen von …
   zu großen Selbsterwartungen und zu hohen (inneren) Messlatten; sich Schwächen zugestehen und Veränderungen erlauben; nicht mehr so leistungsstark, ausdauernd, reaktionsschnell … wie früher sein müssen: Die Äste sind zwar nicht mehr so ausladend, dafür gehen die Wurzeln tiefer.
6. Überforderungen zurückweisen
   Einschätzen, was zu tun und was erreichbar ist und deutliche Grenz-Signale anderen gegenüber setzen. Überforderungen als Grenzüberschreitungen können drei Richtungen haben: die gegen sich selbst, die gegen andere und die durch andere. (Wir stellen an uns und an andere Erwartungen, steigern sie durch Forderungen und übersteigern sie durch Überforderungen. Die Übergänge sind fließend …)
7. Zur Entspannung und Ruhe kommen
   Atem- und Muskelentspannungsübungen, Autogenes Training, Yogaübungen machen; meditieren, sich auf Fantasiereisen begeben (= mentale Ruheorte und »Oasen« aufsuchen)

7.4 Grenzüberschreitung und Grenzziehung

Ansprüche relativieren und Überforderungen zurückweisen sind nicht gleichzusetzen mit Verweigerung oder Streik, sondern heißt, mit sich (innerer Dialog) und anderen (äußerer Dialog) ins Gespräch kommen, um zu klären, warum aus den Erwartungen und Forderungen Überforderungen wurden und was erfüllbar ist und was nicht.

Zu hohe Ansprüche und Überforderungen zurückweisen heißt auch, Nein sagen können aufgrund *subjektiv erlebter* Überforderung. Wie beim Grenzziehen so ist es auch beim Nein-Sagen: Wer Ja-Sagen als gehorsames und folgsames Verhalten internalisiert hat (und nicht als Möglichkeit einer selbst bestimmten und selbst verantworteten Entscheidung), für den mag Nein-Sagen ungewohnt, renitent oder sogar lieblos erscheinen.

Eine Schulleiterin: »Ich komme mir vor wie ein Feuerlöscher. Ständig kommen Kollegen zu mir und bitten um Hilfe in ihren Notsituationen, wollen Konfliktlösungen, Streitschlichtung … Und ich kann so schlecht Nein sagen.«

Das NEIN zum DU ist das JA zum ICH.

Das »Nur für dich« ist genauso schädlich wie das »Nur für mich«: Bei dem einen Verhalten herrscht die Angst, abgelehnt zu werden, bei dem anderen Verhalten die Angst, zu wenig an sich zu denken und zu kurz zu kommen. Selbst- und Nächstenliebe geraten somit aus dem Gleichgewicht.

Ansprüche uns selbst gegenüber können

»stimmig« sein oder uns überfordern:

Ich probier es mal aus. Ich trau es mir zu. Ich mache das. Ich achte auf meine Grenze.	Das schaff ich auf jeden Fall. Ich darf mir doch keine Blöße geben. Die anderen können es doch auch. Wäre ja gelacht, wenn ich das nicht auch schaffen würde (wie die anderen)

Ansprüche den Schülern gegenüber können
»stimmig« sein oder sie überfordern:

Probier's mal.	Die anderen können das schon lange.
Ich trau dir das zu.	Wenn du das nicht kannst, dann …
Ich erwarte von dir …	Du musst unbedingt …
Ich begleite dich …	Das musst du schon alleine können.

Die Schulglocke klingelt, unüberhörbar. Ende der großen Pause. Aufbruch im Lehrerzimmer in Richtung Klassen. Einer, Herr S., bleibt noch auf seinem Platz im Raucherzimmer sitzen, zieht an seiner Zigarette und drückt sie dann langsam aus.

Der Schulleiter kommt vorbei, sieht ihn und sagt: »Ja, Herr S., ich weiß, jede Minute weniger im Klassenzimmer tut Ihnen gut. Ist schon ein schweres Geschäft, das Unterrichten heutzutage.« Dankbar blickt Herr S. zu ihm auf. Er fühlt sich verstanden. Dann steht er auf. Während er den Gang entlang zum Klassenzimmer geht, murmelt er: »Ich schaff das. Ich schaff das!«

Wie viele das tagaus, tagein schaffen – wie in anderen Berufen auch. Und nicht immer wird es anerkannt, das Durchhalten – besonders in der Schule.

»Sie können mich jederzeit anrufen«, sagt eine Lehrerin zur besorgten Mutter. »Nein«, reagiert da eine ihrer Kolleginnen. »Wo kämen wir denn da hin? Mein Hausarzt hat auch seine geregelten Sprechzeiten …« Das gibt der Kollegin zu denken.

Als die Mutter nach einiger Zeit am Sonntagabend die Lehrerin anruft und fragt, ob sie störe, antwortet die Lehrerin: »Ich habe zwar gesagt, Sie können mich jederzeit anrufen, meinte dies aber nicht in meiner freien Zeit. Jetzt kommt mir der Anruf sehr ungelegen. Rufen Sie mich doch bitte morgen in der Schule an.«

Wer anderen nicht die Grenze zeigt, muss sich nicht wundern, wenn sie übersehen und überschritten wird.

Achtung: Hier Grenze!

- Ich bin nicht immer für dich da.
- Ich habe nicht immer für Sie Zeit.
- Das Schulhaus ist ab … Uhr geschlossen.
- Ich brauche jetzt meine Ruhe.
- Ich möchte jetzt für mich sein.

Die Hilflosigkeit wandelt sich um in Selbsthilfe, wenn man es sich »erlaubt«, an sich zu denken, und entsprechend handelt – im Kontext seines sozialen Umfelds.

8. Resignation oder Neubeginn

Sie kommt nicht von heute auf morgen, die Resignation; sie kündigt sich an, zunächst auf leisen Sohlen, dann durch deutliche Signale, und schließlich läuten die Alarmglocken ...

Dabei hat alles so schön angefangen: ein nettes Kollegium, unterstützende Eltern – und vor allem die Schülerinnen und Schüler: pünktlich und lernwillig, ganz bei der Sache, folgsam, diszipliniert ... Und heute?

»Als ob ich einen anderen Beruf hätte«, sagt, der Verzweiflung nahe, eine Lehrerin, die vor 40 Jahren in einer Dorfschule angefangen hat zu unterrichten und jetzt, aus ihrer Sicht, vor einem pädagogischen Scherbenhaufen steht ...

Schon seit längerer Zeit gab es Signale, die sie zunächst nicht hörte, dann überhörte und erst dann reagierte, als die Alarmglocken schrillten und sich dauerhaft in ihren Ohren festsetzten: Tinnitus!

8.1 »U«-Wege

Die Signale machen sich bemerkbar in Stimmungsschwankungen, in Unzufriedenheit mit sich und anderen, durch Unlust im Beruf bis hinein ins Privatleben, durch Gereiztheit, aggressives Verhalten oder Rückzug. (»Dich sieht man ja kaum mehr. Unterrichtest du überhaupt noch hier?«) Es zeigen sich körperliche und psychosomatische Symptome; ferner steigt die Fehlerquote im beruflichen Alltag.

Schüler: »*Wir merken ganz genau, ob unsere Lehrer noch o.k. sind oder nicht, ob sie uns motivieren und ob sie noch gerne in die Schule gehen; ob sie vorbereitet sind oder nur ihren Unterricht durchziehen. Am meisten merken wir das an ihrer Stimmung: Meistens sind sie gereizt, werden schnell laut oder sind ungerecht – und auf die Klassenarbeiten müssen wir lange warten …«*

Dabei hatten viele Lehrerinnen und Lehrer Wünsche, die sich im Laufe ihrer Lehrerzeit nicht, kaum oder zu wenig erfüllten, aber die immer noch da sind (Miller 2006, S. 34 ff.):

> *»Ich möchte mit weniger innerem Widerstand unterrichten, möchte sagen, wie mir zumute ist, gute Beziehungen zu anderen haben und Schüler annehmen können wie sie sind; möchte mit gutem Gewissen Zeit für mich haben, mit Energien besser haushalten können, innere Gelöstheit erreichen; mehr Schwung und Fröhlichkeit spüren, mehr Selbstwertgefühl bekommen, mehr Vertrauen zu mir selbst haben, öfter nein sagen und meine Wünsche ins Gleichgewicht bringen. Meine Behinderungen dabei sind: die Macht der Gewohnheit. vermutlich noch zu wenig Leidensdruck, meine Bequemlichkeit, Anpassung aus Angst, alte Lernmuster, gewohnte Fremdbestimmtheit, vertraut mit Altem, zu geringe Änderungsbereitschaft.«* (Miller 2006, S. 34 ff.)

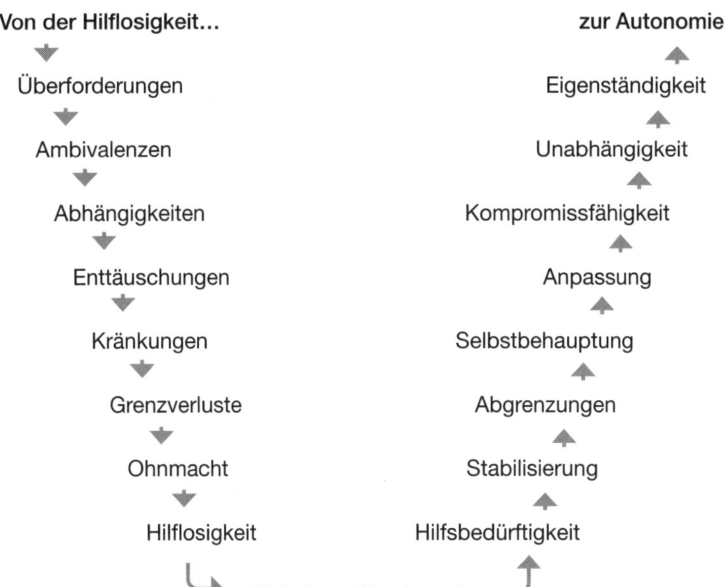

Niemand resigniert freiwillig. Es muss also einiges passiert sein, dass sich Resignation »einschleichen« konnte. Wie in anderen Berufen oder Beziehungen auch: Pfarrern ist der Glaube an Gott entschwunden; Ärzte haben ihren Idealismus verloren, Lehrer ihre pädagogischen Visionen – und Liebende ihre Liebe …

Und schließlich: Es ist nicht verwunderlich, dass auch die Hilflosigkeiten einen Teil dazu beitragen, dass Lehrerinnen und Lehrer resignieren. Die Grafik »U«-Wege zeigt, wie sie aus der Resignation zu Neuanfängen gelangen können:

Am Tief- bzw. Wendepunkt fällt die Entscheidung: in der Resignation bleiben und sogar »aussteigen« oder den Neubeginn und Aufstieg wagen. Aufstiege allerdings sind nicht ohne Anstrengungen zu haben, aber sie lohnen sich!

8.2 Ohne Ideologien

Die erste Etappe der Bergbesteigung besteht darin zurückzulassen, was unnötig belastet, und das sind vor allem Vorstellungen, wie man gehen müsste und sollte. Diese Entscheidungen fallen nicht durch Fantasien und Vorstellungen im Kopf, sondern durch Wahrnehmung, Beobachtung und Einschätzung der Personen, Situationen und Umstände, also der Realität.

Auf die Schule bezogen heißt das: die Befindlichkeit und den Lernstand der Schülerinnen und Schüler eruieren, die Bildungspläne auf sie einstellen (und nicht umgekehrt), entsprechende Inhalte auswählen und Methoden, durch die sie erfolgreich lernen und Leistungen erbringen können, strukturelle Veränderungen anbahnen und umsetzen …

In einer beruflichen Schule gibt die Lehrerin jeder Schülerin, jedem Schüler der BVJ-Klasse eine Seite der BILD-Zeitung zu lesen mit der Bitte, nur Substantive zu unterstreichen. Mit großer Zuwendung geht sie von Schülerin zu Schüler, erläutert, erklärt, hilft …, mit bewundernswerter Geduld, und die Schüler sind »heftig« bei der Sache.

Ich fange da an, wo der Einzelne steht, sagt sie Ich habe nicht im Kopf, wo sie sein müssten und wohin sie sollten (Schulabschluss). Ich fange einfach mit ihnen an, Schritt für Schritt, wobei die Fortschritte der Einzelnen sehr unterschiedlich sind.

Hätte die Lehrerin nicht wahrnehmend gehandelt, sondern *ideologisch* argumentiert, so hätte das bedeutet: Menschen muss man formen, denn sie sind ja noch »ungeformte Wesen«. Ich muss so auf sie einwirken, dass sie die Prüfung bestehen – mit 14 Jahren muss man das doch schon können, andere können das schon längst …

Ich betrachte es als gedanken-, sogar als lieblos, wenn Lehrerinnen und Lehrer ihre eigenen Vorstellungen im Kopf und den Stoffplan und die Stoffvermittlung im Auge behalten und ihnen Priorität zusprechen – dabei aber die Lernvoraussetzungen der Schüler/innen, deren Möglichkeiten, Bedürfnisse und jeweiligen Fähigkeiten übergehen oder übersehen.

Im Lehrerzimmer wird über das Für und Wider von Lehrplänen diskutiert, über die damit verbundenen Zwänge und Freiheiten … Ein Kollege trägt dazu ein Erlebnis bei:

»Ich stehe auf einem Bahnhof eines kleinen Ortes in der Schweiz. Der fahrplanmäßig angekündigte Zug kommt nicht. Ich frage den Bahnhofsvorsteher und deute auf die Abfahrtszeit auf dem Aushang.« Da bekomme ich zur Antwort: »Ja wissen Sie, das ischt ja nur ein Plan! Den können wir nicht immer einhalten …« Verblüffung und Gelächter im Lehrerzimmer. Irgendwie ist Erleichterung zu spüren.

Es gibt gute Gründe, sich an (Zug-)Pläne zu halten, aber auch welche, sie zu modifizieren – den ›Reisenden‹ zuliebe.

8.3 Selbstbehauptung

Durchführung eines Rollenspiels, auf Bitten einer Lehrerin, die von sich sagt, sie sei immer bemüht, die Erwartungen der anderen zu erfüllen, und wolle davon loskommen:

Sie steht im Raum, allein – und ausgewählte Personen bedrängen sie durch divergierende Wünsche und Forderungen: ein Schulrat, der Schulleiter, einige Schüler, der Elternvorsitzende, ihr Mann, ihre beiden

Kinder. Es prasseln Unmengen von »Sie müssen, Sie sollen, du kannst doch …, du kannst doch nicht …, bitte, bitte …« auf sie nieder. Die Lehrerin ist völlig unvorbereitet auf diesen Ansturm. Erschöpft bricht sie die Szene ab.

Besonders ihr und all den anderen wird bewusst: Wir fallen in die Abhängigkeit und Hilflosigkeit zurück, wenn wir »gehorsam« sind und uns unter Druck setzen, erfüllen zu müssen, was die *anderen* von uns erwarten. Es geht nicht darum, Pflichterfüllungen zu umgehen oder renitent zu sein, sondern den (schon früh gelernten) Gehorsam abzulegen, weil er professionell kontraproduktiv ist und mit Unterwerfung zu tun hat. An seine Stelle treten Wahrnehmungsfähigkeit, Einschätzung der eigenen Möglichkeiten und Grenzen und schließlich Selbstbehauptung und Entscheidung für diejenigen Verhaltensweisen und Handlungen, die realistisch sind und voraussichtlich umsetzbar.

> Es ist die Grundhaltung, die den Ton angibt: Ohne Wahrnehmung und Wertschätzung des eigenen Selbst keine authentischen Verhaltensweisen und wirksamen Aktionen – im Kontext des Eingebundenseins in die Umwelt.

Also kein: »Ich muss doch«, sondern: »Ich nehme die eigenen Erwartungen und die der anderen zur Kenntnis und werde realitätsgerecht entscheiden und agieren.« Selbstbehauptung ist die Aufrechterhaltung eigener Ziele, Wünsche, Bedürfnisse und autonomer Verhaltens- und Handlungsweisen, die jedoch nicht auf Kosten anderer realisiert wird, sondern – weil diese immer auch mitbedacht werden – in einer »dynamischen Balance« von Ich- und Du-Bedürfnissen modifiziert wird, im Gegensatz zur Durchsetzung, die diese Balance missachtet.

Auch wenn Vergleiche hinken, so transportieren sie dennoch Wahrheiten, Erkenntnisse und Einsichten, hier durch einen Vergleich zweier Berufsgruppen unter den Gesichtspunkten von Selbstständigkeit (Ich), Empathie (die anderen), Bedingungen und Abhängigkeiten (das Umfeld):

Der Arzt	Der Lehrer
qualifizierte Ausbildung und zunehmende Erfahrung	berufsferne Ausbildung und zunehmende Erfahrung
Beziehungsberuf	Beziehungsberuf
gut eingerichtete Praxis	erhebliche Mängel in Schulen und Klassenzimmern
Helferinnen und Helfer	Einzelkämpfer in der Klasse
Einzelfallbehandlung	Vielfachbehandlung (oft über 30 Kinder pro Klasse)
Individualität der Patienten	Heterogenität der Schüler
hohe Anerkennung durch die Öffentlichkeit	geringe Anerkennung durch die Öffentlichkeit
kaum Gegenwind durch die Patienten	Gegenwind durch die Schüler – und unrealistische Erwartungen der Eltern
stete Fortbildung/Wissen auf dem neuesten Stand	geringe Fortbildung/Wissensdefizite
hohes Einkommen	mittleres Einkommen
große Belastungen	große Belastungen
hohe Verantwortung	hohe Verantwortung
Probleme mit der Gesundheitspolitik	Probleme mit der Schulpolitik
Der Arzt zum Patienten: »Ich werde Sie genau untersuchen, Ihnen dann die Diagnose mitteilen, mit Ihnen die Therapie besprechen und Vorschläge machen. Ich bitte Sie, meine Therapieempfehlungen nach Möglichkeit zu beachten und durchzuführen. Bei Schwierigkeiten bitte ich um Rücksprache.	Der Lehrer zu den Schülern: »Ich werde euren jeweiligen Lernstand feststellen, ihn dann euch mitteilen und mit euch darüber reden, was ihr wie lernen könnt. Bitte macht auch eure Hausaufgaben, die ich morgen mit euch besprechen werde.«

8.4 Anpassung als Eigenbewegung

Sowohl in biologischen wie auch psychischen Vorgängen ist Anpassung eine subjektive *Eigenbewegung* im Gegensatz zu Einwirkung und Zwang (vgl. S. 225):

Einwirkung	Anpassung
Lehrer: »Sei still – und mach' jetzt endlich mit!« Schüler (innerer Monolog): »Das werde ich wohl tun müssen, sonst werde ich wieder bestraft …« Schulleiter: »Bitte halten Sie sich an den Lehrplan!« Lehrer (innerer Monolog): »Sehe ich zwar nicht ein, aber Ich halte mich an seine Anweisung, um nicht anzuecken.«	Lehrer: »Sei still – und mach jetzt endlich mit!« Schüler (innerer Monolog): »Sehe ich ein … Ich mache mit, weil ich lernen will … auch wenn es mir schwerfällt.« Schulleiter: »Bitte halten Sie sich an den Lehrplan.« Lehrer (innerer Monolog): »Kein Problem; ist für mich auch kein Widerspruch zu meinen pädagogischen Ansichten.«

Die Handlungen können also die gleichen sein, aber die Einstellung und die Motivation sind grundlegend verschieden: auf der einen Seite »Fügung« aufgrund von Einwirkung und Zwang, auf der anderen Seite Anpassung durch autonome Zustimmung.

Lernvorgänge sind grundsätzlich Innen- und Eigenbewegungen, während Belehrung und Gehorsamshandlungen Einwirkungen von außen und Zwangsbewegungen sind: Angst vor Strafe, vor Ablehnung, vor Bloßstellung, vor Zurechtweisung, vor Liebesverlust. »Den anderen *motivieren*«, d. h. ihn bewegen, ist Einwirkung; »den anderen *stimulieren*« ist nur »berühren«, d. .h. der Stimulierte entscheidet selbst, wie und wohin er sich bewegt.

Selbstbewegung eines fünfjähriges Mädchens: »ICH möchte jetzt endlich lesen lernen; die doofen Bilderbücher langweilen mich.«

> Anpassung ist ein Teil von Autonomie, weil sie eigene Entscheidungen und Handlungen beinhaltet statt Fügung durch Fremdbestimmung.

8.5 Schulwirklichkeit

Als Lehrbeauftragter in einem Studienseminar hatte ich unter anderem die Aufgabe, bei Prüfungen den Unterricht der Referendare zu beurteilen und zu benoten. Dabei stieß ich des Öfteren auf Unverständnis der Mitbeurteilenden, wenn ich auf die unterschiedlichen Voraussetzungen und Rahmenbedingungen hinwies, z. B. »Schule im Brennpunkt«, schwieriges soziales Umfeld, Akademikerviertel, große und kleine Klassen, erste oder sechste Stunde …

»Prüfung ist Prüfung«, sagten sie, »da können wir keinen Unterschied machen; übrigens sehen wir sowieso bald, ob der Lehrer geeignet ist oder nicht …«

Und auch heute noch ist es so: Die *Vorstellungen* von »guter Schule« und »gutem Unterricht« mit den daraus resultierenden verständlichen *Wünschen* und gleichzeitig *unrealistischen Erwartungen* der verschiedenen Personengruppen haben bisweilen ein weitaus stärkeres Gewicht als der Blick auf die (veränderte) Schulrealität – und viele Lehrerinnen und Lehrer »spielen« das Spiel sogar mit, indem sie sich von den Vorstellungen unter Druck setzen lassen und diese den Wirklichkeiten überstülpen: kein Wunder, dass in der Schulwirklichkeit die »Luft dann dünn wird«, Lehrer/innen in Atemnot geraten und Schüler/innen »ins Freie« rennen, um anderswo Atem zu kriegen.

Es spielt wahrlich eine wichtige Rolle für die Tätigkeit von Lehrerinnen und Lehrern, für deren qualifizierte Arbeit und die damit zusammenhängenden Bewertungen schulinterner und schulexterner Personen, ob sie in ihren (alten) Vorstellungen verhaftet bleiben oder ob sie sich der Schulwirklichkeit stellen, was oft auch Neubeginn sein kann, allerdings mit anderen Vorzeichen und Bedingungen als bisher, was manchmal auch heißen kann, Abschied zu nehmen von lieb gewonnenen Situationen und vertrauten Gepflogenheiten:

Frau A. ist sehr niedergeschlagen und vertraut sich dem Schulleiter an: »Ich komme überhaupt nicht mehr mit der zweiten Klasse zurecht; die ist so ganz anders als meine Klassen aus früheren Zeiten.« Da nimmt er ein großes Blatt Papier und lädt die Kollegin ein, mit Buntstiften eine

ihrer früheren Klassen zu malen, so wie sie sie in Erinnerung behalten hat. Was diese gerne tut … Nach einer Weile lehnt sie sich zurück und ist sehr zufrieden mit dem harmonischen Bild. Und nun die jetzige Klasse: Diese malt sie, im Gegensatz zum ersten Bild, mit düsteren, dunklen Farben. Dabei kommen ihr die Tränen. Die Gegenüberstellung, das Vergleichen tut weh. Da nimmt ihr der Schulleiter vorsichtig das farbenfrohe Bild weg und schaut lange mit ihr das neue an …
Frau A. hat verstanden. Sie weiß, dass sie sich von den lieb gewordenen Bildern verabschieden muss – und sich der neuen Realität zuwenden wird.

Anlässlich einer Erdbebenkatastrophe gibt ein Arzt im Fernsehen ein Interview und wird unter anderem auch gefragt, wie er denn mit all dem Elend zurechtkomme. Seine, für mich beeindruckende Antwort, sinngemäß: »Während ich hier in einem Notbehelfzelt operiere, sterben draußen Hunderte von Menschen; ich tue hier das Meine, so gut ich kann – und muss mich von allem anderen innerlich verabschieden, weil es mir sonst nicht möglich ist, hier qualifiziert zu arbeiten.«
Nicht seine Vorstellungen (= alle zu retten) gaben den Ausschlag, sondern sein Blick auf die Realität und das Machbare.

Am Ende des Teils II angelangt:

Hilferufende haben Antworten bekommen. Aus den Antworten entstanden Umlernhilfen, die es ermöglichen, zur Autonomie zu gelangen, um dadurch ohne Hilfe zu sein.

III. Autonomes Denken und Handeln

»Was mache ich mit mir, wenn die Personen, die Dinge und die Bedingungen nicht so sind, wie ich sie haben möchte?«
R. Cohn

Autonomie ist sowohl ein Prozess, ein Selbstbehauptungstraining ein Leben lang (von der Unselbstständigkeit zur Selbstständigkeit) als auch ein erreichter Zustand. »Autonomielernen« und »autonom sein« ereignen sich dann, wenn mündige Menschen Unmündige aufmerksam und einfühlend loslassen und diese wiederum Schritt für Schritt selbst gehen. Dies geschieht auf beiden Seiten mit zwei Grundgefühlen: zum einen sind es Verlustängste (»Ich verlasse«, »ich werde verlassen«), zum anderen ist es Befreiung: nicht mehr sorgen müssen, nicht mehr abhängig sein. (Wer Hände loslassen kann, hängt nicht mehr am anderen!)

Autonomie ist für mich der Gegenbegriff zur Hilflosigkeit: selbst wissen, was man will; selbst entscheiden können, was man tun will; sich von Abhängigkeiten, Zwängen und der Bestimmung durch andere lösen; sich Wissen aneignen und es in der Praxis anwenden können und damit Handlungssicherheit gewinnen – alles in allem nicht mehr hilflos sein.

Autonomie bedeutet allerdings nicht »Freiheit ohne Grenzen«, (Wir sind immer »begrenzt«, z. B. durch unsere genetische Dispositionen, unsere Lebensgeschichten, Erfahrungen, Erziehungsmuster, Vorstellungen ...), sondern die Fähigkeit, selbstständig (= autonom) zu fühlen, zu denken und zu handeln im Kontext und Kontakt mit der eigenen (inneren) Welt und der Außenwelt.

Wem dies möglich ist, der kann dann auch souverän handeln: ohne Selbstherrlichkeit und Arroganz, ohne Übergriffe auf andere, jedoch selbstbewusst und empathisch zugleich.

> Je mehr du bei dir bleibst, desto mehr kommt der andere zu sich. Beide können sich somit autonom entwickeln. Je mehr sich die Menschen autonom entwickeln, desto mehr können sie sich mündig aufeinander beziehen.

Deshalb ist in der Schule sowohl für die Schüler/innen als auch für die Lehrer der Weg von der Hilflosigkeit zum autonomen Denken und Handeln von so großer Bedeutung für ihre Entwicklung.

1. Arbeitsplatz Schule

Es gibt eine etwas spöttische Beschreibung der Lehrerarbeit: zwischen den Ferien vorne an der Tafel stehen und erklären, Hausaufgaben geben, Arbeiten schreiben lassen – und sie dann kontrollieren. Schön wär's! – Wär's schön?

1.1 Schulalltag

Eine Lehrerin / ein Lehrer: *Schon auf der Fahrt zur Schule denke ich: Wie wird es in den einzelnen Klassen wohl zugehen? Machen die Schüler mit, muss ich Druck ausüben, ermahnen … Habe ich für die fünf Stunden alles dabei? … Parkplatzsuche, Gewusel vor und in der Schule; auf dem Weg ins Lehrerzimmer Gedränge: kaum jemand grüßt. Im Lehrerzimmer selbst rege bis hektische Tätigkeiten: der Tasche Materialien entnehmen, nebenbei Kurzgespräche führen (ohne kaum aufzusehen), am Kopierer warten, kritisch auf den Vertretungsplan sehen … Das Klingelzeichen ertönt: Aufbruch, Start in das Klassenzimmer, immer mit gemischten Gefühlen …«*

Halt: Bevor es an die eigentliche Arbeit geht, ans Unterrichten: statt Betriebsamkeit mentale Vorbereitung, statt Hektik Einstimmung.

Autonomieschritt: Klärung der inneren Einstellung, der persönlichen Verfassung, um vorbereitet und stabil das Klassenzimmer betreten zu können; selbstbewusst und selbstständig den Unterricht beginnen, statt abhängig zu sein von den vorausgegangenen Umständen und Betriebsamkeiten.

Tasche auf das Pult gestellt, in die Runde geblickt … Ich kann gar nicht alle Gesichter aufnehmen und Revue passieren lassen. Zu viel »passiert« schon: Einige reden auf mich ein, schnalzen mit den Fingern, sitzen noch gar nicht auf den Plätzen, sind in Lektüre vertieft, dösen vor sich hin …

Halt: Bevor die Interaktionen beginnen, durchatmen, innehalten, körperlich und mental »auf beiden Beinen stehen«.

Autonomieschritt: Bewusstes Wahrnehmen der Schülerinnen und Schüler, verbale und nonverbale Kontaktaufnahme und (auch) Zulassen von Vermutungen (Wie es wohl den Schülern gehen mag; was sie wohl bereits hinter sich haben ...?).

Es dauert fünf Minuten, bis ich »zur Sache« komme, und für die weiteren 40 Minuten bin ich voll gefordert: Thema bekannt geben, informieren, erklären, Aufgaben geben, kontrollieren, Fragen beantworten; aber auch für Ruhe sorgen, appellieren, ermahnen, zusammenfassen, Hausaufgaben erläutern ... Auf jeden Fall: dauernd präsent sein, nie selbst zur Ruhe kommen, und das geht so die nächsten drei bis fünf Stunden weiter ... pausenlos, auch in den Pausen: von Klassen- zu Klassenzimmer eilen; Kontakte haben (mit Kolleg/innen wie Schüler/innen); Materialien holen – und froh sein, wenn mir noch Zeit für die Toilette bleibt ...

Halt: Auf Dauer »tödlich« das bekannte »Pausenlos!« – und damit wieder Abhängigkeit, weit entfernt von autonomem Handeln! *Autonomieschritt*: »STOPP! So nicht mit mir! Ich entscheide, was ich tue, mit wem ich spreche, wie lange ich für mich bin ... Dies kostet zwar seinen Preis, hat aber auch Gewinn: zu mir kommen, abgrenzen, abschalten, zu Kräften kommen, Ruhe bekommen, neu starten ...«

Endlich 13.10 Uhr, Ende der letzten Stunde: Nichts wie aus dem Klassenzimmer, vorbei am Lehrerzimmer – rasch zum Parkplatz, nur weg ... Es gibt aber auch Tage, an denen es weitergeht mit Extras, die aber zu meinem Job gehören: Konferenzen oder Teamsitzung oder Fachlehrertreffen oder Gespräche mit Schüler/innen oder mit ihren Eltern oder beiden zusammen oder abends Elternversammlung – und manchmal manches am selben Tag.

Halt: Mittags pausieren, innehalten, für sich sorgen, Grenzen sehen und markieren. Das Hamsterrad darf nicht der Aufenthaltsort von Lehrern sein! Autonomieschritt: Wiederum STOPP!

Lehrer, so wird immer wieder gefordert, sollen in der Lage sein, die *Schülerinnen und Schüler* genau zu beobachten, deren Lernpotenziale zu entdecken und zu fördern; entsprechend sachkundig und methodenreich zu unterrichten und die schulische Welt mit der Lebenswelt der Kinder und Jugendlichen in hohem Maß in Einklang zu bringen; das Zusammenwirken von schulischen und außerschulischen Personen, Institutionen und Organisationen zu ermöglichen. Die Wahrnehmung und Beobachtung für sie selbst wird dabei kaum erwähnt. Ein solcher Schulalltag mit solchen (Heraus-)Forderungen ist auf Dauer schädlich und führt in Sackgassen mit den Namensschildern Erschöpfung, Burnout-Syndrom, psychosomatische Krankheiten oder sogar Zusammenbrüche.

Als erster, entlastender Schritt ist eine Arbeitsplatzbeschreibung vorzunehmen, die aus möglichst operationalisierten Tätigkeiten von Lehrerinnen und Lehrern besteht.

a) sowohl für die *Arbeitgeber* zur Klärung ihres Arbeitsauftrages: Ist er, physisch wie psychisch, angemessen, gibt es Spielräume oder Überforderungen?
b) als auch für die *Arbeitnehmer* zur Klärung ihrer Arbeit: Ist sie, physisch wie psychisch, angemessen, gibt es Spielräume oder Überforderungen?

Für beide Seiten bedeutet sie gleichzeitig Schutz: für die einen gegen den Vorwurf der Ausbeutung, für die anderen gegen die Kritik, unprofessionelle Arbeit zu leisten – und Zunahme an Entlastung, damit Beliebigkeit, Willkür und die Gefahr der (gegenseitigen) Überforderungen minimiert werden.

1.2 Tätigkeitsbeschreibung

Sie ergibt sich aus den Beobachtungen und Analysen der Lehrerarbeit, aus fundierten wissenschaftlichen Erkenntnissen und aus standardisierten Anforderungen, die an die Schule in ihrer gesellschaftlichen Funktion gestellt werden.

Die KMK nennt als Standards Unterrichten, Erziehen, Diagnostizieren, Beraten, Beurteilen, Innovieren, an der Schulentwicklung mitwirken und geht davon aus, dass Lehrerinnen und Lehrer dafür ausgebildet werden und diese in ihrer Berufsausübung auch *professionell* handhaben, wobei der Schwerpunkt auf dem Unterrichten liegt: »Lehrerinnen und Lehrer sind Fachleute für das Lehren und Lernen. Ihre Kernaufgabe ist die gezielte und nach wissenschaftlichen Erkenntnissen gestaltete Planung, Organisation und Reflexion von Lehr- und Lernprozessen sowie ihre individuelle Bewertung und systematische Evaluation« (Blömeke 2010, S. 13).

Sind die sieben Standards der KMK also formale Begriffe, so gehen die derzeit führenden Didaktiker in der BRD, Andreas Helmke (2009) und Hilbert Meyer (2008) auf hohem wissenschaftlichen Niveau ins Detail. Aber auch dann bleiben noch Interpretationsspielräume, sodass an den einzelnen Schulen Schulcurricula notwendig sind, um »guten« Unterricht zu garantieren. Dass es noch ein weiter Weg zu gültigen Arbeitsverträgen ist, liegt daran, dass die Bedingungen dafür in der gesamten Schullandschaft der BRD aufgrund des bildungspolitischen Föderalismus zu unterschiedlich sind.

Was die anderen Standards betrifft, die über die »Kernaufgabe Unterrichten« hinausgehen, so herrschen – nach Aussagen vieler Lehrer – Defizite (= *dafür sind wir nicht ausgebildet worden!*):

- Es ist pädagogische Schwerstarbeit, Kinder und Jugendliche im Spannungsfeld von Freiwilligkeit, Freizügigkeit, Gehorsam und »Widerstand« zu »erziehen«.
- Eine gezielte Diagnostikausbildung findet bisher hauptsächlich nur im Sonderschulbereich statt. In anderen Schularten geschieht sie punktuell und semiprofessionell und unter chronischem Zeitmangel.
- Das »Beratungsgeschäft« wird Beratungslehrern übertragen; die Beratungsfähigkeit im Kontext des normalen Schulalltags müssen sich Lehrer/innen häufig auf privatem Wege aneignen.
- Beurteilungen finden meist über Notengebungen statt; die damit zusammenhängenden psychischen Prozesse auf Lehrer- wie auf Schülerseite werden selten thematisiert.
- Innovieren und »Mitwirkung an der Schulentwicklung« sind hochkomplexe Gruppenprozesse, für deren Leitung Rektor/innen und Direktor/innen in keiner Weise ausgebildet bzw. vorbereitet werden: von grundsätzlicher Zustimmung bis totaler

Ablehnung, von wirkungsvoller Kooperation bis schädigenden Destruktionen in Kollegien ist alles möglich!

- Die Arbeitszeitberechnung, bisher nach Deputats-»Stunden« im 45-Minuten-Takt, ist nicht mehr haltbar. Die Tätigkeiten der Lehrer gehen weit über die reinen Unterrichtsverpflichtungen hinaus. Ebenso sind die Anforderungen und Belastungen der Lehrerarbeit zu unterschiedlich, als dass man sie qua Deputat über einen Kamm scheren kann. (So reduzieren beispielsweise viele Lehrer »freiwillig« weil sie ein Volldeputat, zwischen 25 und 28 Stunden, physisch und psychisch überfordern würde.)

Es ist also dringend erforderlich, aus den empirischen Befunden über die Tätigkeiten von Lehrerinnen und Lehrern allgemeingültige Standards herauszuarbeiten; sie in den einzelnen Schulen als interne Kompetenzbeschreibungen und spezifische Curricula zu modifizieren; entsprechende Arbeitszeitpläne für die Lehrerinnen und Lehrer aufstellen und die *Arbeitsorganisation* (neu) regeln, z. B. die Unterrichtsorganisation flexibel gestalten (von der Einzelstunde bis zum Projekt- und Epochenunterricht), Arbeitsgerechtigkeit herstellen, die unterschiedlichen Arbeitsbelastungen austarieren, bei Entscheidungen Mitspracherecht einräumen (z. B. bei Einstellungen und Zuweisung von Tätigkeiten, Regelung der Arbeitszeiten); das Vertretungspersonal erhöhen und auf Abruf einsetzen und Ähnliches. Und vor allem: Lehrerinnen und Lehrer in Ruhe arbeiten lassen und sie nicht ständig mit neuen (alten) Forderungen überhäufen.

1.3 Kompetenzen der Lehrerinnen und Lehrer

Der geschilderte Schulalltag der Lehrerin / des Lehrers, die KMK-Empfehlungen, die Arbeitsplatzbeschreibung und das Anforderungsprofil zeigen deutlich, welche spezifischen beruflichen Kompetenzen notwendig sind:

Selbstkompetenz: Stabilität / Belastbarkeit, Flexibilität, Realitätssinn, Entscheidungsfähigkeit, Zivilcourage, Abgrenzungsfähigkeit. Dazu: Ausstrahlung und selbstbewusstes Auftreten (inklusive äußeres Erscheinungsbild). Diese Fähigkeiten sind nicht abgeschlossen und »fertig«, sondern dynamisch und entwickeln sich weiter, eingebunden in einen lebenslangen Prozess innerhalb und außerhalb der Schule.

Beziehungskompetenz: Wahrnehmungsfähigkeit, Empathie, Verlässlichkeit, Toleranz / Akzeptanz, Offenheit für Feedback, Konfliktfähigkeit

Gesprächskompetenz: Kommunikationsfähigkeit, Klarheit, Vermittlungsfähigkeit, sprachliche Präsenz, Verhandlungsgeschick, Vereinbarungsfähigkeit

Fach- / Sachkompetenz: Grundlagen- und fachübergreifendes Wissen, wissenschaftliche Denk- und Arbeitsweisen, Lern- und Lehrfähigkeit systemisches Denken und Methodenvielfalt (verbal, visuell, kinästhetisch, haptisch …)

Organisationskompetenz: planen, kontrollieren, Prozesse initiieren, Strukturen aufbauen / entwickeln, Entscheidungen umsetzen, »Spielräume« ermöglichen

Zum Vergleich: Die Personalberatung Kienbaum hält für Führungskräfte folgende zehn persönliche Eigenschaften für besonders wichtig (in der Reihenfolge der Bedeutung):

1. Eigenmotivation
2. Teamfähigkeit
3. Lernbereitschaft
4. Kommunikationsstärke
5. Zielorientierung
6. Belastbarkeit
7. Kontaktfähigkeit
8. Flexibilität
9. Mobilität
10. Selbstkritik

Amerikanische Wissenschaftler haben bei Menschen, die in *Beziehungsberufen* arbeiten, fünf bedeutsame Persönlichkeitseigenschaften festgestellt: emotionale Stabilität, Gewissenhaftigkeit, Extraversion, Offenheit für Erfahrungen und Verträglichkeit.

Grundkompetenzen des Lehrers

Selbstkompetenz

Beziehungskompetenz — ICH — Gesprächskompetenz

Sach-/Fachkompetenz — Organisationskompetenz

Die Kompetenzen machen uns stark, die (kleinen) Schwächen liebenswert.

In der Praxis verschieben und verteilen sich diese Kompetenzen auf jeweils mehrere Personen in den einzelnen Kollegien, zu ihrer eigenen Entlastung und für die Schüler zum Vorteil, »verschiedenartige« Lehrer und Lernpartner kennenzulernen und mit ihnen zu arbeiten.

Die Kompetenzenliste von Lehrerinnen und Lehrern mag auf manche erschreckend wirken oder bei ihnen sogar Ablehnung hervorrufen (Überforderung, zu viel des Guten, Unsinn …). Jedoch:

1. Die Beherrschung dieser Kompetenzen reduziert Fehler, verringert Belastungen, fördert die Berufszufriedenheit und stärkt die Autonomie.
2. Sie sind zu einem Großteil trainierbar – jenseits sogenannter Charaktereigenschaften.
3. Leider wird in der Ausbildung ein Teil der genannten Kompetenzen vernachlässigt, zum Nachteil der Referendare – und in der Folge zum Nachteil der Lehrer- und Schülerschaft insgesamt.

Was man alles beobachten kann mit dem *Ziel*, Kompetenzen bestätigt zu sehen oder sie zu verändern:

- Ein Lehrer stellt innerhalb von 42 Minuten an die Schüler/innen über 80 Fragen.
- Eine Lehrerin sagt über 30-mal in einer Unterrichtsstunde »pst«
- Ein Lehrer, befragt, wie lang seine Einführungsrede dauerte, antwortete: »Na ja, so etwa drei Minuten.« Die Stoppuhr zeigte 6.50 Minuten.

- 86 Minuten Unterricht: Der Lehrer bespricht mit den Schüler/innen, was zu tun ist (fünf Minuten); er führt in das Thema ein (acht Minuten); die Schüler gehen in die Gruppen (zwei Minuten); bearbeiten dort 40 Minuten verschiedene Themen; Verschnaufpause im Klassenzimmer (drei Minuten); die Ergebnisse werden von fünf Schülern präsentiert (ca. je zwei Minuten); anschließend Reflexion im Plenum unter Leitung eines Schülermoderators (15 Minuten); Besprechung der Hausaufgaben (drei Minuten) – und das alles ohne vorher festgelegte Uhrzeiten (die ergaben sich im Prozess) – und ohne Störungen!

Lehrer H. will zur Selbstständigkeit erziehen – und sagt im Unterricht zu den Schülerinnen und Schülern häufig: »Macht das so bzw. so! Passt auf! Lasst das sein! Tut dies und das …« Ein Kollege, der auf seinen Wunsch hin eine Unterrichtsstunde besucht, zählt in einer Stunde 76 Appelle: Hinweise, Korrekturen, Ermahnungen, Dreinmischen und Ähnliches. »Kaum zu glauben«, bemerkt der Beobachtete, »dabei habe ich es so gut gemeint. Das war mir gar nicht bewusst.« Wie gut, dass es hilfreiche Kolleginnen und Kollegen gibt, critical friends! So bleiben Lehrende auch immer Lernende.

Am Ende eines Kommunikationsseminars – mit vielen Trainingsanteilen – sagt eine Lehrerin: »Hätte ich das alles vor 30 Jahren gewusst und gekonnt, ich hätte mir viel Kummer erspart!«
Zum Trost: Was Hänschen nicht lernt, lernt Hans trotzdem noch …

1.4 Konsequenzen für die Lehrerausbildung

Nach Rauin (2010, S. 9) sind derzeit noch keine diagnostischen Tests für den *Lehrberuf* in Sicht. Er verweist auf einen sogenannten »trimodalen Ansatz« (aus den Arbeits- und Berufswissenschaften), der Aufgaben-, Ergebnis-, Verhaltens- und Eigenschaftsanforderungen verbindet. Unter dem Begriff Verhaltensanforderungen (= »Was muss ich tun?«) nennt er z.B.: Aufgaben stellen, Lernaktivitäten strukturieren, Sachverhalte präsentieren, informieren, moderieren, Leistungen erfassen und bewerten. Erwünschte Eigenschaftsanforderungen (= »Was bringe ich mit?«) sind beispielsweise fachliches Wissen, Einstellungen und Haltungen.

Es muss also durch vermehrte Diagnoseanstrengungen herausgefiltert werden, welche Anforderungen und Standards zum Lehrberuf gehören, um dann bereits in der Lehrerausbildung (und später in der Lehrerfortbildung) entsprechende Studienrichtungen und Seminarveranstaltungen anbieten zu können.

Blickt man in die Vorlesungsverzeichnisse der Bildungs- und Erziehungswissenschaften, so weisen sie zwar ein breites Spektrum von theoretisch fundierten und schulrelevanten Themen auf, die allerdings meist auf der Diskursebene behandelt werden. Die weit verbreitete Unzufriedenheit der Studierenden wendet sich deshalb nicht gegen das WAS in der akademischen Ausbildung, sondern gegen das WIE: Gewünscht wird ein wesentlich stärkerer Bezug zur Praxis mit handlungs- und trainingsorientierten Angeboten (vergleichbar etwa mit der Forderung der Medizinstudenten nach mehr klinischer Tätigkeit).

Der verantwortungsvolle Anspruch der Freiheit von Forschung und Lehre ist nur dann gerechtfertigt und vertretbar (und frei vom Vorwurf der Beliebigkeit), wenn die Kompetenzen im Lehrberuf durch empirische Verfahren eruiert werden (Berufsdiagnose) und wenn konsequent die entsprechenden Lehrinhalte und Handlungsmethoden im Zentrum der Aus- und Fortbildung stehen. Man erweist sowohl den Lehramtsanwärtern und Referendaren als auch den Lehrerinnen und Lehrern einen Bärendienst, wenn man ihnen eine Berufsausbildung anbietet, die nur zu einem geringen Teil mit der beruflichen Praxis etwas zu tun hat.

Was die beruflichen Merkmale der *Lehrerpersönlichkeit* betrifft, so beschreibt Uwe Schaarschmidt (2005 S. 24 ff.) vier Muster, durch die sehr deutlich wird, welche Personen kaum bis besonders für den Lehrberuf geeignet sind:

Muster G: Die Person hat ein gesundheitsförderliches Verhältnis zu ihrer Arbeit (und Freude daran).

Muster S: Die Person geht schonend mit sich selbst um, hat eine niedrige Resignationstendenz, hat innere Ruhe, zeigt Ausgeglichenheit.

Muster A: Die Person hat ein überhöhtes Engagement, zeichnet sich durch Perfektionsstreben aus, hat eine hohe Verausgabungsbereitschaft mit geringer innerer Ruhe und Ausgeglichenheit.

Muster B: Die Person hat eine hohe Resignationstendenz bei ausbleibenden Erfolgserlebnissen, gepaart mit Lebensunzufriedenheit; sie ist am stärksten Burnout-gefährdet und besonders veränderungsresistent.

Fazit: Es ist also notwendig, zu einem möglichst frühen Zeitpunkt der Lehrerausbildung mittels Selbst- und Fremdevaluation zu überprüfen, in welches Muster man passt bzw. welchem man zumindest nahesteht, um festzustellen, ob man für diesen Beruf grundsätzlich geeignet ist oder nicht – und, bei Eignung, welche Trainings notwendig sind.

Ich hatte das Glück, bereits während meiner Lehrerausbildung das »Lehren« trainieren zu können: In einem dreitägigen Microteaching übten wir unter anderem vor laufender Kamera Unterrichtssequenzen. Auch wenn wir hinterher »fix und fertig« waren, so waren wir doch letztlich äußerst zufrieden über diese Art von visuellem Feedback, hilfreicher didaktischer Selbsterfahrung und sichtbaren Veränderungen.

P.S.: Die Lehrerinnen und Lehrer brauchen allerdings auch materielle Bedingungen für das Gedeihen ihrer Kompetenzen, sprich: beispielsweise eine Schule, in deren Räumlichkeiten es sich auch angenehm leben lässt (Rückzugs- / Ruheräume, Besprechungs- und Beratungszimmer; gegebenenfalls auch Zimmer für einzelne Teams …); ein Lehrerzimmer, in dem sie genügend Platz für sich und ihre Materialien haben (und nicht wie Hühner in Legebatterien zusammengepfercht werden); Ausstattungen, die den beruflichen Höchstanforderungen Rechnung tragen

Und wenn die Bedingungen nicht so sind, wie sie sein sollten? Was dann? Ich kenne eine Komponistin, die unter anderem auch Aufträge für Bühnenmusik an Theatern bekommt, wobei deren instrumentale Besetzungsmöglichkeiten allerdings sehr unterschiedlich sind: von üppig bis kärglich. »Bei den üppigen«, so sagt sie, »fällt mir oft weniger ein als bei den kärglichen Besetzungen. In solchen Situationen fühle ich mich besonders herausgefordert und grabe intensiv nach kreativen Ideen …«.

Ein Trost?

Autonomie am Arbeitsplatz Schule:

- Ich schaffe mir innere und äußere Lebensräume.
- Ich bin verantwortlich für meine Zeit- und Arbeitsorganisation.
- Ich achte darauf, dass ich meine Kompetenzen an geeigneter Stelle einsetzen kann.
- Ich nehme Grenzen wahr und verhindere Vereinnahmungen.

2. Selbstbewusstes Sein

Wer weiß, welche Kompetenzen für seinen Beruf notwendig sind, der ist bereits auf dem Weg zu einem insgesamt selbstbewussten Sein: Wenn Lehrerinnen und Lehrer schwierige Situationen in ihrem Berufsalltag bewältigen und autonome Handlungsalternativen anwenden, dann sagen sie häufig, mit einem kleinen »Erfolgslächeln«: Da musste ich ein starkes Selbstbewusstsein haben …

Wie sieht es aus, das Selbstbewusstsein von Lehrerinnen und Lehrern – und was hat sich im Leben von Menschen generell ereignet, dass sie selbstbewusst und dadurch auch autonom (geworden) sind?

2.1 Das geliebte Kind

Kind A kommt zu Vater / Mutter: »Ich möchte gerne mit dir spielen!« V / M, kurz angebunden, ablehnend: »Hab keine Zeit, du störst! Lass mich in Ruhe! Geh´ fernsehen …« Wenn das Kind durchgehend solche Verhaltensweisen erfährt, so lernt es: Ich störe, bin unerwünscht, werde abgelehnt, bin nicht geliebt.

Kind B kommt zu Mutter / Vater: »Ich möchte gerne mit dir spielen!« M / V, körperliche Zuwendung, streicheln: »Schön, dass du zu mir kommst. Fein! Ich spiel nachher mit dir; jetzt ruh ich mich noch etwas aus …« Wenn das Kind durchgehend solche Verhaltensweisen erfährt, (auch wenn nicht sofort dem Bedürfnis stattgegeben wird), so lernt es: Mama und Papa sind für mich da, ich bin erwünscht, ich werde geliebt.

Diese Urerfahrung des Geliebtseins ist die Basis für die weitere Entwicklung in Richtung autonome Persönlichkeit, für das ungeliebte Kind jedoch in die Abhängigkeit.

Das Dilemma: Auch die nicht liebenden Eltern waren selbst ungeliebte Kinder, die wiederum von Eltern, die ungeliebte Kinder waren, abstammen, die wiederum …

Die Tragik: Kein Ende des »kollektiven« Ungeliebtseins und Weitergabe von Lieblosigkeiten von Generation zu Generation aufgrund des eigenen Mangels an Liebe …

Die Lösung: Jemand in der Generationenkette beginnt, sich dieser »Lieblos-Kette« bewusst zu sein, und fängt an, die Liebe (als Haltung) zu entdecken und als Verhaltensweisen zu leben und weiterzugeben. (Wunder sind möglich.)

2.2 Das verbogene Selbst

Kinder *empfinden*, fühlen, handeln, denken. Dabei werden sie von Erwachsenen häufig in ihren Wahrnehmungen und in ihrem Tun *empfindlich* gestört:

- Sei nicht so empfindlich! (= Empfindungen sind nicht so wichtig.)
- Du mit deiner ewigen Heulerei. (= Gefühlsäußerungen sind nicht erwünscht.)
- Spiel was Vernünftiges. (= Was zählt ist die Vernunft – und nicht Bedürfnisse.)
- Das ist völlig falsch, was du da machst. (= Das Tun wird persönlich bewertet.)
- Mensch, bist du blöd, stell dich nicht so an! (= Das Ich wird abgewertet.)

Vierjährige bekommen pro Tag (= in ca. 16 Wachstunden) etwa 420 Appelle, und dies geht bis ins Erwachsenenalter weiter:

Ein Ehepaar im Zug: *Sie: »Jetzt hör mal auf, deine blöde Zeitung zu lesen. Schau lieber mit mir die Landschaft an!« (Sie reißt ihm die Zeitung aus der Hand und wirft sie zu Boden.)*
Er: »Spinnst du!?« (Dann hebt er die Zeitung auf und setzt sich ins Nebenabteil.)
Wie wohl die Gemütsverfassung der beiden aussehen und der Tag verlaufen mag?

Was wir alles sagen, wodurch Menschen gehorsam sich verbiegen (lassen):

- Da täuscht du dich aber gewaltig. (= Verhinderung eigenen Erlebens)
- Sei nicht so eigensinnig. (= Wegnahme des eigenen Sinnes)
- Mama ist traurig, wenn du das tust … (= Erpressung: wenn …, dann …)
- Jungen weinen nicht. (Ablehnung von Gefühlen)
- Glaub mir, ich weiß es besser. (Wegnahme eigener Erfahrungen)

Durch diese Einflüsse kann sich das Selbst eines Menschen nicht oder nur schwerlich entfalten. Es wird verbogen. Verbogene entwickeln eine Misshaltung und geraten rasch ins Wanken, z. B. in der Schule: wenn Schüler/innen sie »anmachen«, Eltern Kritik üben, Kolleg/innen sie bewerten, Vorgesetzte sie beurteilen. Sie reagieren dann entweder aggressiv, strafend, ironisch, beleidigend oder »beleidigt«, drohen (innerlich) mit Vergeltung oder äußerlich mit Rückzug …, statt selbstbewusst zu antworten, sich auf einen Dialog einzulassen oder deutlich Grenzen zu ziehen.

»Sind sie ein guter Lehrer?«, fragt ein Schüler einen Lehrer, als dieser zum ersten Mal in die Klasse kommt. Er empfindet die Frage als Provokation und erteilt einen Verweis mit Eintrag ins Klassenbuch.
Provokation gehört, Alternativen überhört, z. B.: Kontaktaufnahme, Neugierde, Ausprobieren …

Das *Selbstbewusstsein* von Menschen kann sich nur entwickeln, wenn sie statt Fremdbestimmung *Selbsterfahrung* machen können. Die Ursachen der Verhinderung von Selbstwahrnehmung und Selbstbewusstsein liegen tiefenpsychologisch in der frühkindlichen Mutter-Kind-Symbiose: Wenn die Mutter das Kind nicht in die Eigenständigkeit, in die *Selbst*erfahrung entlässt (ein grundsätzlich schmerzlicher Vorgang), sondern die – für das Kind lebensnotwendige – Trennung von sich aus blockiert, dann bleibt das Kind in Abhängigkeit und ist unfähig, ein eigenständiges Selbst zu entwickeln.

Gruen (1996, S. 11) spricht in diesem Zusammenhang von der Autonomie des Einzelnen und versteht darunter die »Möglichkeit des ungehinderten Erlebens der eigenen Wahrnehmungen, Gefühle und Bedürfnisse. Solch eine Erfahrung bestimmt die Einheit oder die Spaltung einer Persönlichkeitsentwicklung … Wo dieses Erleben nicht geschehen kann, da entstehen sowohl Abhängigkeit wie auch Herrschaftsanspruch.« Und Gruen weiter (S. 28; 37): »Das Ersetzen des eigenen Willens durch einen fremden ist der Verlust der ›autonomen Funktionen‹. Das tragische Paradoxon besteht dann darin, dass Kinder Gehorsam, Konformität und Abhängigkeit mit dem Verlust des eigenen Ichs bezahlen, nur um ›geliebt‹ zu werden.«

Unterwerfung (aufseiten der Verbogenen): von Meinungsweggabe über Gehorsam bis hin zum Selbstwertverlust

Macht (aufseiten der Verbieger): Von Meinungswegnahme über Erpressungen bis Vernichtung des Lebens anderer (Im Extremfall: Amokläufer töten andere und dann sich, weil sie die Symbiose mit ihnen nicht auflösen wollen oder können)

2.3 Das autonome Ich

Behr / Walterscheid-Kramer (1995, S. 91) sprechen von einem starken Ich eines Menschen, wenn er

- »gelernt hat, zwischen den Ansprüchen seiner psychischen Instanzen einen Ausgleich zu schaffen«: Er ist also stabil, nicht hin und her gerissen und damit in der Lage, selbstständig zu agieren.
- »sich selbst als komplexe, aber dennoch kohärente Einheit empfindet, über sich selbst reflektieren kann und spontan zu handeln vermag, ohne seinen Affekten ausgeliefert zu sein«: Er handelt reflektiert, affektfrei und damit stimmig für sich und offen für andere.
- »von seinen Kindheitskonflikten nicht mehr beherrscht wird, sondern frei geworden ist für die Neubewertung und Neuinterpretation von Situationen, Erlebnissen und Beziehungen«: Er ist nicht »besetzt« von eigenen unaufgearbeiteten Lebensspuren und -wegen, sondern offen für das Gegenüber im Jetzt. (Aus diesem Grund ist die Aufarbeitung lebensgeschichtlicher Barrieren im Kontext der *beruflichen* – nicht therapeutischen – Aus- und Weiterbildung von so großer Bedeutung.)

- »auf die Erwartungen anderer individuell unter Berücksichtigung eigener Bedürfnisse und mit Verständnis für die Motive und Handlungsweisen der Partner reagieren kann«: Er ist damit in der Balance zwischen Ich-Bedürfnissen und der Berücksichtigung der Bedürfnisse anderer:

Lehrer N. empört sich im Lehrerzimmer über die Vorschläge eines Vaters zum Thema Unterricht und bemerkt: »Dem sage ich ja auch nicht, was er in seinem Betrieb machen soll.«
Einseitigkeit des Lehrers, da er nur die eigenen Bedürfnisse berücksichtigt und die Vorschläge des Vaters ablehnt.

Lehrerin K. sammelt während eines Elternabends Meinungen der Eltern zum Thema »Heterogenität im Unterricht« und ordnet sie ein unter »sofort umsetzbar«, »mittelfristig machbar« und »nicht realisierbar«.
Balance zwischen eigenen Bedürfnissen (Möglichkeiten) und Rücksichtnahme / Verständnis für die Belange der Eltern

Vor allem Kinder und Jugendliche brauchen Beziehungspersonen mit einem starken Ich, weil Heranwachsen und Selbstwerdung auf der einen und Erziehen und Begrenzen auf der anderen Seite prinzipiell konflikthaft sind in der Spannung zwischen Triebgehorsam, Realitätsgehorsam, Über-Ich-Gehorsam (Gewissen) und IchGehorsam (Mitscherlich).

Kinder und Jugendliche sind auf der Suche nach Orientierung, reiben sich, provozieren, sind affektbesetzt und in ihren Gefühlen instabil; sie probieren aus, verwerfen, sind unselbstständig, auf der Suche; sie wollen Nähe und Ferne, Sicherheit und Risiko …

Erwachsene können ihnen Begleitung, Unterstützung, Schutz anbieten – aber nur dann, wenn sie selbst selbstständig und souverän sind in ihren Haltungen und Verhaltenweisen und authentisch, d. h. in Übereinstimmung im Fühlen, Denken, Erleben und Handeln (was Unwägbarkeiten, Reibungen, Konflikte mit einschließt) (siehe auch Abschnitt »Erziehung und Beziehung«, S. 161 ff.):

Authentizität

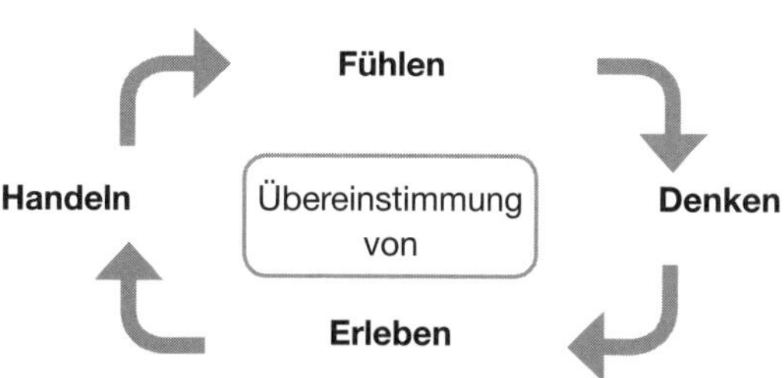

Eine junge Lehrerin hat die Gelegenheit, bei einem älteren Kollegen zu hospitieren, auch während eines Elternabends. Im Anschluss daran sagt sie ihm, wie souverän und authentisch sie ihn empfand: »Ich hatte den Eindruck, dass Sie sich jeder Situation gewachsen fühlten.« »Das stimmt«, bekommt sie von ihm zur Antwort: »Ich fühle mich sicher, denn ich kann auch in einer Situation, der ich mich nicht gewachsen fühle, sagen, dass ich mich ihr nicht gewachsen fühle. Das ist befreiend für mich.«

Authentisch sein macht nicht schwach, sondern stark.

Autonomie des Selbst
Ich bin einzig- und eigenartig.
Ich bin selbst-ständig, stehe auf eigenen Beinen.
Ich bin im Kontakt mit mir und mit anderen.
Ich *be*-ziehe mich auf andere, aber ich er-ziehe sie nicht.

3. Begegnung von Person zu Person

Das Unterrichtsgeschehen ist ein Paradebeispiel dafür, wie wichtig die zwischenmenschlichen Beziehungen von Lehrer/innen und Schüler/innen für erfolgreiches Lehren und Lernen sind: ohne gute Beziehungen kein guter Unterricht – und ohne autonome Lehrer keine guten Beziehungen.

Ein autonomer Mensch ist *bei sich* und *be*zieht sich auf andere, ohne sich in sie zu verlieren oder von ihnen abhängig zu sein.

Vom Ich zum Du, ohne Probleme … was für die Erwachsenen nicht immer selbstverständlich ist: Ich sage, im Rollenspiel, zu einer Kollegin: »Mach keinen solchen Methodenfirlefanz im Unterricht!« Ihre Antwort: »Wie meinst DU denn das?« Befragt, wie es ihr denn persönlich ginge, antwortet sie: »ICH fühle mich gekränkt.« – Pause … »MIR ist Methodenvielfalt wichtig.« (Vor lauter DU hat sie ihr eigenes ICH übergangen.)

3.1 Vom Ich zum Du

Die Beziehung zum Du *beginnt* beim Ich:

ICH: Wahrnehmung der eigenen Person:

- Wie geht es mir?
- Was fühle, denke *ich*?
- Welche Absichten habe *ich*?
- Was möchte *ich* zur Sprache überbringen?

DU: Wahrnehmung des Gegenübers:

- Was nehme ich an ihr / ihm wahr?
- Wie wirkt *sie / er* auf mich?
- Was denke ich über *sie / ihn*?
- Wie viel kannich *ihr / ihm* mitteilen?

Bei diesem »Ich-und-Du-Ping-Pong-Spiel« geht es um drei Bereiche, nämlich um die

1. Sinneswahrnehmung: Was ich sehe, höre, rieche …, also die Wahrnehmung mit den Sinnen. Sie ist die einzige Ebene, die, wenn auch selektiv, intersubjektiv überprüfbar ist.
2. Wirkung: Wie die Person auf mich wirkt (müde, gereizt, gelangweilt …); diese Ebene ist selektiv und subjektiv.
3. Interpretation / Fantasie: Was ich interpretiere, was mir über die Person einfällt; diese Ebene ist ebenfalls selektiv und subjektiv.

Alle drei Bereiche sind in jeder Kommunikation, bewusst oder unbewusst, vorhanden. Störungen gibt es allerdings dann, wenn sie nicht getrennt, sondern vermischt werden:

Ein Mädchen (neunte Klasse) ist während des Unterrichts »eingenickt«, worauf der Lehrer es anfährt: »Schlaf nicht! Hast wohl die Nacht mit deinem Freund verbracht.« »Das Mädchen beginnt zu weinen …« Von den Kameradinnen erfährt er, dass die Mutter des Mädchens im Krankenhaus liegt und das Mädchen ihren Vater und ihre beiden jüngeren Geschwister im Haushalt versorgt.
So schnell können Verletzungen geschehen, wenn man interpretiert statt wahrnimmt.

> Die größten Verletzungen in der zwischenmenschlichen Kommunikation geschehen durch die Gleichsetzung oder Vermischung von Beschreibung und Bewertung.

Zeitungsartikel: Auf der ersten Seite ist ein Foto eines bekannten Politikers im Bundestag während einer Sitzung zu sehen. Er hat die Augen geschlossen. Darunter die Zeile: »P. im Bundestag: Pennt!« Ich schreibe der Redaktion: »Nein! P. im Bundestag hat die Augen geschlossen!«

3.2 Beziehung und Erziehung

In zwischenmenschlichen Beziehungen in der Schule geht es um Interaktionen zwischen dem Lehrer, der in einer *Balance* zwischen »für sich sorgen« und »auf den anderen zugehen« ist und den Schüler/innen bei ihren Entwicklungsprozessen hilft, zu dieser Balance zu kommen.

Erziehung	*Beziehung*
Erziehung im alten Stil: als Beeinflussen von außen mit dem Ziel der Verhaltens- Änderung von Personen (Subjekt-Objekt-Relation)	»Erziehung« im neuen Stil: als Beziehung durch Begleiten und Fördern mit dem Ziel der Entwicklungshilfe von Personen Subjekt-Subjekt-Relation)

Indem Menschen sich wahrnehmen, in Kontakt treten, entstehen Beziehungen, durch die ihre Bedürfnisse, Interessen und Verhaltensweisen deutlich werden. Aus einer Subjekt-Objekt-*Er*ziehung wird eine Subjekt-Subjekt-*Be*ziehung (Buber).

Statt *Er*-ziehung	*Be*-ziehung
»Komm pünktlich!«	»Ich bin um 9.00 Uhr da und warte auf dich.«
»Zieh deine Mütze an!«	»Ich mache mir Sorgen, du könntest dich erkälten.«
»Lass mich ausreden!«	»Ich bin mit meinen Ausführungen noch nicht am Ende.«
»Räum endlich dein Zimmer auf!«	Ich fühl mich in deinem Zimmer nicht wohl … Das sieht ja aus wie …
»Sprich in ganzen Sätzen!«	»Ich verstehe nicht, was du meinst.«
»Das geht dich nichts an!«	»Darüber möchte ich nicht reden.«

Beziehungsäußerungen sind keine Veränderungsmittel, sondern »lediglich« Mitteilungen. Es liegt in der Entscheidung des Empfängers, was er damit macht und wie er in der Beziehung weiterfährt.

Die Wirklichkeit zeigt, dass Menschen unter »Erziehung« meist eine *Umformung* verstehen hin zu eigenen Vorstellungen, wie der »Zögling« zu sein hat. Angesichts der Ergebnisse der Evolutionsbiologie, der Hirnforschung und der Lernpsychologie kann Erziehung nicht (mehr) als »Formung eines Ungeformten durch einen Formenden« verstanden werden oder als ein Vorgang, den jungen »unfertigen« Menschen zu einem »fertigen« zu machen, sondern sie ist als ein Ausbalancieren der Bedürfnisse der Einzelnen zu verstehen und kein »Herumschnitzen« am anderen, wie z. B.: »Reiß' dich zusammen!« – »Komm´ nicht zu spät!« – »Hör' auf zu jammern!« – »Trödel nicht so herum!« – »Stell' dich nicht so an!« – »Steh' nicht so herum!« – »Sei nicht so eigensinnig!« – »Räum' dein Zimmer auf!« – »Sag' schön danke!« – »Sei höflich!« – »Du machst jetzt, was ich sage! Doch auch Erwachsene werden (von Erwachsenen) erzogen:

Während eines Gesprächs mit einem Mann beginnt eine Frau zu weinen, worauf dieser sagt: »Jetzt hör doch mit deinem blöden Geheule auf!
Ich verbiete dir Gefühlsäußerungen und erziehe dich zu mehr Selbstbeherrschung.«

»Zieh' eine andere Jacke an!«, sagte die Frau zu ihrem Mann: »Mit dir muss man sich ja schämen.
Ich erziehe dich zu ordentlicher Kleidung, weil ich es nicht aushalte.«

Erziehungsverständnis

Dem deutschen Wort »Erziehung« liegt das lateinische Wort educare (= herausführen) zugrunde, ein Begriff, der weitaus besser ausdrückt, dass es sich um ein Herausführen aus der Abhängigkeit hin zur Selbstständigkeit (Autonomie) handelt: Führen ist jedoch nur möglich, wenn der Geführte es zulässt – im Gegensatz zum Befehlen und Ziehen, die Fremdbestimmung bedeuten (Fremdbestimmung und Zwang sind dann notwendig, ethisch verantwortbar und auszuüben, wenn Menschen anderen gegenüber physische und / oder psychische Gewalt anwenden.).

Der Begriff »*Er*ziehung« enthält zu viele Assoziationen an Ziehvorgänge. Wenn dennoch von »Erziehung« gesprochen wird, dann im Sinne von

a) Pflege / Fürsorge: physisch, psychisch, materiell versorgt werden
b) Schutz: körperlich, geistig-seelisch unversehrt bleiben können
c) Unterstützung / Lenkung: Sicherheit bekommen / haben
d) Orientierungshilfe: sich in der Welt zurechtfinden lernen
e) Wertevermittlung: Entscheidungshilfen bekommen

f) Ermöglichung von Rechten / Einforderung von Pflichten: Verantwortung übernehmen
g) Begrenzen: Respekt vor den Freiräumen der anderen haben

Weil alle diese Vorgänge in zwischenmenschlichen *Be*ziehungen stattfinden, erübrigt sich der Begriff *Er*ziehung. Damit entfallen auch alle Abhängigkeiten, die es in autonomen Beziehungen nicht gibt: Wenn erzogen wird, bleibt der Erziehende so lange in Abhängigkeit, bis der Zu-Erziehende die Ziehvorgänge internalisiert hat – möglicherweise Vorgänge ad infinitum …

Es ist Abschied zu nehmen von der Vorstellung, wir könnten andere Menschen nach *unseren* Vorstellungen »bilden«. (Der Mensch ist keine »triviale Maschine«!) Aber wir können *Bedingungen* schaffen, dass andere sich entwickeln, gemäß ihrer Persönlichkeitsstruktur *und* ihrer Durchlässigkeit für Außenwirkungen. So betrachtet ist »Erziehung« Wahrnehmen und Beobachten, Einfühlen und Erspüren, Entwicklungsförderung und Lebenshilfe, Zulassen der Möglichkeiten und Grenzziehung, falls erforderlich.

Aber auch diese sind nicht konfliktfrei und beinhalten Ambivalenzen, auch in der Lehrer-Schüler-Beziehung: Nähe und Ferne, Selbstständigkeit und Fremdbestimmung, Offenheit und Verschlossenheit, Rollenasymmetrie versus kommunikativer Symmetrie, Freiheit und Zwang.

Nach Helsper (2010, S. 36 / 37) sind *Lehrer* besonders dann in Widersprüche verstrickt, wenn sie ihre Schüler auffordern, selbstbestimmt und selbstständig zu handeln. Der Satz zu den Schülern: »Ich will, dass ihr selbstständig werdet!« (gemäß dem Watzlawickschen Satz »Sei spontan!«) mag Lehrern leicht über die Lippen gehen aufgrund ihres pädagogischen Anspruchs, bei der Umsetzung jedoch gibt es immer wieder Handlungsambivalenzen:

»Die Aufforderung zur Autonomie in den Strukturen der Schulorganisation erfolgt immer im Kontext von zwangsförmigen Rahmungen und damit unter Bedingungen und Konstellationen der Heteronomie …« (Helsper 2010, S. 36 / 37). Und dies betrifft Schüler/innen wie Lehrer/innen!

Wenn schon nicht Auflösung dieser Ambivalenz möglich ist …:
Lehrer: »Ich mag dich, *aber* im Aufsatz hast du 'ne Fünf geschrieben.«

Schüler: Sie sind schon o.k.; *aber* müssen Sie mir 'ne Fünf reinhauen?«

... dann doch wenigstens Ausgleich schaffen durch Thematisierung, Transparenz, Frustrationstoleranz und sozial verantwortliches Handeln

Reflexion

Versetzen Sie sich in Ihre eigene Kindheit, denken Sie an Personen, von denen Sie erzogen worden sind, und spannen Sie den Bogen bis in die Gegenwart:

a) Was haben Sie von Ihren Erziehern *genauso übernommen?* (= in *deren* Spuren weitergegangen)
b) Was haben Sie davon eigenständig *weiterentwickelt?* (= *eigene* Spuren gezogen)
c) Was haben Sie *ganz anders* gemacht? (= in *entgegengesetzte* Richtungen die Spur gezogen)

Wie viel ist von der *Erziehung* geblieben – und wie viele *eigene* Wege sind Sie gegangen?

Beziehungsambivalenzen: *Stärken* der Lehrer können in Beziehungen durch zu viel Zuwendung zu *Schwächen* werden:

Stärken	*werden zu Schwächen*
• behüten, sorgen	• keinen Raum lassen, ersticken
• vormachen	• an Stelle des anderen tätig werden
• da sein, zuständig sein	• behalten, nicht loslassen
• Ressourcen einsetzen	• erschöpft / ausgebrannt sein
• etwas anbieten	• sich anbiedern
• sich kümmern	• vereinnahmen

Die Lehrer- und Schülerwelten klaffen oft weit auseinander – und beide Personengruppen meinen, bisweilen auf verschiedenen Sternen zu leben. Die Suche nach Gemeinsamkeiten, nach Verbindungen ist deshalb wichtig, wenn sie »in Beziehung« bleiben wollen:

Was uns trennen kann
- Alter
- Kleidung
- Musikvorlieben
- Argumente
- politische Ansichten
- Alltagsgestaltung
- Wertevorstellungen
- Einstellungen
- Sprache, Ausdrucksweise
- Gefühle

Was uns verbinden kann
- Gebrauchtwerden, Vertrauen
- Beachtung, Anerkennung
- Abschalten, Entspannung
- Verstehen
- Sehnsucht nach Frieden
- Selbstverwirklichung
- Wertediskurs
- Suche nach Lebenssinn
- gleiche Bedürfnisse
- Gefühle

Es kommt in erster Linie nicht auf die *Handlung*, sondern auf die *Haltung* in zwischenmenschlichen Beziehungen an, wenn sie wirklich förderlich sein sollen.

Während eines Ausflugs trägt Lehrer F. eine Baseballcap umgekehrt, mit dem Schild im Nacken. Er kommt sich super vor. Einige grinsen, andere tuscheln … Irgendwann kommt Dandy auf ihn zu, nimmt ihm die Cap vom Kopf und setzt sie ihm anders herum auf. »Steht Ihnen besser so«, sagt er zu ihm. Und: »Sie müssen uns nicht nachmachen. Wir mögen Sie auch so.«

Echtheit statt Verschleierung
Anbieten statt Anbiedern
Abstand statt Clinch
Vereinbarung statt Vereinnahmung
Beziehung statt Erziehung

»Wer Kinder zu kompetenten, starken und selbstbewussten Persönlichkeiten erziehen will, muss in Beziehungen denken und in Beziehungsfähigkeit investieren. Das ist das Geheimnis einer Schulkultur, in der niemand als Verlierer zurückgelassen wird« (Hüther 2010, S. 45).

Autonomie ereignet sich von Person zu Person dann, wenn beide selbstständig sind und sich, anstatt zu *er*ziehen, dialogisch aufeinander *be*ziehen.

3.3 Verstehen

»Zwischen dem, was ich denke,
dem, was ich sagen will,
dem, was ich zu sagen glaube, und
dem, was ich wirklich sage,
dem, was Sie hören wollen,
dem, was Sie hören,
dem, was Sie zu verstehen glauben,
dem, was Sie verstehen wollen, und
dem, was Sie wirklich verstehen,
gibt es mindestens neun Möglichkeiten,
sich nicht zu verstehen.«

G. Passagno

Wir haben kein »Du-hast-gesagt-Organ«, sondern nur ein »Ich-habe-gehört-Organ«! Wir können nicht mit Sicherheit wissen, nachvollziehen oder verstehen, was andere Menschen wirklich empfinden, z. B. wenn sie Zahnschmerzen haben, verliebt sind, Angst erleben oder Fantasien entwickeln. Das »totale Verstehen« würde den Verlust der Identität bedeuten.

Das Verstehen wird allerdings erleichtert, da wir Menschen eine gemeinsame Geschichte, gemeinsame Erfahrungen, eine gemeinsame Kultur haben, die einen relativ stabilen »Verständigungsrahmen« bilden.

Verstehen heißt, in die Welt der anderen eintauchen – ohne jedoch den Kontakt zu sich selbst zu verlieren! »Ich verstehe dich« ist eine Mischung aus Fremd- und Eigenanteilen.

Meine Tochter sitzt am Schreibtisch, büffelt Mathe, kapiert's nicht und kratzt sich am Kopf. Ich komme hinzu, sehe ihr über die Schulter und kratze mich beim Lesen ebenfalls (unbewusst) am Kopf, worauf sie hochblickt und sagt: »Gell, jetzt kratzt du dich auch am Kopf.«
Verstehen durch nonverbale Kommunikation

Das Verstehen von Mitteilungen ist ein zirkulärer Vorgang, ein dialogischer Prozess. Deshalb brauchen wir das »kommunikative Ping-Pong«, um Annäherungen zu erreichen:

a) Ich sage dir etwas … (= meine Nachricht)
b) und du antwortest mir (= wie du meine Nachricht verstehst)
c) damit ich dir sagen kann, ob ich sie auch so gemeint habe (= Übereinstimmung oder Andersverstehen)

Wir können nicht sicher wissen, wie unsere Nachrichten beim Gegenüber ankommen und was sie bei ihm auslösen/bewirken. Der Sender hat keine Gewissheit darüber, wie seine Botschaft beim Empfänger ankommt.

Jede Botschaft ist das Konstrukt des *Empfängers.* Denn unser Hören und unser Verstehen sind geprägt durch

- genetische Dispositionen
- das soziale Umfeld
- die eigene Lebensgeschichte
- zwischenmenschliche Erfahrungen
- unsere persönliche Befindlichkeit
- die momentane Situation
- die Persönlichkeitsstruktur
- unsere Fantasien
- den jeweiligen Kontext
- die Art der Beziehung
- die Sprache/den Dialekt
- unsere Hörgewohnheiten

> »Was ich gesagt habe, weiß ich erst, wenn ich die ›Antwort‹ kenne.« (N. Wiener)

Als gebürtiger Bayer frage ich eine Hamburger Gruppe, mit der ich arbeite, ob sie mich denn verstehen würde und ob ich mit meinem Dialekt so weitersprechen könne wie bisher – und bekomme von einer Teilneh-

merin zur Antwort: »Reden Sie nur so weiter! Ihr Dialekt erinnert mich immer an Urlaub.«

In einem Speisesaal einer Akademie frage ich eine Dame, die alleine an einem Tisch sitzt, ob dies hier der Vegetariertisch sei, worauf ich in schnippischem Ton zur Antwort bekomme: »Warum, sehe ich so aus?« – Nach einer kurzen Unterhaltung mit ihr erfahre ich, dass sie meine Botschaft nicht als Informationsfrage, sondern als »Frotzelei« und »Anmache« deutete.

Wirklich Gemeintes, Gesagtes und Gehörtes können sowohl eng beieinander liegen (= »Wie schön, dass du mich verstehst.«) als auch weit auseinander sein (= »Du verstehst mich ja doch nicht!«).

Verstehen ist zugleich *Haltung* und *Handlung* mit Merkmalen wie Echtheit / Ehrlichkeit, Interesse / Anteilnahme, Wertschätzung, Akzeptanz, Zuhören. Diese werden durch verschiedene Aktivitäten so zum Ausdruck gebracht, dass sie der Empfänger mit seinen Sinnen wahrnehmen kann, sie also *spürt* und somit Verständnis *erlebt* und sich verstanden *fühlt.*

Durch diese Einsichten entfällt für mich deshalb der Begriff *Missverständnis,* weil er voraussetzt, dass Verstehen ein 1:1-Vorgang ist: Ich setze voraus, dass das, was ich sage, bei dir auch so ankommen muss / soll, falls nicht, ist es ein Missverständnis. Ich ersetze ihn durch das Wort *Andersverstehen:* Ich teile dir *mein* Verstehen mit und bitte dich, es mit *deinem* Verständnis zu vergleichen: im Idealfall *Gleichheit* oder Varianten der *Verschiedenheit.*

»Mitschwingen«

Ich mag keine Staus, wenn ich Auto fahre. Wütend klopfte ich einmal auf das Armaturenbrett, worauf meine Frau sagte: »Jetzt beruhig dich doch. Es geht doch gleich weiter …« (Ich beruhigte mich nicht – und es dauerte lange …)

Am Abend sprachen wir über den Vorfall, und ich bat meine Frau, mich nicht mehr in meiner Emotion zu bremsen. – Einige Zeit später: Wieder ein Stau, wieder mein Trommeln auf dem Armaturenbrett …

und plötzlich neben mir meine Frau: »Ist aber auch ärgerlich für dich« – und trommelt mit. Ich schau sie an – und wir lachen beide entspannt!

»Mitschwingen = in die Welt des anderen eintauchen, verbal, nonverbal, mental … Doch auch das Mitschwingen garantiert noch nicht, dass es der Empfänger auch so auffasst (und er kann sogar Ironie oder Nichtverstehen heraushören). Dann: Rückfragen und mitteilen, was man gemeint, beabsichtigt hat.
Mitschwingen als Empathie bewirkt gegenseitige *Sympathie*, und diese wiederum ist eine stabile Basis für förderliche zwischenmenschliche Beziehungen und erfolgreiche Kooperation. Und dazu, wie das Salz in der Suppe: Anteilnahme, Freundlichkeit, wenn's passt: Humor, ab und an ein Lächeln …

»Ich glaube, das größte Geschenk, das ich von jemandem bekommen kann, ist, dass er mich sieht, mir zuhört, mich versteht und mich berührt. Das größte Geschenk, das ich einem anderen Menschen machen kann, ist, ihn zu sehen, ihm zuzuhören, ihn zu verstehen und ihn zu berühren. Wenn das gelingt, habe ich das Gefühl, dass wir uns wirklich begegnet sind.«
Virginia Satir

4. Modelle der Kommunikation

Die Qualität der Begegnungen von Person zu Person hängt von der Art und Weise ihrer verbalen und nonverbalen Kommunikation und Interaktion ab. Sie besteht aus dem *Wissen* über kommunikative Vorgänge *und* entsprechenden *Handlungskompetenzen*, zwei unverzichtbare tragende Säulen für autonomes Verhalten, die in verschiedenen Kommunikationsmodellen ihre spezifische Gestalt annehmen.

Die folgenden vier Modelle haben sich in der Praxis zwischenmenschlicher Beziehungen besonders bewährt und als förderlich erwiesen. In Fachkreisen gehören sie längst zum Standard. Ich selbst arbeite seit annähernd 30 Jahren mit ihnen, im Bereich beruflicher zwischenmenschlicher Kommunikation. Sie gehören meines Erachtens unbedingt in das Repertoire der Arbeit von Lehrerinnen und Lehrern, die innerhalb wie außerhalb des Unterrichts hohe Kommunikationsanteile aufweist! Auch wenn es noch manche Berührungsängste seitens der Schule auf dem Feld der Psychologie gibt, aus dem die Modelle stammen, so erobern sie sich doch allmählich ihren angemessenen Platz auch unter Pädagogen:

Das Vier-Seiten-Modell von F. Schulz von Thun als Klärungshilfe, vor allem in Konfliktsituationen; die Transaktionsanalyse nach E. Berne als Verstehensinstrument menschlicher Mitteilungen; aus der Psychoanalyse das Phänomen der Übertragung zur Aufdeckung verdeckter oder verdrängter Konflikte und die Transformation, eine »Übersetzungshilfe« im Umgang mit Kritik, Vorwurf und Beschimpfungen. Seit Jahren bekomme ich detaillierte Rückmeldungen von Lehrerinnen und Lehrern, die sich mit diesen Modellen beschäftigen und sie internalisiert haben. Sie sprechen von einer deutlichen Verbesserung ihrer kommunikativen Fähigkeiten, gewinnen dadurch zunehmend Handlungssicherheit und erleben sich authentisch und autonom in ihren beruflichen wie privaten Begegnungen und Beziehungen. »Neulinge« wiederum erfahren zu Beginn ihrer »kommunikativen Wanderung« eine gewisse Instabilität, da sie alte Kommunikationsmuster zwar abgelegt, aber neue noch nicht zur Verfügung haben. Erst im Laufe der Zeit entstehen kommunikativ wirksame und förderliche Verhaltensweisen. Personen jedoch, die weder fundiertes Wissen noch professionelles Handlungsrepertoire zur Verfügung haben, greifen entweder auf autoritäre Strukturen zurück (die sie aus ihrer eigenen Schulzeit kennen) oder sie reagieren in akuten Situationen unangemessen oder gar hilflos.

Die Gesprächssituationen im schulischen Alltag sind so differenziert und komplex zugleich, dass es ein Irrtum ist zu meinen, man könne sie ungelernt wirksam bewältigen. Eine Unmenge von Konflikten, Streitfällen, unbefriedigenden Rechtsentscheidungen und physischen wie psychischen Belastungen könnten vermieden werden, wenn Beziehungs- und Kommunikationskompetenz in der gesamten Lehrerschaft vorhanden wären. Da dies nicht der Fall ist, braucht es weit gestreute Aus- und Fortbildungsangebote mit *hohem Trainingsanteil*:

Ein Auswärtiger kommt nach Berlin und fragt dort einen Einheimischen, wie er denn am schnellsten zu den Berliner Philharmonikern komme: »Üben, üben, üben« bekam er zur Antwort.
So ist es mit den Instrumenten der Kommunikation auch: Man muss wissen, dass es sie gibt, sich vertraut machen mit der Handhabung und muss den Umgang mit ihnen üben, üben, üben …

> Die Kommunikationsmodelle sind unverzichtbare Instrumente für Lehrerinnen und Lehrer bei der Ausübung ihres Sozialberufes.

4.1 Vier Zungen, vier Ohren

Wenn Menschen miteinander reden und Nachrichten mitteilen, so haben diese (mindestens) vier Seiten, denn die Sprecher

- teilen etwas von sich selbst mit = *Selbstmitteilungsseite*
- offenbaren, wie sie zu anderen stehen = *Beziehungsseite*
- sagen, worüber sie andere informieren wollen = *Sachseite*
- äußern, welche Erwartungen, Wünsche sie an andere haben = *Appellseite* (Schulz v. Thun 2003, BD. I).

Beispiel:
Die *Nachricht* des Schulleiters nach der Pause lautet: »Meine Damen und Herren, es hat geklingelt.« Vierseitig gesagt könnte das bedeuten:
Selbst: »Ich mag keine Unpünktlichkeit.«
Beziehung: »Ich ärgere mich über Sie, weil Sie nicht in den Unterricht gehen.«
Sache: »Der Unterricht nach der Pause beginnt um 10.35 Uhr.«
Appell: »Bitte gehen Sie in Ihre Klassen!«

In diesem Beispiel wird deutlich, dass die *einseitige* Nachricht Raum für *Fantasien* lässt, während vierseitige Mitteilungen *Klärung* schaffen, da die Empfänger vierseitig Bescheid wissen und nicht einseitig im Unklaren gelassen werden, was wiederum bedeutet, dass sie vierseitig antworten können, was wiederum bedeutet …

Nachrichten kommen besser an und die Kommunikation wird klarer, wenn statt einseitig vierseitig geredet und gehört wird.

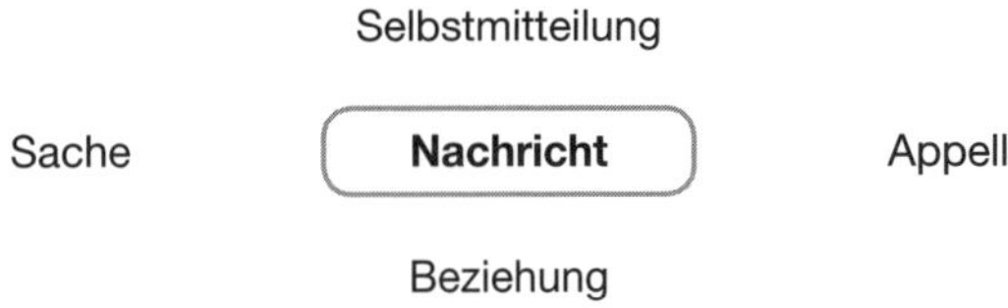

Das Problem besteht nun darin, dass Menschen in ihren Kommunikationen sehr *verschiedenseitig* reden und hören. Die einen bevorzugen mehr die Sachseite (z. B. Wissenschaftler, Juristen), die anderen mehr die Appellseite (z. B. Eltern, Lehrer, Polizisten), andere wiederum mehr die Beziehungsseite (z. B. Ärzte, Pflegepersonal) und manche nur die Selbstmitteilungsseite (vielleicht Narzissten oder Egoisten …?), was sich dann im *»kommunikativen Ping-Pong«* in der Schule als Beziehungsbrücken oder als Beziehungskiller auswirken kann:

(1) Eine Schülerin sagt: »Ach, ich kapier das ja doch nie.« (Selbst) Lehrer A antwortet: »Jammere nicht und arbeite weiter!« (Appell); Lehrerin B fragt: »Kann ich dir helfen?« (Beziehung)

(2) Ein Kollege sagt: »Ich bin so aufgeregt. Morgen kommt der

Schulrat.« (Selbst, Sache). Kollegin A antwortet: »Nimm's nicht so tragisch!« (Appell)

(3) Der Lehrer sagt: »Ich bin gern bei euch in der Klasse.« (Selbst, Beziehung). Die Schülerinnen und Schüler strahlen ihn an. (Selbst, Beziehung)

(4) Am Schwarzen Brett hängt ein Blatt mit der Überschrift: Wer möchte in einer Methodentraining-AG mitmachen? (Sache) – Am anderen Tag ist darunter gekritzelt: Alle die, die überflüssige Zeit haben! (Ironische Bemerkung als versteckte Selbstmitteilung)

(5) Eine Schülerin sagt zur Lehrerin: »So ein Mist, jetzt hab ich schon wieder einen Fünfer in Chemie. Ihre Arbeiten sind viel zu schwer.« (Selbst, Sache, Appell)

(6) Ein Schulleiter sagt zur Sekretärin: »Bitte kümmern Sie sich um die organisatorischen Dinge. Ich bin momentan unter Zeitdruck.« (Appell, Selbst) Die Sekretärin antwortet: »Ja, ich mach das gern für Sie.« (Selbst, Beziehung)

Wie auch immer, im Hören wie im Reden: Wir sind auf verschiedenen Seiten zu Hause!

Von der Einseitigkeit zur Vierseitigkeit

Es ist also wichtig, *alle* vier Seiten mitzuteilen, um so wenig »Raum« wie möglich für Vermutungen, Fantasien und Interpretationen zu geben, denn daraus bildet sich ein idealer Nährboden für Verstehensturbulenzen. Wer vier Seiten mitteilt, sorgt für Klarheit.

Menschen haben in Gesprächen somit die Wahl:

a) nur eine *Nachricht* zu senden – und dem anderen die Interpretation ihrer vier Seiten zu überlassen,
b) nur *eine Seite* mitzuteilen (Selbst, Beziehung, Sache oder Appell) und dem anderen es zu überlassen, die drei anderen zu vermuten,
c) *alle vier Seiten* mitzuteilen und dadurch für Klarheit (zumindest ihres Sendens) zu sorgen.

Kommunikation ist immer *Mitteilung an das,* aber nicht *Veränderung des* Gesprächsgegenübers, nach dem Motto: »Jetzt habe ich mich so klar ausgedrückt – und der/die andere tut nicht, was ich will.« (Weil wir das meinen und wünschen, bevorzugen wir häufig *Appelle* in der Kommunikation. Vierjährige Kinder bekommen beispielsweise etwa 400 am Tag!)

Wer sich im Kommunikationsquadrat zu Hause fühlt, teilt auf vierfache Weise seine kommunikative Welt mit und kann durch seine Vierfachbrille auch die Welt der anderen wesentlich besser verstehen. In diesem „Ping-Pong-Prozess gibt es *Kommunikationshürden bzw. -brücken*, die Klarheit und Autonomie in Gesprächen verschleiern oder fördern:

Verschleierung	**Förderung**
»Man sollte nicht immer gleich jedes Problem durch die Brille des Psychologen sehen.«	»Ich sehe nicht jedes Problem sofort durch die Brille des Psychologen. Für mich ist diese Sicht zu einseitig.«
»Ich würde sagen, dass man dies noch anders sehen könnte.«	Ich habe hier eine andere Meinung und sehe dies deshalb anders.«
»Ich darf Sie herzlich begrüßen.«	»Ich begrüße Sie herzich.«
»Wir sollten jetzt alle wieder zur Sache kommen.«	»Ich möchte jetzt gerne wieder zur Sache kommen und bitte Sie …«
»Sie sollten nicht dauernd das Wort ergreifen. «	»Ich möchte jetzt auch meine Meinung sagen und bitte Sie, mir zuzuhören.«
»Vielleicht könnten Sie mir jetzt mal ein bisschen zuhören.«	»Ich möchte weitersprechen und bitte Sie um Ihre Aufmerksamkeit.«
»Wir sollten jetzt vielleicht das Thema wechseln.«	»Ich möchte jetzt gerne ein neues Thema anschneiden und schlage vor…«
»Eigentlich gehört es sich nicht, so zu reden.«	»Mir missfällt dieses Gespräch. Ich fühle mich verletzt.«
(Patzig): »Darf ich jetzt vielleicht was sagen???«	»Moment. Jetzt bin ich auch mal dran!«

In einem Beratungsgespräch berichtet eine Lehrerin, dass sie auf dem Schulhof einen Schüler freundlich bat: »Möchtest du bitte die Coladose aufheben?«, und sehr frustriert war, als dieser mit »Nein!« antwortete. Auf meine Frage hin, ob sie einen Wunsch oder einen Befehl meinte, sagt sie: »Natürlich wollte ich, dass er sie aufhebt; eigentlich meinte ich schon einen Befehl.«

Es macht einen kommunikativen Unterschied aus, ob wir einen Wunsch oder einen Befehl aussenden. Überprüfen Sie deshalb Ihre Sprache, inwieweit sie direktiv / nondirektiv hierarchisch, machtbetont, asymmetrisch / symmetrisch oder partnerschaftlich ist und inwieweit Ihre Aussagen authentisch sind (= das Gesagte ist auch das Gemeinte).

> Ich bin für mein Senden, aber nicht für das Ankommen verantwortlich.

Aussagen statt Fragen

Die meisten Fragen auf der Beziehungsebene sind keine wirklichen Fragen, sondern »verschleierte« Aussagen; z. B.:

»Herr Meier, wie lange dauert denn noch Ihr Vortrag?«	»Ich kann nicht mehr zuhören. Ich kenne das meiste schon.«
»Frau X, wird die Klassenarbeit schwer?«	»Ich habe Angst davor.«
»Liebst du mich noch?«	»Ich bin mir nicht mehr so sicher, ob …«
»Wann gibt's denn was zu Essen?«	»Ich habe Hunger.«

Beim Empfänger kann durch Fragen das Gefühl des *Ausgefragtwerdens* entstehen oder sie verstärken seine Fantasien (= Ich weiß nicht, was er / sie denn mit diesen Fragen meint.) Aussagen jedoch schaffen Klarheit.

Im Dialog findet ein symmetrischer Austausch von Mitteilungen statt, während er im Frage-Antwort-Spiel asymmetrisch verläuft: der Fragende bestimmt die Richtung des Gesprächs und ist gleichzeitig abhängig von den Antworten des Gegenübers.

> Das »Vier-Seiten-Modell« ist Klärungshilfe bei kommunikativen Prozessen und Verstehensunterschieden und wahrt die Autonomie der Sender und Empfänger.

4.2 Transaktionen

Jedes Gespräch zwischen Menschen ist eine Transaktion (TA) von Mitteilungen. Die Transaktions*analyse* ist ein vorzügliches *Klärungsinstrument*, um Gespräche differenziert wahrzunehmen, Störungen zu diagnostizieren und angemessene Verhaltensweisen zu ermöglichen. Nach E. Berne (1975), dem Begründer der TA, agiert jeder Mensch aus drei Ich-Zuständen heraus, nämlich aus dem sogenannten *Kind-Ich* (K), dem sogenannten *Erwachsenen-Ich* (ER) und dem sogenannten *Eltern-Ich* (EL). Sie sind eine Art Speicher, in denen von frühester Kindheit an bestimmte Ereignisse aufgezeichnet werden, wobei jeder Ich-Zustand aus Gefühlen, Denkmustern und Verhaltensweisen besteht:

Eltern-Ich: Fühlen, Denken und Verhalten, das von den Eltern oder Elternfiguren übernommen wird: Ich sollte, ich müsste, ich darf nicht …

Erwachsenen-Ich: Fühlen, Denken und Verhalten, das eine realitätsgerechte Reaktion auf das Hier und Jetzt ist: So ist es; ich handle so und so …

Kind-Ich: Fühlen, Denken und Verhalten, das aus Eigenimpulsen besteht und wieder reaktiviert wird: Ich wünsche mir; ich hätte gern, es wäre so schön, wenn …

Jeder Mensch greift, je nach Situation, Befindlichkeit und Konstellation, in der Kommunikation auf diese drei Ich-Zustände zurück, indem er beispielsweise ermahnt, moralisiert oder sich besorgt zeigt (EL), auf Tatsachen hinweist und sie begründet (ER) oder sich in Zustände versetzt, die er als Kind schon einmal erlebt hat (K). »Stimmig« ist eine Kommunikation dann, wenn die drei Ich-Zustände *angemessen* aktiviert werden, wobei es viele Möglichkeiten der Transaktion gibt mit zwei grundsätzlichen Mustern: das eine durch parallel, das andere durch diagonal verlaufende Transaktionen:

Zur Analyse von Transaktionen

Person A	*Person B*
EL (k, f)	EL (k, f)
ER	ER
K (a, fr)	K (a, fr)

a = angepasst; f = fürsorglich; fr = frei; k = kritisch

Man kann aus jedem der drei Ich-Zustände heraus senden und empfangen, wobei die Antworten gleichzeitig auch ein deutliches Feedback sind:

Aus dem Eltern-Ich (EL):
Ein Schulleiter sagt zu seinem Kollegium: »Meine Damen und Herren, Sie sollten sich einmal Gedanken darüber machen, wie Sie die Innere Schulentwicklung an unserer Schule vorantreiben können.«
Antwort Kollege A (EL):
»Das müssen Sie uns nicht erst jetzt sagen! Das machen wir schon lange!«
Antwort Kollegin B (ER):
»Ich habe mir schon einige Gedanken darüber gemacht und schlage Folgendes vor …«
Antwort Kollege C (K):
»Prima; da bin ich voll mit dabei.«

Aus dem Erwachsenen-Ich (ER):
»Liebe Kolleginnen, liebe Kollegen, ich mache mir schon seit längerer Zeit Gedanken über die Innere Schulentwicklung; aus meiner Sicht geht es derzeit um Folgendes …«
Antwort Kollege A (EL):
»Muss das sein? Wir haben doch schon genug am Hals. Vergessen Sie's!«
Antwort Kollege B (ER):
»Vielen Dank für Ihre Äußerungen, die mir selbst eine Menge Anregungen geben.«

Antwort Kollegin C (K):
»Am liebsten würde ich jetzt gleich mit einigen von euch anfangen ...«

Aus dem Kind-Ich (K, fr.):
»Liebes Kollegium, ich war neulich auf einer Tagung zum Thema ›ISE‹. Ich habe eine ganze Menge Anregungen bekommen, die ich euch unbedingt vortragen möchte. Ich bin ganz begeistert. Am besten, wir fangen gleich an.«
Antwort Kollege A (EL):
»Hör doch mit diesem neumodischen Zeug auf. Du musst doch nicht gleich jeden Firlefanz mitmachen!«
Antwort Kollegin B (ER):
»O.k. Um was geht es denn?«
Antwort Kollege C (K, schmollend):
»O nein, nicht schon wiiiieder diese Tour!«

Innerhalb der beruflichen Tätigkeiten ist die Konstellation ER – ER wünschenswert und angemessen, muss jedoch keinesfalls stringent durchgehalten werden; sie kann sich auch schlagartig ändern, z. B. wenn jemand

- angegriffen wird. Die Reaktion ist dann entweder Panik / Flucht (K) oder Angriff (EL) ð Rundumschläge austeilen. Die Reaktion ist dann meist Zurückschießen (EL)
- Hilfe benötigt: Die Reaktion kann dann Fürsorge sein (EL, f)

Bei Streitereien beispielsweise verweilen / beharren die beteiligten Personen meist im Eltern- bzw. im Kind-Ich: Entweder sie greifen an, machen Vorwürfe, kritisieren, beschimpfen, oder sie ziehen sich schmollend, beleidigt zurück:

Transaktionen konkret, förderlich oder blockierend:

(1) Kollege zur Kollegin: »Du solltest mal deinen Unterrichtsstil überprüfen ...« (EL). Kollegin: »Das musst du mir nicht sagen, ich rede dir ja auch nicht drein ...« (EL)
(2) Schüler, mutlos: »Ich kapier's überhaupt nicht.« (K) Lehrerin, Anteil nehmend: »Ich erklär dir die Aufgabe nochmals.« (ER)

(3) Lehrerin zur Mutter: »Sie hätten sich mehr um Ihr Kind kümmern sollen.« (EL)
Mutter: »Ja, ich weiß; ich mache es sowieso niemandem recht.« (K)

(4) Kernmitteilungen in einem Konfliktgespräch:

(a) Schulrat zeigt einer Lehrerin einen Eltern-Beschwerdebrief und sagt, ohne ihre Ansicht zu hören: »Und jetzt rufen Sie sie an und entschuldigen sich!« (EL)

(b) Lehrerin schweigt (K)

(c) Schulleiter schaltet sich ein und vermittelt. (ER)

(d) Nach dem Gespräch sagt die Lehrerin zu ihm: »Ich bin empört. Wie der mit mir umgegangen ist. Unverschämt.« (EL)

Die TA gibt wichtige Erkenntnisse für kommunikative Vorgänge:

1. Wir werden uns unserer drei Ich-Zustände stärker bewusst:	EL ER K
2. Wir hören rascher die verschiedenen Ich-Zustände bei anderen:	ICH → EL ICH → ER ICH → K
3. In beruflichen Situationen bleiben wir stärker im angemessenen ER-Zustand:	} EL **ER** K
4. Wir können es uns erlauben, in allen drei Ich-Zuständen zu agieren:	} EL Er K

Dialoge gelingen, wenn z. B. auf »beleidigte« Äußerungen (K) nicht selbst beleidigt reagiert, sondern Verständnis für die Person gezeigt wird; wenn auf authentisches Verhalten (ER) keine Ironie folgt (EL), sondern ebenfalls authentisch agiert wird. (ER)

Ein Schulleiter berichtet: »Jedes Jahr, wenn ich den Stundenplan für meine Lehrer bekannt gebe, bekomme ich angenehme oder unangenehme Rückmeldung: die einen bringen ihre Anerkennung zum Ausdruck (ER), andere machen mir Vorwürfe (EL) – und es sind immer wieder ein paar dabei, die tagelang nicht mit mir reden und beleidigt sind (K). Seit ich über die Transaktionsanalyse Bescheid weiß, kann ich mit diesen Reaktionen viel besser umgehen.«
Er ist in der Lage, die Transaktionen zu durchschauen und dadurch kommunikativ professionell zu handeln – und reagiert z. B. auf Vorwürfe (EL) nicht wieder mit Vorwürfen, sondern spricht das eigentliche Anliegen des Senders an.
Übrigens: Ein häufig gewünschtes Thema in meinen Fortbildungsseminaren mit Schulleitern lautet: Meine »Kinder« und Erwachsenen im Kollegium: Wie gehe ich mit ihnen um?

> Wer über die kommunikativen Aspekte der TA Bescheid weiß, kann Menschen in ihrem Gesprächsverhalten besser verstehen und angemessener reagieren.

4.3 Übertragungen

Ein Blick in die Beziehungskonstellationen von Personen in der Schule zeigt, wie sehr es Übertragungsphänomene im Schulalltag gibt:

(I) *Eine Grundschullehrerin bevorzugt in ihrer 2. Klasse zwei Mädchen und betrachtet sie als ihre Lieblingsschülerinnen. Zunehmend werden diese beiden von den anderen in der Klasse abgelehnt. Aus diesem Grunde kommt sie in der Supervisionsgruppe darauf zu sprechen. Während des Klärungsprozesses, in dem unter anderem die Bevorzugung zur Sprache kommt, äußert die Lehrerin plötzlich unter Tränen: »... aber ich hab doch keine eigenen Kinder.«*
Die Lehrerin überträgt ihre Liebe, die sie gern ihren gewünschten Kindern gegeben hätte, auf Kinder in ihrer Klasse, die ihrem Idealbild in Aussehen und Verhalten am nächsten kommen. Diese beiden Mädchen erhalten also *unangemessene Zuwendung* (= nicht sie sind gemeint, sondern die in ihrer Fantasie lebenden

eigenen Kinder), während gleichzeitig die anderen in der Klasse sich vernachlässigt fühlen.

(II) *Ein zwölfjähriger Junge verweigert die Mitarbeit und stört den Unterricht, indem er den Lehrer mit deftigen Kraftausdrücken beschimpft. Dieser spricht ihn nach einiger Zeit klar und bestimmt an: »Hör bitte auf zu schimpfen und arbeite mit!« Woraufhin der Schüler halblaut zu seinem Nachbarn sagt: »Diesen Wichser bring ich noch um.« Empört berichtet der Lehrer den Vorfall im Lehrerzimmer.*
Der Lehrer erfährt im Nachhinein, dass der Junge seinen Vater zutiefst hasst, weil dieser ihn demütigt, wo er nur kann. Der Hass überträgt sich auf den Lehrer, den er sich eher erlaubt »umzubringen« als den eigenen Vater. Dem Lehrer wurden also *unangemessene Gefühle und Gedanken* entgegengebracht (= nicht der Lehrer war gemeint, sondern der eigene Vater).

(III) *Ein Lehrer kommt mit einer Kollegin »überhaupt nicht zurecht« und verhält sich ihr gegenüber, nach eigener Aussage, manchmal »ziemlich gemein«. Er bittet um Klärungshilfe. Zunächst zählt er auf, was ihn bei der Kollegin alles nervt. Unter anderem sucht er dann nach Personen in seiner Lebensgeschichte, bis er auf ein Mädchen aus seiner Schulzeit stößt, in das er einmal »unsterblich verliebt« war und die ihn abblitzen ließ.*
Die Kollegin erinnert den Lehrer an seine Schulkameradin (»von Körperbewegungen bis hin zur Färbung der Stimme«), durch die er damals sehr verletzt wurde. Die späte Rache überträgt er auf die Kollegin. Diese fühlte sich *ungerecht behandelt* (= nicht sie ist gemeint, sondern das Mädchen aus der Schulzeit).

(IV) *Ein Schulleiter ist ziemlich ratlos. Sein Vorgänger hat das Kollegium sehr streng geführt. Sein neuer – ausgeprägt kooperativer Stil – wird von einem Teil des Kollegiums dankbar angenommen; von einem anderen Teil kommt lautstark die Forderung nach »Ordnung«, »Durchgreifen« und »Sagen, wo's langgeht …«*
Das Kollegium war lange Zeit einen »strengen Vater« gewohnt. Als dieser weg geht, ist ein Teil darüber froh. Der andere Teil

wünscht sich immer noch den »strengen Vater«, der die Richtlinien vorgibt; den »guten Vater« lehnt es ab. Die »Vater-Kinder-Beziehung« verändert sich also nicht hin zu einer *angemessenen* kollegialen Beziehung (= nicht der Schulleiter ist gemeint, sondern der frühere »strenge Vater«).

Übertragungsphänomene in zwischenmenschlichen Beziehungen sind normal: »Wenn Erwachsene mit Kindern zusammen sind, kommt es (…) grundsätzlich zu einer Übertragungsbeziehung« (Behr/Walterscheid-Kramer 1992/^{4}1994, S. 103), weil, besonders in Konfliktsituationen, die unbewussten Anteile aus der Lebensgeschichte »ins Spiel« gebracht werden: »Wir sehen plötzlich im anderen auch die entsprechende frühere Person und verhalten uns ihr gegenüber so, wie wir uns jener Person gegenüber verhalten haben. Subjektive Erfahrungen werden in das aktuelle, objektive Geschehen hineingesehen, ohne dass es bewusst wäre. Diesen Vorgang nennen wir Übertragung. Dabei werden nicht nur negative Erinnerungen, Gefühle und Handlungsmuster aus der Vergangenheit in die momentane Situation hinein genommen, sondern auch positive. Beides ist gleich störend« (Langmaack/Braune-Krickau 1995, S. 118).

Übertragungen liegen immer dann vor, wenn es sich um Irrtümer handelt, was die angesprochenen *Personen*, die *Zeit* und den *Ort* betrifft:

Übertragung als »Dreifach-Irrtum«:
- Irrtum in der Zeit: damals statt heute
- Irrtum im Ort: dort statt hier
- Irrtum in der Person: jene(r) statt diese(r)

Die wichtigsten Erkennungskriterien der Übertragung:
- hartnäckige Konflikte, die sich nicht rasch beheben lassen (= Beteiligung tiefer liegender Schichten)
- die Unangemessenheit von Verhaltensweisen, Stressreaktionen (= Missverhältnis zwischen Anlass und Reaktion)
- Affekthandlungen und hohe Emotionalität (= Gefühlsausbruch, weinen, sich abrupt abwenden)

Beispiel I: die *bevorzugte* Behandlung der Kinder durch die Lehrerin mit ihrer *unbewussten Mutterliebe*
Beispiel II: der unvermittelte *Affektausbruch des Schülers* mit seinen *unbewussten Hassgefühlen* dem Vater gegenüber
Beispiel III: die *Ablehnung der Lehrerin* durch den Kollegen mit seinen *unbewussten Rachegefühlen* der früheren Freundin gegenüber
Beispiel IV: die *Ablehnung des Schulleiters* durch einen Teil des Kollegiums mit dessen *unbewusster Sehnsucht nach dem »strengen Vater«*

Die Übertragungsarbeit in zwischenmenschlichen Beziehungen besteht darin, sensibel zu werden für eigene und fremde Verhaltensweisen und sie an der Gegenwart zu messen, um gegebenenfalls zur Erkenntnis zu gelangen: Nicht ich bin gemeint, sondern beispielsweise die Mutter/der Vater von damals; nicht mir werden die Gefühle (Liebe, Hass) entgegengebracht, sondern der Person X von damals; nicht mir gilt die Zuwendung, sondern einer anderen Person aus der Lebensgeschichte meines Gegenübers.

Lehrerinnen und Lehrer werden mit der *Vergangenheit* von Personen konfrontiert. Es ergeht der Wunsch an sie, sich »zur Verfügung zu stellen«; sie sind gleichsam »Stellvertreter« mit der Bitte der Übertragungsperson: »Hilf mir, in der *Gegenwart* zurechtzukommen!« Dies ist im Schulalltag durch situationsgerechtes Handeln und durch Gespräche durchaus möglich (was nichts mit unmittelbarer therapeutischer Arbeit zu tun hat): Indem die Person, der Ort und die Zeit *von damals* in die *Gegenwart* gebracht werden, löst sich der Konflikt auf.

Tübingen, Studentenzeit: Ich habe seit Kurzem eine Freundin; während eines Spaziergangs finden wir eine Bank, auf der wir uns niederlassen. K. legt ihren Kopf an meine Brust und sagt: »Sooo schön; wie zu Hause bei meinem Vater ...« Darüber war nun ich nicht sehr erfreut – wusste allerdings auch noch nichts von Übertragung!

Übertragungsvorgänge zu kennen und entsprechend kompetent zu handeln bedeutet für Lehrerinnen und Lehrer: sich vor Grenzüberschreitungen schützen, Übertragungen nicht »tragen«, sondern sie klären und statt unsicher sicher und angemessen handeln. Dadurch fühlt sich das jeweilige Übertragungsgegenüber verstanden und kann mit ihrer Hilfe die Übertragung auflösen.

Durch die Auflösung der Übertragung erhalten die Partner ihre Autonomie zurück, weil sie nicht in Übertragungsabhängigkeit bleiben.

4.4 Transformationen

Es ist im Lehrberuf wie in zwischenmenschlichen Beziehungen generell für Menschen meist sehr belastend, wenn sie mit Kritik konfrontiert, mit Vorwürfen beworfen (!) und mit Beschimpfungen traktiert werden. Die Wurzeln dieser Art von Umgangsweisen und die damit zusammenhängenden Belastungen gehen bis in unsere früheste Kindheit zurück: Kritik wurde entkoppelt von Wertschätzung, Vorwürfe gekoppelt mit Liebesentzug, und Beschimpfungen gingen einher mit seelischen Verletzungen.

Durch diese langjährigen Erlebnisse entsteht eine merkwürdige Dichotomie: Zum einen werden die destruktiven Verhaltensweisen durch Nachahmung gelernt (und dadurch in das eigene Verhaltensrepertoire übernommen), und zum anderen besteht der Wunsch, konstruktiv mit Kritik umzugehen, Vorwürfe zu vermeiden und Beschimpfungen in authentische Mitteilungen umzuwandeln mit dem Ziel der psychischen Entlastung und des sozialverträglichen Handelns.

Die Methode der »Transformation«, also die »Übersetzung« von destruktiver Kritik, schädlichen Vorwürfen und Beschimpfungen ist sehr geeignet, dieses Ziel zu erreichen:

a) Kritik

In Konfliktsituationen wird häufig »Kritik geübt«, eine Tätigkeit, die bei den Kritisierten meist wirkungslos bleibt und sogar kontraproduktiv sein kann, wenn sie als »Kratzen an der Wirklichkeit« oder gar als Rache/Vernichtung empfunden wird. (Er bekam eine vernichtende Kritik.) Sie ist sinnvoll, wenn sie eigene Positionen verdeutlicht, auf Unterschiede / Gegensätzlichkeiten hinweist und inhumane *Handlungen* verbietet bzw. verhindert. Dann wird aus negativer Kritik die positive Alternative, nämlich *wertschätzende Rückmeldung*, die grundsätzlich bedeutet:

- Angebot und Hilfe, Förderung und Unterstützung, Konfrontation und Zeichensetzung,
- Wünsche und Bitten, Aufforderung und Hinweis, Warnsignal und Grenzziehung
- Interesse am anderen und respektvoller Umgang
- keine Veränderung *des* anderen, sondern Mitteilung eigener Ansichten *an* den anderen
- keine Schimpfkanonaden, sondern Äußerungen eigener Eindrücke, Erlebnisse und Sichtweisen

Aus dem (alten) »Kritik üben« (= am anderen kratzen), wird dann (neue) persönliche Rückmeldung, die authentisch ist, sozialverträglich und ethisch human. Sie erhöht die Wahrscheinlichkeit, dass andere sie auch annehmen können, weil sie sie als konstruktiv erleben. Sogar »streiten« kann dann förderlich sein:

- klipp und klar seine Meinung sagen und die andere gelten lassen
- unverfälscht seine Gefühle äußeren (Wut, Zorn, Ärger, Angst …)
- sich selbst behaupten und Wünsche, Forderungen stellen
- sich von anderen Meinungen distanzieren (»Ich denke da ganz anders als Sie.«)
- zuhören, überlegen … und ggf. seine Meinung ändern
- nach Gemeinsamkeiten suchen und Vereinbarungen treffen
- beobachten, schweigen, sich zurücknehmen
- das Gespräch selbstbewusst, aber nicht beleidigt beenden

Konstruktiv ist Kritik dann, wenn der / die Kritisierte die Rückmeldungen als Hilfe, ja sogar als Geschenk empfindet.

Unterschiedliche Reaktionen auf Kritik:

Kritikresistenz	oder Kritikoffenheit
Selbstwertverlust	oder Selbstreflexion
Erniedrigung	oder Annahme von Hilfe
Angriff	oder Dialog
Ablehnung	oder Zustimmung

Diese Reaktionen haben mit unseren Primärerfahrungen aus der Kindheit zu tun, nämlich: Gehören wir seit dieser Zeit zu den geliebten oder ungeliebten Kindern?

- Das geliebte Kind: was auch kommen mag: ich bin liebenswert.
- Das ungeliebte Kind: was auch kommen mag: ich bin nicht liebenswert (vgl. auch III, 2, S. 199 ff., S. 153).

Wer diese Hintergründe kennt, kann dann durch »Übersetzung« (= Transformation) die »eigentlichen« Beweggründe herausfiltern bzw. vermuten, ist dadurch nicht selbst blockiert oder handlungsreduziert und kann im Gespräch mit den kritisierenden Personen sozialverträglich umgehen.

Entlastung:
a) Aus dem »Kritik üben« wird faire Rückmeldung.
b) Faire Rückmeldung ist annehmbar.
c) Annehmbare Rückmeldung bewirkt Veränderung.
d) Unannehmbare Kritik wird entschärft durch Transformation der Mitteilungen.

b) Vorwurf

Kritik und Vorwurf sind nahe Verwandte: Aus der »Kritik am anderen« entwickelt sich der Vorwurf dem anderen gegenüber. Der Sender sagt nichts über sich aus, sondern artikuliert seine eigenen Gedanken und Gefühle auf Kosten des Gegenübers: »DU hast ja keine Ahnung.« »Hättest DU besser aufgepasst.« »DU lernst das ja doch nicht mehr.« »DU Langweiler, Dauerschwätzer …« »DU hast hier nichts mehr zu suchen.« »SIE hätten mich halt anrufen sollen, dann …« »Warum sind SIE denn immer so vergesslich?« »Auf SIE ist ja doch kein Verlass …« »SIE sind ein unverbesserlicher Idealist.« »Mit Ihrem Pessimismus kommen SIE auch nicht weiter …«

Hinter dieser Art der Kommunikation des »DU- / SIEzens« steckt dreierlei:

a) zunächst Hinweise auf sachliche Fehler oder persönliches Fehlverhalten des Ansprechpartners

b) tiefer liegende eigene Enttäuschungen, unangenehme Gefühle, persönliche Verletzungen und Kränkungen
c) möglicherweise auch Übertragungen

> Vorwürfe sind Personen schädigende und sozial schädliche Würfe.

Von Bundestagssitzungen bis hin zu Lehrerkonferenzen: Die Gescholtenen, Kritisierten, »Beworfenen« sind schwerlich in der Lage, sozialverträglich zu reagieren, geschweige denn, ihr Verhalten zu ändern. Im Gegenteil: Fronten werden aufgebaut, »Widerstände« erhärtet, Gegensätze verstärkt, Kompromisse verhindert und Einigungen unmöglich gemacht.
Mitteilungen ohne Respekt und Wertschätzung produzieren Ärger, Verletzungen und Kränkungen beim Gegenüber mit wiederum ähnlichen Reaktionen – und in der Folge: Belastungen auf beiden Seiten!

> »Was du über mich sagst, sagt mehr über dich aus als über mich. Jede Beurteilung ist Selbstbiografie.«
> *R. Sprenger*

Die faire Alternative: Statt Vor-Wurf Selbstmitteilungen in ICH-Form, nicht verstanden als die bekannte ICH-Botschaften-Technik, sondern als Begegnung von Person zu Person auch – und vor allem – in kritischen oder fehlerbesetzten Situationen, und zwar in der Reihenfolge:

1. Beschreibung (und nicht Bewertung) des Fehlers oder des Fehlverhaltens; hier ist das DU / SIE »erlaubt«: »SIE haben hier einige Schreibfehler gemacht.« »DU hast die Scheibe eingeworfen / deinen Mitschüler geschlagen / deinen neuen Anzug zerrissen …«
2. Bewertung / Einschätzung des Fehlers oder des Fehlverhaltens aus der *ICH-Perspektive*: »ICH ärgere mich, weil … / finde es schade … / habe folgenden Nachteil … / muss jetzt leider nochmals …«
3. Wünsche und Lösungen im Dialog: »Bitte sag mir, wie dies passieren konnte, damit ich dich besser verstehen kann …« »Was

war dein Motiv?« »Ich bitte Sie dringend …« »Kann ich dir helfen?« »Ich schlage vor …«

In einer Arbeitsgruppe sagte ein Lehrer: »Wenn der (Vater) mir so kommt, dann komm ich ihm auch so. Ich schieße einfach zurück.«

Zwar ist seine Reaktion verständlich, verbunden mit dem Gefühl der Wut, des Ärgers … Im weiteren Verlauf wurde ihm jedoch deutlich, dass er spontan reagierte, nicht aber professionell, nämlich: Wer Vorwürfe bekommt, kann sie durch Transformation entschärfen, indem er die eigentlichen (hintergründigen) Botschaften hört und nicht das vordergründige Gesagte (und sich nicht den Vorwurfschuh des anderen anzieht, sondern den eigenen Sozialschuh anlässt, was wesentlich gesünder ist!).

Aus dem Vor-Wurf wird ein Ping-Pong-Spiel mit dem Ziel, sowohl die belastete/gestörte Beziehung wieder zu normalisieren als auch die sachlichen Fehler zu korrigieren.

Deshalb:

- Jeder hat das Recht auf eine eigene Meinung:
  ⇨Meinungen sind eben Ansichts-Sache.
- Jeder hat das Recht, sie mitzuteilen:
  ⇨Viele Meinungen ergeben ein buntes Bild.
- Sichtwechsel erweitern den eigenen Blickwinkel:
  ⇨Die Position des anderen kann Überraschungen bringen.
- Alle Positionen haben Vor- und Nachteile:
  ⇨Gehen wir auf die Suche und wägen wir ab.
- Ein Blick unter die Eisoberfläche lohnt sich:
  ⇨Was es da alles zu entdecken gibt!
- Mit kleinen Schritten kommt man besser ans Ziel:
  ⇨Man kann dabei mehr sehen und weniger übersehen.
- Die Suche nach Gemeinsamkeiten bringt Gewinn für beide:
  ⇨Jeder soll als Gewinner vom Platz gehen (WIN-WIN-Modell).
- Vereinbarungen sind der Knoten, der den Sack zumacht:
  ⇨Jeder weiß, wie er dran ist.

Entlastung:
a) Den Vor-Wurf des anderen als dessen eigene Mitteilung sehen (Transformation)
b) Statt vorwerfen besser eigene Sichtweisen, Wünsche und Absichten mitteilen und Grenzen verdeutlichen

c) Beschimpfungen

Stellen Sie sich eine deftige verbale Entgleisung eines Schülers vor, z. B. bei Erhalt eines Arbeitsblattes: »Den Scheiß können Sie behalten.« (Den Kontext bitte selbst herstellen.) Ihre möglichen Gefühle / Gedanken:

- »Unverschämtheit: Ich bin empört.«
- »Typisch: Keine Kinderstube!«
- »Oh Gott, was mache ich jetzt?«
- »Kann jedem passieren.«
- »Der hat wohl keine Lust?«
- ein verbaler Ausrutscher
- »Hab ich auch schon mal gesagt.«
- »Du kannst mich mal ...«
- »Ich bin geschockt.«
- Oder: ...

Und Ihre Reaktionen? (kontrolliert, rational, affektbesetzt, gefühlsbetont?)

Unterscheidung

a) Eingreifen aus dem Affekt: Sie sind Ihren Gefühlen ausgesetzt und handeln unkontrolliert: beschimpfen und ungerecht sein; aus »Rache« zuschlagen; unangemessen reagieren, sinnlos bestrafen ...
b) Eingreifen mit »Kopf, Herz und Hand«: Sie reagieren kontrolliert, indem Sie unmissverständlich die Grenzüberschreitung stoppen, deeskalierend reagieren, beruhigend wirken, abwarten ..., verstehen, nachfragen, ggf. klären ..., selbst Betroffenheit (Ärger, Enttäuschung) zum Ausdruck bringen

Hinweis: Ich empfehle dringend Trainingsseminare unter versierter Leitung. Sie bestehen meist aus drei Teilen: Konfrontation mit Beschimpfungen / Gewalttätigkeiten im Schonraum der Simulation; Reflexion der Befindlichkeit und des Handelns; Einübung angemessener Interventionen. Wissen allein schafft noch keine Handlungssicherheit!

Akuthandeln im Dreischritt

… besteht aus dem »Stoppen – Verstehen – Verändern / Umlernen helfen«:

1. Schritt: Stoppen

   Es gibt Beschimpfungen und Verhaltensweisen verbaler Gewalt, die sofort und unmissverständlich gestoppt werden müssen; z. B.: mit Namen ansprechen – »Hör sofort auf!« – »Rede nicht so mit mir!« – »Das ging jetzt zu weit.« (Forderungen wiederholen, wie eine »gesprungene Schallplatte«).

2. Schritt: Verstehen durch »Übersetzung« (= Transformation)

   Verstehen geschieht hier durch die *»dreistufige Übersetzung«* (Transformation): Menschen, vor allem, wenn sie in Konflikte geraten, unter Stress stehen, erschrocken sind oder sich bedroht fühlen, *meinen »eigentlich« etwas ganz anderes als sie sagen bzw. tun.* Verbale Attacken und körperliche Tätlichkeiten erscheinen so in einem anderen Licht, und Täter können besser verstanden werden. Allerdings:

a) Beschimpfungen anderer *verstehen* und sie deuten (= entschlüsseln, übersetzen) heißt nicht, sie einfach hinzunehmen, und sind kein *Freibrief* anderer für Beschimpfungen nach dem Motto: Der / die hat ja Verständnis, den / die kann man ungehindert beschimpfen!
b) Weil Menschen nur die Beschimpfungen äußern, ist es in diesem Zusammenhang »erlaubt« und angebracht, ihre dahinter liegenden Emotionen und Probleme zu vermuten bzw. durch Fragen zu eruieren: »Wenn ich weiß, wie es dir wirklich geht, kann ich dich auch besser verstehen.«

Deshalb: Entscheiden Sie im Bedarfsfall: Zuerst Stoppen und dann Verstehen und Klärung – oder zuerst Verstehen / Klärung und dann auf die Beschimpfungsattacken eingehen, und zwar in den folgenden drei Stufen (Prozess des Verstehens).

Stufe I: aggressives Verhalten (Beschimpfung): **Beschimpfungsebene**
- »Sie Riesenarschloch!« – »Verpiss dich!« – »Halt's Maul ...«
- zuschlagen, Sachen beschädigen ...

Stufe II: die dahinter liegenden Gefühle: **emotionale Ebene**
- Wut, Zorn, Ärger, Enttäuschung, Kränkung ...
- »Ich könnte ihn abwürgen / an die Wand drücken.«

Stufe III: Grundproblem, existenzielle Not: **Problemebene**:
- »Mir wächst alles über den Kopf.«
- »Ich bin ganz durcheinander, verzweifelt ...«
- »Ich weiß nicht mehr weiter ...«

Vordergründig: Gewalt, Ausschreitung ..., hintergründig: statt vorschnellen Verurteilungen einfühlsame Suche nach Hintergründen und Nöten.

Drei Beispiele:

(1) Ein Schüler schreit einen Mitschüler an mit den Worten: »Du Wichser, dir dreh ich den Hals um ...« (Beschimpfung) Er ist völlig aufgebracht. (Emotion: Wut) Es stellt sich heraus, dass dieser ihm die Freundin ausgespannt hat. (Problem)

(2) Ein Lehrer gibt Arbeiten zurück, die sehr schlecht ausgefallen sind, und brüllt die ganze Klasse an: »Ihr faulen Säcke, ihr seid ja zu blöd fürs Gymnasium ... Und eure Arbeiten könnt ihr euch in den Hintern stecken ...« (Beschimpfung) In der Supervision sagt er, dass er total frustriert gewesen sei (Emotion) und dass er sich auch schon überlegt habe, woran die schlechten Leistungen liegen könnten – »an mir oder den Schülern.« (Problem)

(3) Ein Vater, Rechtsanwalt, beschuldigt eine Lehrerin, es läge an ihr, dass sein Sohn so schlechte Leistungen bringe. (Vorwürfe) Er sei »so was von sauer«, dass sein Sohn nun die Empfehlung für die Hauptschule bekommen habe. (Emotion) Nach einiger Zeit äußert er, ruhiger geworden: »Wer übernimmt denn dann in 15 Jahren meine Kanzlei?« (Problem; siehe auch S. 39)

Häufig gilt: Je stärker der (verbale) »Amoklauf«, desto größer die Not.

Wenn Sie über diese drei Stufen und tiefer liegende Gründe Bescheid wissen, können Sie entscheiden, was Sie jeweils beim Gegenüber ansprechen wollen – und wie Sie anschließend reagieren, und zwar durch Wahrnehmung und Thematisierung.

1. der Beschimpfung / Aggression (und dann möglicherweise selbst aggressiv werden)
2. der Gefühle (und dabei selbst Gefühle aktivieren und empfinden)
3. der persönlichen Probleme (und dadurch die Person verstehen und ihr helfen)

Wer genug Selbstbewusstsein und Selbstwertgefühl hat, der hält auch die Beschimpfungen anderer aus, weil er sie nicht auf sich bezieht (= »Ich ziehe mir den Schuh nicht an!«), sondern weil er sie als Ausdruck eines Problems, einer Notsituation … *des anderen* »entschlüsselt«.

Mit diesem Dreischritt-Modell können Sie also sowohl Angriffe anderer transformieren (= *inter*kommunikativer Vorgang) als auch eigenes Angriffsverhalten »durchschauen« (= *intra*kommunikativer Vorgang).

Somit hat Ihre Transformation drei Ziele:

a) Verstehen der Vorwürfe, der Angriffe, der Beschimpfungen
b) Schutz vor diesen Angriffen (weil Sie sie anders deuten)
c) Förderung des eigenen sozialverträglichen Handelns

Entlastung

a) Sich nicht den Schuh anderer anziehen
b) Beschimpfungen als spezifische Botschaft des Beschimpfenden »übersetzen« (transformieren)
c) »Von wem ich mich beschimpfen lasse, bestimme ich.«

3. Schritt: Verändern / Umlernen helfen

Und schließlich: Schülerinnen und Schüler brauchen Vorbilder, Beispiele und Training, um von ihren Beschimpfungen zu fai-

ren und konstruktiven Mitteilungen zu kommen. Deshalb ist es notwendig, ihnen beim Umlernen zu helfen (ein manchmal sehr langwieriger und schwieriger Weg aufgrund der häufig negativen Sozialerfahrungen der Kinder und Jugendlichen):
Von der Beschimpfung zum fairen Gespräch:
Mögliche Trainingsschritte

- Akutsituationen (Vorfälle) zum Anlass nehmen und sie thematisieren
- die Beschimpfungen auf ihre Wirksamkeit überprüfen (von banalem Wortgeplänkel bis zu persönlichen Verletzungen und Kränkungen)
- Beschimpfungen von den Schülern aussprechen lassen bzw. notieren: »Du bist …«
- sie wirken lassen und umformen: »Ich möchte …«; »Mir geht's so und so …« ich fühle mich …
- in Simulationsszenen sozialverträgliches Verhalten üben (verbal, nonverbal)
- in Akutsituationen das Umlernen überprüfen

4.5 Spickzettel Kommunikation: Zehn Tipps

1. Wenn wir miteinander reden, können wir nicht *sicher wissen*, was unsere Nachrichten beim Gegenüber auslösen / bewirken. Erschrecken Sie nicht oder sind Sie nicht enttäuscht, wenn das, was Sie sagen, so »ganz anders« ankommt. **Deshalb: Auf alles gefasst sein!**
2. Weil das Gesagte häufig so »ganz anders« beim Gegenüber ankommt und weil wir keine Macht darüber haben, ob und vor allem wie Menschen unsere Nachrichten hören, brauchen wir den Dialog und die Rückmeldung, nach dem Motto: »Sag mir, was du gehört hast, damit ich dir sagen kann, ob ich es auch so gemeint habe!« **Was ich gesagt habe, weiß ich erst, wenn ich die Antwort kenne.**
3. Weil jede einzelnen Transaktion von Bedeutung ist und weil Menschen nicht alles auf einmal behalten können, ist es wich-

tig, auch nicht alles auf einmal loswerden zu wollen – und: das Gegenüber braucht »Verdauungszeit«. **Deshalb: Kleinschrittig kommunizieren!**

4. Menschen reden (mindestens) auf zwei Ebenen miteinander, nämlich auf der Sachebene (= WAS sie sagen) und auf der Beziehungsebene (= WIE sie etwas zu WEM sagen); dabei hat die Beziehungsebene den stärkeren Einfluss auf unser Hören als die Sachebene. **Ein gutes WIE ist ein stabiler Boden für das WAS.**
5. Förderliche Gespräche brauchen ein gutes Klima; es besteht aus gegenseitigem Respekt und Vertrauen, aus Echtheit und Einfühlung, Toleranz und Akzeptanz. **Ein gutes Gesprächsklima ist ein weiches Kissen bei harten Gesprächen.**
6. Ohne Verstehen gibt es, vor allem in schwierigen Konstellationen, kein gutes Gespräch. Verstehen heißt, sich immer mehr der Wirklichkeit des Gegenübers zu nähern und sie zu akzeptieren (nicht jedoch zwingend die Handlungen!). **Deshalb: Bei aller Unterschiedlichkeit: Suchen wir Berührungspunkte und Berührungsflächen!**
7. Weil das Gesagte nicht immer das Gemeinte ist, deshalb stecken hinter Vorwürfen und Beschimpfungen immer die eigenen Meinungen der Sprecher; es ist somit sinnvoll, diese Äußerungen zu »transformieren«. **Was du über mich sagst, sagt mehr über dich aus als über mich.**
8. Kritik ist kein Vernichtungsakt (»Er bekam eine *vernichtende* Kritik.«), sondern soll faire Rückmeldung über Verhaltensweisen und Handlungen von Menschen auf dem Hintergrund von Interesse an der Sache und Wertschätzung gegenüber der Person sein. Kritik ist nicht Veränderung *des* anderen, sondern Mitteilung an den anderen. **Deshalb: Kritik als Veränderungshilfe und nicht als Vernichtungsmaschine sehen!**
9. Die Übereinstimung von Gefühlen, Gedanken, Erleben und Handeln bringt Klarheit in zwischenmenschliche Beziehungen und ist für alle Beteiligten gesundheitsförderlich. **Deshalb: Authentisch sein!**
10. **Jedem Gespräch eine Struktur geben:**

a) Im inneren Monolog sich der eigenen Ziele und Wünsche bewusst werden

b) Im Dialog folgende Schritte anwenden:
   - Zeitvorgabe und Verlauf transparent machen
   - die verschiedenen Sichtweisen und Anliegen darlegen
   - die Unterschiede klären, die Konflikte artikulieren (kommunikatives Ping-Pong)
   - Lösungsvorschläge unterbreiten
   - Abmachungen und Vereinbarungen treffen
   - das Gespräch gegenseitig Revue passieren lassen

Im professionellen Kontext sind die Kommunikationsmodelle wirksame Angebote für förderliche zwischenmenschliche Beziehungen. Über sie Bescheid zu wissen verschafft Durchblick, sie in der Praxis sozialverträglich anzuwenden erzeugt Unabhängigkeit, und beides zusammen bewirkt Autonomie – das Persönlichkeitsmerkmal schlechthin für qualifiziertes Unterrichten.

5. Lehr- und Lernprozesse

»Mein Onkel Georg lief mit mir nicht, wie mein Vater, auf unseren Italienreisen von einer Säule zur anderen, von einem Denkmal zum anderen, von einer Kirche zur anderen, von einem Michelangelo zum anderen, er hat mich überhaupt nie zu einem Kunstwerk geführt. Gerade deshalb aber verdanke ich meinem Onkel Georg mein Kunstverständnis, weil er mich nicht von einer Kunstberühmtheit zur anderen drängte, wie mein Eltern, sondern mich mit allen diesen Kunstwerken immer in Ruhe ließ, mich immer nur aufmerksam machte darauf, dass es sie gibt und wo sie zu finden seien, aber nicht, wie meine Eltern es mit mir getan haben, meinen Kopf alle Augenblicke an eine Säule oder an eine römische oder griechische Mauer stieß. Dadurch, dass die Meinigen, außer meinem Onkel Georg, meinen Kopf schon in früher Kindheit an die sogenannten berühmten Altertümer der Welt gestoßen haben, mit der ihnen eigenen plumpen Rücksichtslosigkeit, haben sie meinen Kopf sehr bald völlig unempfindlich gemacht für jede Art von Kunst, sie hatten sie mir dadurch nicht nahe gebracht, sondern verekelt.« (Aus: Thomas Bernhard: Auslöschung. Frankfurt a. M.: Suhrkamp, 1986, S. 35)

In seiner unnachahmlichen Art bringt es TB auf den Punkt: Durch *Be*lehrung wird der Kopf »völlig unempfindlich gemacht«, durch »Lehren« als Aufmerksammachen im weiteren Sinne und durch eigene Wahrnehmungen und Erfahrungen wird *Lernen* ermöglicht; Lehren und Lernen als *das* didaktische Paar, das sich wechselseitig bedingt.

Wie dieses Paar im schulischen Unterricht zur Geltung kommt, zeige ich durch die folgenden neun Kriterien (teilweise in Anlehnung an Hilbert Meyer 2008 und ausführlich in Miller 2007, S. 149 ff.). Diese Auswahl – die auch Merkmale guten Unterrichts sind – habe ich unter dem Aspekt der Autonomie ausgewählt. Für Lehrer sind sie stabilisierende, entlastende, gesundheitsfördernde und sozial verträgliche »Instrumentarien« für die Entwicklung oder für die Erhaltung ihrer Autonomie, allerdings nur, wenn sie auf sie achten, über ihre Funktionen fundiert Bescheid wissen und mit ihnen professionell arbeiten – *und für Schüler sind sie vorzügliche Lernbausteine.*

1. Fachliche und mentale Vorbereitung
2. Neurobiologie und Lernen
3. Planung und Strukturierung
4. Arbeitsbündnis und Interessenbildung
5. Lernstandserhebung / Diagnose
6. Heterogenität und Individualität
7. Instruktionen und Konstruktionen
8. Methodenvielfalt
9. Selbstbewegung und Motivation

5.1 Fachliche und mentale Vorbereitung

Die Praxis zeigt genügend, dass für Lehrerinnen und Lehrer die *fachliche* Kompetenz und die entsprechend sachliche Vorbereitung auf den Unterricht selbstverständlich sind.

Keinesfalls selbstverständlich ist die *mentale* Vorbereitung auf den Unterricht, die ich aufgrund der komplexen und zugleich differenzierten Anforderungen an Lehrerinnen und Lehrer mehr denn je für äußerst wichtig erachte. Es ist wie beim Skilaufen: Eine Abfahrt wird *gedanklich vorausgefahren,* um sie in schwierigen Passagen zu bewältigen!

Auf den Unterricht übertragen heißt das: Er wird mental (und nicht nur sachlich) vorbereitet, um die »Lehrer-Schüler-Abfahrt« erfolgreich zu bestehen, und zwar durch:

Wahrnehmung der eigenen Befindlichkeit

Ich spüre mögliche persönliche Belastungen, Empfindungen, Stimmungen und Möglichkeiten der Entlastung auf: Was kann ich tun, was brauche ich, um für den Unterricht fit und *persönlich* gut vorbereitet zu sein? Unterrichten kann schwerlich gelingen, wenn Lehrerinnen und Lehrer bereits mit Belastungen in den Unterricht gehen, sich zeitlich überrumpeln lassen und diffus agieren.

Disidentifikation

Darunter versteht man die Trennung der eigenen Leistung von denen der Schülerinnen und Schüler: Es ist gesundheitsschädlich, wenn wir unser Befinden, unsere Stimmungen und Gefühle von den *Leistungen*, den Erfolgen / Nichterfolgen der *Schüler/innen* abhängig machen. Wir sind nur Herr über unser eigenes Tun, nicht aber über das der anderen; wir sind verantwortlich für unser eigenes Verhalten, nicht aber für das der anderen. Wir können bewirken, aber nicht bestimmen. Ein unglücklicher Lehrer: »Jetzt habe *ich* es schon wieder nicht geschafft, dass alle *meine Schüler* das Abitur bestanden haben.«

Trennung von Zielen und Anforderungen

Es ist in der Schule legitim, dass Lehrer Erwartungen, Anforderungen … an Schülerinnen / Schüler haben, z. B.: dass sie motiviert und offen für seine Angebote sind, Interesse zeigen, selbstständig lernen, mit anderen zusammenarbeiten, eigene Gedanken entwickeln, sozialverträglich sind. Aber wir können keine Ziele für andere bestimmen. Dies sind unzulässige Übergriffe, und die »Zielbestimmer« bleiben so lange in Abhängigkeit, bis die Adressaten sie erreicht – oder frustriert, wenn sie sie nicht erreicht haben. (Gute Trainer haben für sich selbst Ziele und für die zu Trainierenden ausgearbeitete Trainingspläne, damit diese ihre eigenen Ziel erreichen können.)

In Seminaren und Kursen zum Thema »Belastung / Stress« äußern Lehrer/innen immer wieder, wie frustriert, enttäuscht, sauer, gekränkt … sie sind, wenn Schülerinnen und Schüler nicht die Ziele erreichen, die sie für sie aufgestellt haben, wenn die Arbeiten schlecht ausgefallen sind, wenn die Schülerinnen und Schüler »faul« sind … – und häufig enden die Gespräche mit der Frage: »Was habe ich falsch gemacht?«

Klärung der Einstellung und Haltung

Lehrer haben es in den Klassen mit sehr unterschiedlichen Personen zu tun: vertraute und weniger vertraute, freundlich und weniger freundlich gesinnte, aktive und passive, unterstützende und ablehnende, sympathische und weniger sympathische … Deshalb ist es wichtig, die eigene Einstellung und Haltung den Schülerinnen und Schülern gegenüber zu überprüfen, denn sie leiten (bewusst und/oder unbewusst) unsere Handlungen. Die Klärung von Einstellungen und Verhaltensweisen den Schüler/innen gegenüber versetzt Lehrer/innen in die Lage, verständnisvoll, sicher, abgrenzend und angemessen zu handeln.

Anpassungs- statt Gehorsamsleistungen

Anpassung ist eine wichtige menschliche autonome »Ich-Leistung« aufgrund realer Umstände und Situationen im Gegensatz zum Gehorsam, der auf Unterwerfung durch Zwang entsteht. Es gehört zur mentalen Vorbereitung zu klären, ob die Entscheidungen durch realitätsbezogene Anpassung oder durch erzwungenen Gehorsam gefällt werden, weil sie Einfluss haben auf die Qualität von Unterricht (siehe auch S. 225).

5.2 Neurobiologie und Lernen

Wer erfolgreich lehren will, muss über das Lernen von Menschen Bescheid wissen: *Aus Sicht der Neurobiologie* bedeutet Lernen für das Gehirn Verschaltungen zwischen den Milliarden Nervenzellen, die »gebahnt und stabilisiert«, plastisch und anpassungsfähig sind (Herrmann 2009, S. 145).

> »Das Hirn lernt immer – und vor allem (nur) das, was (über-)lebenswichtige Bedeutung hat.« (M. Spitzer)

Die Lernfähigkeit des Menschen besteht darin, Erfahrungen für künftiges Verhalten zu speichern und zu verwerten, wobei diese Leistung an das Gedächtnis gebunden ist. Um dies zu ermöglichen, werden die Außenreize, also alles, was »auf den Menschen zukommt«, über die *Sinne*, die die Eingangskanäle bilden, aufgenommen. Was wahrgenommen wird, entsteht im Gehirn, ist dessen *Konstruktion* und *keine Abbildung* der Außenwelt im Sinne einer fotografischen Aufnahme.

Für das Wachstum, die Entwicklung gibt es zwar Prognosen, aber keine sicheren Vorhersagen, gibt es Wahrscheinlichkeiten, aber keine Gewissheiten, auf keinen Fall ein »Wenn so …, dann so …!« (Das ist es, was das Lehren und Lernen so unberechenbar, aber auch so spannend macht!)

Konsequenzen für Schule und Unterricht

Lernende sind Subjekte ihres eigenen Lernens. Sie konstruieren ihre eigenen Lernwelten und gehen die ihnen eigenen (hirn-)gemäßen Lernwege. Dieser Freiheitsgewinn führt jedoch nicht zu Beliebigkeit, sondern zu hoher Verantwortung. Bildungs- und Lehrpläne eröffnen Spielräume *und* deren Grenzen, jedoch keine Grenzenlosigkeit.

Es ist Abschied zu nehmen von einem Unterricht als »Nürnberger Trichter«: »Pädagogen missverstehen sich dabei als ›Wissensvermittler‹. Aus neurobiologischer Perspektive ist diese Vorstellung weder zutreffend noch brauchbar … Schülergehirne sind keine Fässer, die man mit Wissen füllen kann … Das Gehirn ist nicht zum Auswendiglernen von Sachverhalten, sondern zum Lösen von Problemen optimiert … Gelernt wird von Schülern nur das, was einhergeht mit Aktivierung der bewussten Wahrnehmung, Fokussierung der Aufmerksamkeit und Aktivierung der emotionalen Zentren in den tieferen Bereichen des Gehirns« (Hüther 2010, S. 40 f.). Bauer (2010, S. 15 und 17, kursiv R.M.) führt weiter aus:

> »Ein Kind ist kein Aktenordner, in den man Blatt für Blatt Wissensinhalte einheften kann, sondern ein Lebewesen, dessen Erleben und Verhalten neurobiologischen Grundregeln unterwor-

fen ist … Die Unterrichtssituation ist heute vielfach *in keiner Weise* mehr formatiert. Lehrkräfte wenden den größten Teil ihrer Energie dafür auf, erst einmal eine Situation herzustellen, in der Unterricht überhaupt erst einmal möglich ist. *Gelingende Beziehungsgestaltung ist die zwingende Voraussetzung für den schulischen Bildungsprozess …*« »Wahrgenommen-Werden, soziale Unterstützung, Wertschätzung und die Erfahrung von Gemeinschaft veranlassen die Nervenzell-Netzwerke des Motivationssystems Dopamin (ein Botenstoff für psychische Energie), körpereigene Opioide (Wohlfühlbotenstoffe) und Oxytozyn (ein Vertrauens- und Kooperationsbereitschaft förderndes Hormon) zu produzieren. Ein pädagogisches Konzept, welches die Vorgänge ausblenden würde, die mit der persönlichen Begegnung von Lehrenden und Lernenden zu tun haben, wäre daher unprofessionell – jedenfalls aus neurobiologischer Sicht.« (Bauer 2010, S. 7)

Deshalb: Lehren und Lernen auf der Sach- *und* Beziehungsebene! »Das Erfolgsgeheimnis guten Unterrichts: die Beziehung zwischen Lehrer und Klasse.« (Bauer 2008, S. 23)

Und Bauer (2010, S. 7) weiter: »Kern jeder zwischenmenschlichen Beziehung, insbesondere der ›pädagogischen Beziehung‹ ist Spiegelung und Resonanz.« Sie sind Phänomene, »welche die Beziehungen zwischen den Menschen wesentlich unterscheiden von dem Verhältnis, das wir zu nichtbelebten Objekten haben … Spiegel-Nervenzellen simulieren beziehungsweise imitieren in unserem Gehirn ein Spiegelbild der inneren Vorgänge, die sich in anderen Personen abspielen, vorausgesetzt, diese Personen befinden sich im ›Einzugsbereich‹ unserer fünf Sinne«, vorausgesetzt, wir können sie erleben = sehen oder hören oder riechen oder berühren … (Bauer 2010, S. 8). Empathie ist eine Leistung des Gehirns.

Schüler/innen einer Klasse oder Lerngruppe sind eine »Vielwirklichkeitsgemeinschaft«. Diese Tatsache erfordert ein prinzipielles und strukturelles Umdenken und eine Veränderung des gesamten Lehr- und Lernverhaltens, was nicht ausschließt, Vereinbarungen verbindlich zu treffen, Axiome und Instruktionen zu vermitteln – allerdings in methodisch angemessenen Formen, die den unterschiedlichen Gehirnen der Schülerinnen und Schüler gerecht werden. Sie sind alle *einmalige* Lernpersönlichkeiten.

Die Lehrerin zeigt den Schüler/innen eine Katze (ohne Schwanz) und fragt: »Was fehlt denn der Katze?« Die meisten sagen: »der Schwanz« – ein Mädchen jedoch sagt: »ein Schüsselchen Milch«.

Ich besuche mit meiner Frau eine Vasarely-Ausstellung. Vor einem Bild bleiben wir fasziniert stehen. Sie sagt zu mir: »Schau', wie sich die Linien nach innen verengen!« – Ich antworte: »Eigenartig. Für mich weiten sie sich nach außen.«
Hirne haben ihre eigenen Ansichten.

Beeindruckend für mich, welche ethischen Konsequenzen der Hirnforscher W. Singer zieht (In: Spiegel Spezial, 2003: Die Entschlüsselung des Gehirns, S. 25): Respekt vor der Singularität des menschlichen Gehirns, mit demütiger, bescheidener und toleranter Haltung. »Unglaubwürdig sind die, die vorgeben, sie wüssten, wie das Heil zu finden ist.«

Lernen bedeutet Anstrengung, ist mühsam, schweißtreibend, bringt aber auch Erfolge, stärkt das Selbstbewusstsein und ist befriedigend, freud- und lustvoll, spannend mit überraschenden und vielfältigen Ergebnissen.

5.3 Planung und Strukturierung

Ich bin überzeugt – und viele Erfahrungen von Lehrerinnen und Lehrern bestätigen es hinreichend: Veränderung des Lehrens und Lernens, die Rhythmisierung der Lernzeiten, die Selbstständigkeit der Schüler/innen, Methodenwechsel, »Entstaubung« der Lehrpläne … wirken sich sehr entlastend auf Lehrende und Lernende aus.

Die Realisierung dieser didaktischen Vielfalt benötigt allerdings Planung und Struktur, zu der auch ein stimmiges Zeitmanagement gehört. Sie sind gleichsam die Leitplanke für Lehr- und Lernprozesse oder Zäune, die deren weites Spielfeld zeigen und begrenzen. Deshalb:

Keine Hammer- oder Schwellendidaktik (*Lehrer, beim Übertreten der Tür*schwelle *und beim Eintreten in das Klassenzimmer: »Was* hamma *denn gestern gemacht?«)* und didaktisches »Schwimmen« (nicht zu verwechseln mit kreativen Interaktionen), sondern: geplante Vorhaben, flexible Ausführungen, begründete Abweichungen und gebundene oder offene Lernergebnisse.

5.4 Arbeitsbündnis und Interessenbildung

Hilbert Meyer (2008, S. 127) definiert ein Arbeitsbündnis als »einen didaktisch-sozialen Vertrag zwischen dem Lehrer und seinen Schülern über die im Unterricht geltenden Rechte und Pflichten und die zu erbringenden Leistungen«.

Auch wenn diese Idee schon »uralt« ist (Meyer 2008, S. 130), so ist sie derzeit besonders brisant angesichts zweier Tatsachen:

Zum einen gibt es nur eine *Schulpflicht*, aber *keine Lernpflicht* für Schüler/innen, zum anderen sind deren persönliche Voraussetzungen für den schulischen Unterricht und für Lehr- und Lernprozesse dermaßen weit gestreut (von hochinteressierten und motivierten bis zu total renitenten und schulunfähigen Kindern und Jugendlichen), dass unter diesen Umständen Arbeitsbündnisse und Interessensklärung schlechterdings *die* Bedingungen für die Realisierung von Unterricht sind. Fehlt sie, dann muss man damit rechnen, dass das Unterrichtsgeschehen mit Schulpflichtigen – in einer Spannbreite von hoher Selbstbeteiligung und breit gefächerten Aktivitäten bis hin zu destruktiven Tätigkeiten und mit Haltungen den Lehrer/innen gegenüber von Sympathie bis zu persönlichen Anfeindungen – zusammenbricht:

Eine Klasse von 14- / 15-Jährigen: Ein Sozialpädagoge betritt das Klassenzimmer; die Lehrerin unterbricht ihren Unterricht, wendet sich an alle und sagt: »Könntet ihr jetzt vielleicht ein bisschen leiser sein?« – Daraufhin schallendes Gelächter, sichtbar höhnische Gesichter. Der Pädagoge wendet sich an einen Schüler (Kleinkrimineller nach seiner Aussage); dieser weigert sich, mit ihm zu reden, verlässt seinen Platz, greift einen Mitschüler an, worauf der Sozialpädagoge dazwischengeh …

Handgemenge, Rauswurf …
Aussage der Lehrerin: »Unterrichten kann ich in dieser Klasse vergessen …«

Hilbert Meyer (2008) weist prononciert auf dieses wichtige Thema (wieder) hin, denn im Gegensatz zu früher (die Schule als unangefochtene Instanz und der Lehrer als respektierte Amtsperson!) haben sich die Voraussetzungen für »guten« Unterricht radikal gewandelt. Umso dringlicher sind Arbeitbündnisse, die auf impliziten wie expliziten *zwischenmenschlichen* Vereinbarungen beruhen. Allerdings: »Ob und welche Form eines Arbeitsbündnisses zustande kommt, hängt von einer ganzen Reihe einzelner Faktoren ab: vom Alter der Schüler, vom Klima, von der Lernmotivation, von fachlichen Interessen, von der verfügbaren Zeit, aber natürlich auch von der Lehrerpersönlichkeit und ihrem Geschick in der Gestaltung von Lernsituationen« (Meyer 2008, S. 131). Die Erstellung von Arbeitsbündnissen bringt unter anderem Klarheit über die Schulfähigkeit, die Lernwilligkeit und die Interessenslagen der Schülerinnen und Schüler und damit auch für die autonomen Handlungsmöglichkeiten *und* realistischen Grenzen der Lehrerinnen und Lehrer (Becker 2010).

5.5 Lernstandserhebung / Diagnose

Wer erfolgreich unterrichten will, muss sowohl über die Lern*dispositionen* als auch über die Lern*ergebnisse* der Schüler/innen Bescheid wissen. »Guter« Unterricht ist somit eingebettet zwischen Diagnose und Evaluation, ein Regelkreis zwischen Ursache und Wirkung:

Diagnose
als Lernstandserhebung

Evaluation
als Lernüberprüfung

Unterricht
als Lernförderung

Nun haben Lehrerinnen und Lehrer schon immer auch »diagnostiziert« – durch Beobachtungen, durch mündliche Befragung und schriftliche Arbeiten. Aber all dies war mehr sporadisch als systematisch, mehr zufällig als gezielt. Nicht nur seit PISA wissen wir, dass der Diagnose eine besondere Bedeutung zukommt.

> Nicht die Defizitorientierung ist das Ziel, sondern die angemessene, dem Einzelnen gerecht werdende Förderung und Entwicklung: »Zu einem veränderten Konzept von Schule gehört auch ein anderes Verständnis von Diagnose. Im Mittelpunkt muss die systemische und ganzheitliche Sichtweise von Kindern stehen. Das Lernverhalten von Schülern sowie aufgabenspezifische Schwierigkeiten sind nur dann sinnvoll zu beobachten und zu beurteilen, wenn Lehrer von einer einmaligen, normorientierten Statusdiagnose wegkommen, hin zu einer mehrperspektivischen Betrachtungsweise, in der sowohl die lebensweltlichen Systeme, die das Verhalten von Kindern maßgeblich bestimmen, als auch kontinuierliche Lernprozessbeobachtungen Berücksichtigung finden.« (Eberwein 1997, S. 223)

Schwerpunkte bilden in diesem Prozess die vielfältige Beobachtung (gezielt, kurzzeitig, langfristig, systematisch, standardisiert), genaue Beschreibung und deutliche Interpretation, wobei der Beobachter selbst Teil des diagnostischen Prozesses ist: Ein anderer Beobachter kann zu ganz anderen Ergebnissen kommen. Und, um es deutlich hervorzuheben: Diagnostische Verfahren benötigen *Personal* und *Zeit,* die derzeit in deutschen Schulen viel zu wenig gegeben sind. Deshalb: Nicht nur fordern, sondern auch die nötigen Voraussetzungen schaffen!

5.6 Heterogenität und Individualität

1949, erste Klasse Volksschule: Ich bin einer unter 50 Schülern (die Mädchenschule ist ein paar Straßen weiter); bis auf zwei Flüchtlingskinder stammen alle aus dem gleichen Ort, alle katholisch. Die Meinungen des Lehrers, des Pfarrers, der Eltern weisen kaum Unterschiede

auf. Die gibt es höchstens in den Verhaltensweisen von uns Kindern, vom Lausbub bis zum stillen Träumer, und in den Leistungen, vom Besten bis zum Sitzenbleiber.
Heterogenität kein Thema.

2009: In einer Grundschule einer Großstadt: Die Kinder (einschließlich ihrer Eltern) stammen aus insgesamt 28 Nationen – und das heißt: unterschiedliche kulturelle Lebenserfahrungen, Wissensbestände, Verhaltensweisen und Einstellungen.
Soll da homogenes Lernen möglich sein?

> In einer offenen Gesellschaft ist Heterogenität in Schule und Klassenzimmer der Normalfall und offenes Lernen die angemessene didaktische Konsequenz.

Je individueller Kinder und Jugendliche in verschiedenen sozialen Formen arbeiten können, desto mehr kommt ihre eigene Selbstständigkeit zum Tragen, *vorausgesetzt*, die Bedingungen sind so, dass Differenzierung als stimmige Antwort auf die Heterogenität personell und sächlich gewährleistet ist. Drei Erfahrungen der Schülerinnen und Schüler sind dabei von großer Bedeutung: »Kompetenz erleben, Autonomie erleben und Eingebundenheit; oder anders: Können, Selbstständigkeit, Anerkennung« (Fauser 2010, S. 32). Und das heißt vor allem, dass die Schüler/innen für ihr individuelles Arbeiten entsprechende Entfaltungsmöglichkeiten brauchen:

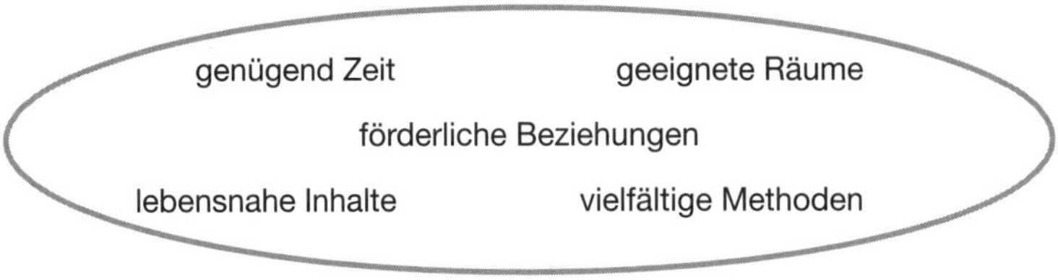

genügend Zeit
geeignete Räume
förderliche Beziehungen
lebensnahe Inhalte
vielfältige Methoden

Wie individuell Kinder lernen wollen (oder nicht) – und wie unterschiedlich ihre Motive sind:

Es geht schon auf das Ende des Schuljahres zu. Alle können bereits schreiben, nur Christian noch nicht. Er will auch gar nicht schreiben ler-

nen. Problemlos lesen, das kann er aber … Die Beratungslehrerin testet ihn, hat jedoch keine Erklärung für Christians Schreibverweigerung. Schließlich kommt der Junge in die Obhut eines verständnisvollen Psychiaters, der die Ursache der Schreibhemmung herausfindet: Christians Vater ist Analphabet und arbeitslos. Die Mutter muss deshalb für ihn, notgedrungen, unter großen Anstrengungen jede Menge Formulare ausfüllen. Mit der Zeit wird es ihr zu viel. Mehrmals sagt sie deshalb zu ihrem Sohn: »Wenn DU einmal schreiben kannst, dann machst du den ganzen Kram hier …« Verständlich die Weigerung des kleinen Christian, unter solchen Umständen und Folgen lieber nicht schreiben lernen zu wollen.

Ein Vater geht mit seinen beiden Kindern, ein Mädchen, etwa vier Jahre alt, ein Junge, etwa 9 Jahre alt, in eine Buchhandlung. Ich höre, wie er zu ihnen sagt: »Da habt Ihr je einen Zehner; kauft euch ein schönes Buch.« Der Junge eilt schnurstracks zur Leseecke, das Mädchen guckt verstohlen in die Bilderbuchecke und sagt dann zu sich: »So ein Mist, jetzt wird's Zeit, dass ich lesen lerne.«

Individualität und Heterogenität bekommen in Pädagogik und Didaktik einen völlig neuen Stellenwert, wenn wir an die *virtuellen Welten* der Kinder und Jugendlichen denken, an die Multimöglichkeiten der Online-Modalitäten, an die Fülle der Informationen, die sie senden und erhalten, an die Art und Weise ihrer Kommunikationen; an die Wirkungen, die zwischenmenschlich ausgelöst und unterschiedlich verarbeitet werden, an die Inhalte, die konstruktiv und destruktiv, Menschen achtend und Menschen verachtend, Welten erweiternd und Welten zerstörend, Entwicklung fördernd und Entwicklung hemmend sein können.

Die bisherige »alte« Pädagogik und Didaktik greifen hier kaum mehr. Ansätze, um mit den Schülerinnen und Schülern in der virtuellen Welt zu kommunizieren, sind erfreulicherweise bereits vorhanden, wobei die Aus- und Fortbildung dafür flächendeckend intensiviert werden muss. Eine eigene Didaktik »der Virtuelle Welten« mit genauer Zielorientierung, präzisen Inhalten, entsprechender Methodik und intensiver Wertediskussion kann die entsprechenden Antworten auf derzeit viele Fragen der Lehrerschaft liefern.

5.7 Instruktionen und Konstruktionen

Den deutschen Lehrerinnen und Lehrern wird in der PISA-Studie vorgeworfen, sie würden zu einseitig lehren, die Stoffvermittlung bevorzugen und eigenständiges, prozessuales Lernen der Schüler/innen vernachlässigen. Dabei kann man das eine mit dem anderen didaktisch sinnvoll verbinden.

Instruktionen: Der Lehrer informiert, stellt dar, erklärt, unterstützt, weist und leitet an …

Konstruktionen: Die Schüler/innen sind aktiv, steuern ihre Lernprozesse selbst, indem sie entdecken, herausfinden, probieren, verwerfen, vergleichen … Die Instruktionen sind gleichsam der »Stoff« für die Konstruktionen.

Instruktionen und Konstruktionen sind wie ein Theater:

a) Der Lehrer gibt das »Stück« (= das Thema) und die genauen Regieanweisungen vor: Aufnahme der Instruktionen; Kontrolle, ob der von ihm dargebotene Inhalt entsprechend von den Schülerinnen und Schülern aufgenommen, gespeichert und wiedergegeben wird, z. B. Mathematik: Axiome, Formeln; Geschichte: Fakten, Daten; Sprachen: Vokabeln, Grammatik- und Rechtschreibregeln …
b) Der Lehrer gibt das »Stück« (= das Thema) vor, und die Schüler/innen verarbeiten es in eigener »Regie«, z. B. Aufsatz schreiben, Probleme lösen, Versuche durchführen, Texte interpretieren …
c) Die Schüler verfassen das »Stück« (das Thema) selbst: Bestimmung der Ziele und Inhalte, und setzen es in eigener Regie um, z. B. Projektarbeit, Exkursionen, Aktionen …

Der Prozess: Von der Engführung des Lehrers als Regisseur bis hin zu lernoffenen Kreationen der Schülerinnen und Schüler als Protagonisten: Ein spannender Autonomieweg für beide Seiten auf der Bühne des Lernens!

An einem der ersten Schultage dürfen die Kinder ein Bild ihres Ferienaufenthaltes malen. Eifrig sind alle dabei. Die einen flugs ihr Blatt füllend, die anderen lassen den Blick in die Ferne schweifen und wieder andere scheinen, tief gebückt, schier mit der Zunge zu malen. Die Leh-

rerin bleibt ab und zu stehen, blickt auf die entstehenden Werke. Ein Junge malt einen See grün aus. Als die Lehrerin das sieht, sagt sie leise zu ihm: »Du, den See malt man aber blau an.« Daraufhin dreht sich Edi um, blickt zu ihr hoch und antwortet: »Da wo ich war, da war er ganz grün.«
Jedem sein eigenes Wachstum, seine eigenen Erfahrungen, seine eigene Wirklichkeit, sein eigenes Lernen lassen. Die Welt ist so, wie die Menschen sie sehen.

5.8 Methodenvielfalt

Der Hauptgrund, auf *vielen* (aber nicht allen) Wegen zu (Lern-)Zielen zu gelangen, besteht darin, dass die Gehirne der Lernenden keine »Gleichausrichtung« vertragen. Die vehement geforderte Methodenvielfalt im Unterricht ist deshalb weder pädagogische Spielecke noch didaktischer Firlefanz, sondern die logische Folge der Erkenntnisse der Hirnforschung – und der Respekt vor der vielfältigen Ausprägung menschlicher Gehirne:

Eine Kollegin und ich sollten die Ergebnisse einer Gruppenarbeit präsentieren; sie entschied sich für die verbale Vermittlung, und ich wollte diese durch einige Schaubilder verstärken. »Nein, das brauchen Sie nicht; ich mach' das immer nur verbal. Das genügt.« – »Für Sie«, antwortete ich, »nicht unbedingt aber für die Zuhörer.«

Wir brauchen also eine sogenannte »Breitband-Methodik«, um den unterschiedlichen Lerner/innen entsprechend unterschiedliche Aufnahmemöglichkeiten zu geben (in etwa vergleichbar mit Breitbandantibiotika, die gestreut »treffen« sollen): Von wirksamen Formen des Frontalunterrichts bis hin zu Variablen offenen Unterrichts. Aufschlussreich sind die Ergebnisse von Andreas Helmke (2009, S. 227, Projekt MARKUS) zur differenzierten Arbeit der Lehrer/innen: Über 60 Prozent bevorzugen die Arbeit mit kleinen Gruppen; zwischen 40 und 60 Prozent fächerübergreifendes Lernen; zwischen 20 und 40 Prozent Kleingruppendifferenzierung, Freiarbeit, Peer-Tutoring, Stationen-Lernen; zwischen 20 und 10 Prozent: Wochenplan;

gemeinsam vorbereiteter Unterricht; unter 10 Prozent Projektlernen, geschlechtshomogene Kleingruppen, gemeinsam durchgeführter Unterricht.

Fazit: Flexibilität und Anpassungsfähigkeit des Lehrers an die Voraussetzungen der Schüler/innen, was das Angebot seiner Methoden betrifft – und Flexibilität und Anpassungsfähigkeit der Schüler/innen im Umgang mit den dargebotenen Methoden:

- möglichst viele Sinne ansprechen (Kopf, Herz, Hand)
- Bewegungsmöglichkeiten und Entspannungsübungen anbieten
- innere Bilder entstehen lassen, Assoziationen wecken, Emotionen zulassen
- Zusammenhänge, Verbindungen, Verknüpfungen aufzeigen
- sprachliche Ausführungen durch Körpersprache, Mimik, Gestik verstärken
- Skizzen, Zeichnungen, Bilder (= viele Medien) einsetzen
- Das Erleben fördern / anregen (Spiel, Theater, Tanz, Exkursionen)

Dadurch wird der intellektuellen, emotionalen, sozialen und kulturellen Heterogenität der Schülerschaft Rechnung getragen, und verschiedene Wege für sinnvolles und erfolgreiches Lernen werden geebnet. Allerdings:

> Wenn unterschiedliches Lernen und Methodenvielfalt, dann aber auch die Akzeptanz unterschiedlicher Lerntempi und Lernergebnisse!

Die Intensivierung des Methodentrainings hat für die Lehrkräfte »gleich zwei positive Effekte, die für ein entsprechendes Engagement entschädigen: Zum einen mehren sich die Erfolgschancen auf Schülerseite, was den verantwortlichen Lehrerinnen / Lehrern vermehrt Bestätigung und positives Feedback einträgt. Zum anderen führt die trainingsbedingte Förderung von *Selbstständigkeit und Selbstmanagement* auf Schülerseite ganz zwangsläufig dazu, dass die betreffenden Lehrkräfte im Unterricht erheblich entlastet werden« (Klippert 2002, S. 260, kursiv RM).

5.9 Selbstbewegung und Motivation

Das Thema »Motivation« (lat.: *movere* = bewegen) hat über Generationen hinweg die Lehrerschaft beschäftigt – und manche schier zum Verzweifeln gebracht: »Wie kann ich meine Schüler motivieren?« lautete die Hauptfrage. Alles Mögliche (und Unmögliche) wurde und wird unternommen, um diese Zentralfrage einigermaßen befriedigend zu beantworten. Sie ist nicht beantwortbar, denn:

> Man kann andere Menschen nicht wirklich motivieren (= bewegen); das müssen diese schon selbst tun.

Doch wir können *günstige Bedingungen* schaffen und sie *stimulieren*, damit sie sich selbst bewegen: den Unterricht vorbereiten und gut unterrichten; unterschiedliche und für die Schülerinnen und Schüler abwechslungsreiche Lernangebote machen; ein lernfreundliches Klima schaffen; offen für Rückmeldungen sein; Hinweise, Empfehlungen, Tipps geben – und hin und wieder auch »Stupser« (= Stimula!); auf- und herausfordern, Erfahrungen und Lernabsichten der Schüler/innen wahrnehmen.

Menschen haben »Triebfedern« (Motive), die sie zu *Eigen*bewegungen veranlassen (Motivation), die Außenstehende fördern können (Motivationshilfe). Ethisch abzulehnen ist Manipulation (= »Ich krieg' dich schon noch dorthin, wohin ich dich haben will.«). Fair, angemessen und verantwortlich jedoch sind Offenlegung der Absichten/Vereinbarungen über gemeinsame und/oder getrennte Vorgehensweisen und stimulierende Lernangebote.

Es gehört nicht zu den Aufgaben von Lehrerinnen und Lehrern, andere Menschen zu zerren und zu ziehen, zu schleppen und an ihnen zu schnitzen, um sie zu verändern; sie aus ihrer Verantwortung für ihr eigenes Tun zu entlassen und gegen ihren Willen zu steuern; sie mit Instruktionen, Impulsen und Appellen zu überhäufen, um sie dorthin zu bringen, wo sie – nach ihren Vorstellungen – sein müssen. Solche Art von Lehren und Kommunikationsverhalten ist für *beide Seiten kontraproduktiv*: Die einen müssen dauernd schieben – und verlieren dadurch Kräfte für andere Aktivitäten, und die anderen werden dauernd geschoben – und können sich dadurch kaum gemäß ihrer eigenen Individualität entwickeln. Bewegt werden und Zwangsveränderungen von außen sind tödlich für einen lebendigen Organismus. Aber auch: Hinter dem Wunsch, andere zu bewegen, steht die Angst, sie würden sich nicht dorthin begeben, wohin man sie haben möchte. Deshalb: Sich selbst bewegen, statt andere bewegen. Sich selbst bewegen – und anderen Selbstbewegung ermöglichen!

Ein Bauer konnte es nicht mehr erwarten, bis seine Rüben groß wurden. Deshalb zog er sie zu zeitig aus der Erde mit dem Ergebnis einer mickrigen Ernte. Er bewegte die Pflanzen, statt sie sich bewegen zu lassen …

Die *berufliche Autonomie* von Lehrerinnen und Lehrern beruht vor allem auf ihrem Expertentum für Lehren und Lernen. In diesem Bereich kann ihnen niemand dreinreden, aber Anregungen geben. Sie sind nicht abhängig von Bildungsstandards und Stoffplänen, sondern Herr über sie in Auswahl und Realisierung. Sie sind nicht Erfüllungsbeamte von politischen, gesellschaftlichen und privaten Erwartungen, jedoch »Anwalt« der ihnen anvertrauten Kinder und Jugendlichen mit dem Ziel, Lernprozesse so zu initiieren, dass die Schülerinnen und Schüler sich in der Gegenwart umfassend zurechtfinden und sich verantwortlich auf die Zukunft vorbereiten können.

6. Wirksame Unterstützungen

Der Lehrberuf ist grundsätzlich kein fachzentriertes Singledasein, sondern ein Dialoggeschehen zwischen den Lehrerinnen und Lehrern untereinander und zwischen Lehrer/innen und Schüler/innen mit den Schwerpunkten *kollegiales Arbeiten* und *unterricht*liche Tätigkeiten. Sie brauchen Unterstützung wie alle anderen lebendigen »Organismen« auch, wobei die Autonomie der Lehrer/innen gerade darin besteht, in Freiheit Unterstützung als *Angebot* zu verstehen – im Gegensatz zur Hilfe, die »notgedrungen« (!) angenommen wird bzw. werden muss.

Dreierlei ist dabei von Bedeutung: das *Bedürfnis* nach Unterstützung und Fortbildung, der *Wille* zu Veränderungen und – *Zeit*! Und Letzteres heißt: sich Zeit *nehmen* und nicht warten, bis sie gegeben wird! Denn: »Es ist nicht einzusehen, dass ganz Deutschland mit Standards und Vergleichsarbeiten überzogen wird, den Lehrerinnen und Lehrern aber kein ausreichendes Unterstützungssystem für die Entwicklung eines kompetenzorientierten Unterrichts an die Seite gestellt wird« … Vielen Lehrern fehlen »zeitliche Ressourcen für eine kontinuierliche Entwicklungsarbeit« (Fendt 2010, S. 88; Mutzeck / Schlee 2008).

Ein Mann beobachtet einen Holzfäller, wie er unter größter Anstrengung Bäume absägt. »Ihr Sägeblatt ist ganz stumpf«, bemerkt der Mann, »Sie müssen es schärfen, dann geht alles viel besser.« – »Schärfen?«, fragt der Holzfäller. »Dazu habe ich keine Zeit; ich muss doch sägen.«)

Was die Art und Weise der Unterstützungen und Fortbildung betrifft, so ist folgende Beobachtung bemerkenswert: Fachlich ausgerichtete Kurse und Seminare sind meist konfliktärmer, weil die *Sache* im Mittelpunkt steht im Gegensatz zu *personenzentrierten* und *beziehungsnahen* Themen. Aus diesem Grund besteht aufseiten der

Lehrerschaft immer noch eine gewisse Scheu gegenüber Fortbildungsarten wie Beratung, Supervision, Teamarbeit und Unterrichtshospitation. Doch gerade deshalb sollten diese Unterstützungsmöglichkeiten umso mehr genutzt werden, damit die im Beruf dominierende *funktionale Asymmetrie* (Lehrer – Schüler) durch die *kollegiale Symmetrie* einen entsprechenden Ausgleich erfährt.

Autonomie fördernd sind die nachfolgenden Angebote insofern, als sie alle die *Selbstständigkeit* der Protagonisten zum Ziel haben, im *Kontext* kollegialer und schülerorientierter Arbeit Selbstständigkeit *und* zwischenmenschliche Beziehungen als »starkes Team« zu sehen.

6.1 Gespräche

Herr D., Lehrer von Beruf, ist zum ersten Mal auf einem Elternabend, zusammen mit seiner Frau; aber diesmal als Vater einer Erstklässlerin. Herr D. kommt sich ganz komisch vor, nun auf der anderen Seite zu sitzen, noch dazu auf kleinen Stühlen und nicht vorne am Pult stehend, wie sonst. Seine gemischten Gefühle: Als Vater, interessiert, was die Lehrerin den Eltern mitteilt, überprüfend, ob das alles stimmt und Sinn macht für seine Tochter, als Kollege, der sich mit der Lehrerin in gewisser Weise solidarisiert. »Ich bin froh um die Erfahrung heute Abend«, sagt er noch während der Heimfahrt zu seiner Frau. »Ich glaube, ich werde die Gestaltung meiner eigenen Elternabende sehr überdenken.« Am nächsten Tag spricht er auch mit einigen Kollegen über dieses Erlebnis am Elternabend und über mögliche Konsequenzen für ihn als Lehrer.

Wieder einmal gibt es Beschwerden in der sechsten Klasse über einen Lehrer. Vor dem Elternabend findet ein heftiger Disput statt. Während der Versammlung wird über alles Mögliche gesprochen, nur nicht über den Konflikt. Anscheinend wagt es niemand von den Eltern, das Thema zur Sprache zu bringen. Einem Freund gegenüber äußern sich die Elternvertreter: Wir haben Angst, dass der Lehrer unsere Kritik in den falschen Hals bekommt und seinen Ärger dann an unseren Kindern auslässt. Das war früher bei uns auch so und ist heute bestimmt nicht anders.

Die Angst der Eltern vor den Lehrern, die Angst der Lehrer vor den Eltern: Vorschlag: Die gemeinsamen Ängste als Gesprächsanlass mit dem Ziel der Verständigung und Kooperation. Doch auch alle anderen Erlebnisse, Erfahrungen, Schwierigkeiten, Probleme im Schulalltag können Gesprächsthemen sein, situativ, fallbezogen oder grundsätzlicher Art, spontan oder geplant, offen oder zielorientiert. Wie gut, dass es da Interessierte und wirklich Zuhörende im Kollegium gibt, deren Autonomie darin besteht, die Sichtweisen und Meinungen der Redenden annehmen und belassen zu können – im Gegensatz zu den Besserwissern oder Oberlehrern, die durch ihre raschen Soforthilfen, unüberlegten Ratschläge, blockierenden Bewertungen oder süffisanten Bemerkungen andere (ver)ändern wollen und zwar so, dass diese in ihr eigenes Puzzle passen.

»Seit ich weniger ein Lehrer aus früheren Zeiten bin, sondern mich auf die jetzigen Probleme einstelle, kann ich ein viel besserer Zuhörer sein; ich korrigiere kaum mehr, sondern lasse gelten …«, sagte ein Kollege während einer Supervisionssitzung.

> Offenheit und Verständnis für persönliche Erlebnisse und subjektive Ansichten von Menschen sind die besten Antwortgeber auf Fragen der Suchenden.

6.2 Beratung

Aus den Gesprächen aufgrund von Alltagserfahrungen, akuten Problemen oder notwendigen Entscheidungen, können sich *gezielte Beratungen* ergeben, die sich von diesen grundsätzlich durch drei Kriterien unterscheiden:

a) Durch die *Wahlfreiheit*: Der zu Beratende wählt freiwillig die Beraterperson.
b) Durch die *Entscheidungsfreiheit:* Der zu Beratende entscheidet selbst, was er tun und/oder lassen möchte. Es gibt keine *Anweisungen* seitens des Beraters.
c) Durch die *Bewertungsfreiheit*: Das Handeln und die Entscheidungen des zu Beratenden werden vom Berater nicht bewertet.

Er ist keine moralische Instanz, seien es die Kollegin / der Kollege aus dem eigenen Kollegium oder schulexterne Personen.

Für den Berater sind weiterhin wichtig: konzentriertes (aktives) Zuhören, Aufnehmen der Botschaften, gegebenenfalls Nachfragen, Klären, »Mitschwingen« (= sich Einlassen auf die Welt des anderen), Unterlassung dirigistischer Vorgehensweisen wie »Sie sollten auf jeden Fall …« – »Da müssen Sie halt …« – »Dann machen Sie doch Folgendes …«

Entscheidend ist dabei die *Einstellung* der beratenden Person zum Gegenüber, wie z. B. Echtheit, Einfühlung, Akzeptanz, Klarheit, aber auch Abgrenzung. Es geht darum, Wege zu eigenen Entscheidungen zu ermöglichen. Dabei kann es zur berühmten »Beraterfalle« kommen, die darin besteht, Fragen der zu beratenden Person zu beantworten, statt sie auf das *eigentliche Anliegen* hin zu überprüfen und den *tieferen Gehalt* der Botschaft mit ihr zu klären, was noch lange keine Therapie ist, auch wenn Termini aus der Psychologie / Therapie verwendet werden oder wenn Gefühle im Spiel sind:

Nach einem Pädagogischen Tag frage ich den Schulleiter, der auf mich sehr erschöpft wirkt: »Wie fühlen Sie sich denn jetzt nach so einem anstrengenden Tag?«, worauf er mir antwortet: »Gefühle haben hier keinen Platz. Ich bin doch nicht in der Therapie.«

> Beratung ist Unterstützung bei Klärungs-, Entscheidungs- und Selbstfindungsprozessen mit dem Ziel der Selbstständigkeit.

6.3 Teamarbeit

Viele Augen nehmen mehr wahr als nur zwei, viele Menschen zusammen können mehr als einer, die Kompetenzen verdichten und die Lasten verteilen sich. Zwei oder drei kommen der Wahrheit näher als einer. Teamarbeit ist also sinnvoll, sei sie in der Schulleitung, im Kollegium oder in Klassen.

Allerdings fragt M. Schratz (2010, S. 105 / 106) zu Recht: »Warum hält sich Teamarbeit so hartnäckig als *Ideal*, während sich die *Praxis* doch oft so ernüchternd und für den Einzelnen unbefriedigend darstellt?« Normativ gefordert – selten gelebt.

Meine Antwort: Weil sie nur in wenigen Fällen zeitlich in die Deputatsverpflichtung der Lehrer integriert ist, deshalb als zusätzliche Belastung erlebt und häufig informell und als Appendix anstatt professionell durchgeführt wird.

Hinzu kommt: Die Mehrheit der Lehrer und Schulleiter haben wenig Erfahrungen mit Teamarbeit. Als Schüler / Student: Alleinarbeiter; als Lehrer: Einzelkämpfer; als Schulleiter: einsam an der Spitze (und auch manchmal »Einsame Spitze!«). Ferner kommunizieren sie in den Klassenzimmern mit den Schüler/innen in der Vertikalen, von oben nach unten, meist durch Hinweise, Appelle, Belehrungen, Korrekturen, Benotungen. Der »Dreh« in die Horizontale und die Kommunikation face to face, auf Augenhöhe, symmetrisch und partnerorientiert sind häufig ungewohnt und deshalb schwierig umzusetzen.

Wie auch immer: Teambildung kann gewünscht, aber nicht erzwungen und die Zusammensetzung nicht verordnet werden. Sie geschieht durch die Beteiligten selbst, sei es aus Sympathie, sei es aus sachlichen / funktionalen Gründen.

Auf jeden Fall: Der Gewinn (*output*) muss größer sein als der Aufwand (*input*), die Entlastung höher als die Belastung – wie in einer guten Ehe:

> Teamarbeit: Nicht wie in einer Ehe, in der die Partner die Schwierigkeiten gemeinsam lösen, die sie nicht hätten, wenn sie alleine wären!

Teamarbeit: Vom »Chaos« zur flexiblen Struktur:

1. Teamarbeit muss gewollt werden, braucht eine versierte Leitung mit kontrollierter Zeitstruktur und besteht aus der Planung, der Durchführung, der Ergebnissicherung mit entsprechenden Konsequenzen und Vereinbarungen – wie eben ein guter Unterricht auch!
2. Teams haben gemeinsame Ziele, gemeinsame Aufgaben und gemeinsame Produkte: Die Mitglieder bewegen sich zwischen den Polen von Selbstentscheidungen (Ich) und Anpassung (Wir / Gruppe).
3. Von Bedeutung sind die Akzeptanz durch das Kollegium, die

Transparenz von Prozess und Produkt durch die Teams und die Klärung des Rahmens und der Bedingungen.

4. Das Team braucht von seinen Mitgliedern ein verbindliches Ja zur Mitarbeit mit sozialen und fachlichen Kompetenzen.
5. Von Zeit zu Zeit werden Prozesse und Ergebnisse evaluiert, um die Entscheidung zu treffen: weiter so, weil …, Verränderungen, nämlich: … Abbruch, Beendigung, weil …

> Teamarbeit: Vom Einzelkämpfer zum Teamplayer.
> Von der Beliebigkeit zur Verbindlichkeit.
> Von der Belastung zur Entlastung.
> Vom Guten zum (noch) Besseren.

»Ich bin mit Vorbehalten in ein Team gegangen«, sagte mir ein Lehrer, »weil ich der Meinung war, dass meine individuellen Qualitäten nicht zur Geltung kommen würden. Aber dann merkte ich rasch, dass durch die Zusammenarbeit ganz neue Qualitäten entstanden. Das war schon sehr beeindruckend.«
Teamarbeit lohnt sich!

»Wussten Sie, dass Gänse, die in V-Formation fliegen, einander das Fliegen erleichtern und ein Vogelschwarm auf diese Weise 71 % mehr Flugleistung erreicht, als ein allein fliegender Vogel?« (Lernende Schule 2003, S. 63) Vorteile der Teamarbeit!

6.4 Kilf und Schilf

Kollegiumsinterne oder, erweitert, schulinterne Lehrerfortbildung (Kilf oder Schilf) sind sehr erfolgreiche und beliebte Formen gegenseitiger Unterstützungen. Das Hauptziel ist die Erhaltung, Aktualisierung oder Verbesserung der pädagogischen, didaktischen und methodischen Qualifikationen und Kompetenzen der Lehrerinnen und Lehrer, wobei sie die einzelnen Lernziele und -inhalte selbst bestimmen und mit oder ohne externe Experten in Plenum und Gruppen zusammen arbeiten.

Diese Art der Fortbildung, hauptsächlich an sogenannten Pädagogischen Tagen, zeigt hohe Wirksamkeit in fachlich-sachlicher Hinsicht und Stärkung sowohl der Einzelnen als auch der Gemeinschaft durch die zwischenmenschlichen Beziehungen der Beteiligten. Bewusster Abschied vom Einzelkämpfertum, Respekt und Akzeptanz, Vertrauen und Offenheit, Ressourcenentfaltung, Wissenszunahme und Erkenntnisgewinn sind dabei nicht nur erfreuliche Begleiterscheinungen, sondern essenzielle Kriterien kollegialer Arbeit, die sehr vielfältig sein kann, z. B.: *Ich kenne Kollegien, in denen es üblich ist, jedes Schuljahr von ihnen ausgewählte Bücher zur »Pflichtlektüre« zu machen. Im ersten Halbjahr steht Fachliteratur für die einzelnen Fachgruppen zur Verfügung, im zweiten dann ein Buch für das gesamte Kollegium. (Beispiele der letzten Jahre: H. Klippert: Methodentraining; H. Meyer: Was ist guter Unterricht?; R. Miller: Beziehungsdidaktik; M. Spitzer: Lernen …; U. Schaarschmidt: Halbtagsjobber?)*

Pädagogische Bücher und Fachliteratur: für alle eine »nahrungsreiche« Wissenszufuhr, eine Basis für gemeinsame Gespräche, wichtige Impulse für Innovationen im Schulalltag, stimulierend für Vorgaben in der Praxis – und alles in allem Unterstützung der Einzelnen und des gesamten Kollegiums.

6.5 Unterrichtshospitation

Die gegenseitigen Unterrichtsbesuche haben ihren Ursprung in der Lehrer*aus*bildung, in der unter Leitung von Fachprofessoren der Unterricht gemeinsam von einer Studierendengruppe beobachtet, analysiert und aus deren Ergebnissen didaktische und methodische Konsequenzen gezogen werden.

Leider hat sich die Unterrichtshospitation (UH) in der Lehrer*fortbildung* kaum etabliert. Die Gründe liegen, ähnlich wie bei der Teamarbeit, sowohl auf der Sachebene (Zeitmangel, Organisationsschwierigkeiten, Fächervielfalt) als auch auf der Beziehungsebene (Bedenken, Scheu, Ängste: »Man« will sich – als Einzelkämpfer – nicht in die Karten schauen lassen). Wenn sie allerdings zustande kommt, ist sie eine höchst wirksame Fortbildungsmethode mit dem Ziel der Verbesserung des unterrichtlichen Handelns durch bewusste Wahrnehmung, präzise Beschreibung, vertiefte Reflexion und Auswertung des Unterrichtsgeschehens, wobei die *Feedbacks der an-*

wesenden Personen eine entscheidende Rolle spielen. Die Umsetzung vollzieht sich in drei Phasen:

a) *Die Vorbereitungsphase:* Die Gruppe einigt sich auf die lehrende Person, auf Ort, Stunde, Fach/Projekt … Im gesamten Prozess von Beobachtung bis Auswertung ist ein *förderliches Lernklima, basierend auf Vertrauen, Offenheit und gegenseitiger Achtung*, besonders wichtig. Jedem Unterrichtenden wird (s)eine »subjektive Didaktik« zugestanden, jedoch ohne die Suche nach *didaktischen Gemeinsamkeiten* aufzugeben, die durch Vereinbarungen zustande kommen können.
b) *Die Durchführungsphase:* Die Unterrichtsbeobachtungen werden beschreibend und nicht bewertend notiert. Ergänzend können bereits Vermutungen, Wirkungen, Zusammenhänge, Interpretationen … notiert werden.
c) *Die Auswertungsphase:* In einem ersten Schritt äußert sich die Lehrkraft über ihren Unterricht (Eindrücke, Begründungen, Änderungsvorhaben) und bekommt Rückmeldungen der beobachtenden Personen. In einem zweiten Schritt werden die Ausführungen aller reflektiert und auf dem Hintergrund der didaktischen Vereinbarungen, der Ziele und Absichten eingeschätzt. In einem dritten Schritt überprüft die beobachtete Person alle Aussagen und zieht Schlüsse im Sinne einer Selbstbewertung (Lerngewinn, Erkenntnisse, Veränderungsabsichten). Im vierten Schritt teilen alle Gruppenmitglieder ihre Schlussfolgerungen mit und beleuchten ihre gemeinsame Auswertung.

Durch die Unterrichtshospitation erleben sich die Lehrerinnen und Lehrer nicht als Einzelkämpfer, sondern als lernende Gruppe, die durch den *gemeinsamen* Blick auf die Sache »Unterricht« dadurch auch ihre Beziehungen zueinander fördern. Es erhöht sich die Wahrnehmungsfähigkeit, was sich wiederum auf die Selbstwahrnehmung im eigenen Unterricht positiv auswirkt. Die vielfältigen Rückmeldungen der Beobachtenden verhelfen zum Perspektivenwechsel und erleichtern Veränderungen von eingeschliffenen zu neuen Verhaltensweisen. Es entsteht ein Klima des Vertrauens und der Solidarität und anstelle von Konkurrenz Kooperation.

»Anfangs erlebte ich die Unterrichtshospitation als Prüfungssituation; im Laufe der Zeit wurde ich immer lockerer und empfand die Rückmeldungen meiner Kollegen als sehr hilfreich« (Lehrer, GHS).
UH als kollegiales Wandern mit exzellentem Proviant!

> Die Unterrichtshospitation ist also eine didaktische Plattform, auf der man den eigenen Unterricht unter die Lupe nimmt, zusammen mit *critical friends* – Lernen ohne Belehrung!

6.6 Supervision

Supervision ist heute zu einem Sammelbegriff von Beratungsformen geworden, genauso wie der Begriff »Coaching«. Als Unterstützungssystem geht es im weitesten Sinne um die Sensibilisierung eigener Anteile in schwierigen beruflichen Situationen und um deren Klärung, um die Stärkung der einzelnen Personen und um Zunahme der Handlungssicherheit.

Meistens handelt es sich um Gruppensupervision unter professioneller Leitung, in denen die Anliegen der Einzelnen zur Sprache kommen. (Von Intervision spricht man, wenn eine Gruppe für sich, ohne explizite Leitung, ihre Anliegen aufarbeitet, wobei in beiden Fällen sowohl individuelle Fälle als auch der Gruppenprozess im Mittelpunkt der Arbeit stehen.)

Die Supervision ist für mich *der* »Königsweg« schulischer Klärungsarbeit und Handlungsmodifikation, weil ihre Elemente nach Bedarf zusammengestellt und bearbeitet werden können: assoziativ Gedanken äußern; situativ und spontan von Schwierigkeiten erzählen; konkrete Fälle darstellen und reflektieren; Alternativen durchspielen und Simulationen arrangieren; sich Feedback geben, Schulrealitäten überprüfen und gegebenenfalls eingeschliffene Muster modifizieren … Die Gefühls- und Handlungspalette reicht dabei von angespanntem bis entspanntem Zustand, von Aggression bis Empathie, von Ärger- bis Kränkungsaufarbeitung, von Resignation bis Euphorie, von Idealvorstellungen bis Realakzeptanz … – und das alles »wie im richtigen Leben!«.

Bemerkung: Ich bin der festen Überzeugung, dass das Fehlen von Supervisionsangeboten in Schulen ein wesentlicher Grund dafür ist, dass Lehrerinnen und Lehrer gesundheitsgefährdet und Burnout geschädigt sind.

Für den Sozialberuf »Lehrer« mit bisweilen extremen Selbst- und Beziehungsbelastungen braucht es einen beruflich angemessen Raum, in dem spezifische Fragen, Probleme, Konflikte, Grenzsituationen der Betroffenen artikuliert, reflektiert und geklärt und stabilisierende Verhaltensweisen eingeübt werden können.

> Supervision ist »Draufschauarbeit« mit einer Fülle von Gedankenspielen, Reflexionsübungen und Handlungstraining mit dem Ziel der Stärkung der Lehrpersonen und der Verbesserung ihrer Handlungskompetenzen.

6.7 Externe Partnerschaften

In seinem ersten »Lehr«-Jahr gibt Herr K. in einer vierten Klasse unter anderem das Fach Deutsch. Zufällig erfährt er, dass unter den Schüler/innen auch der Sohn eines Germanistikprofessors ist. Die Klassenarbeiten von Bernd korrigiert er deshalb besonders genau, die Hefte sieht er akribisch durch, im Hintergrund immer den Gedanken: sich nur keine Blöße geben.

Beim Klassenabschiedsfest begegnen sich Junglehrer und Professor; dabei ergibt sich die Gelegenheit, dass der Jüngere dem Älteren seine Fantasien »beichtet«. Da schmunzelt der Professor und meint: »Wissen Sie, ich kümmere mich nicht um die Schularbeiten meines Sohnes; das übernimmt meine Frau. Sie haben bestimmt alles korrekt gemacht, sonst hätte sie schon etwas gesagt. Prost, auf meinen Sohn und Ihren Schüler!«

Da ist Herr K. erleichtert und genießt den Schluck besonders.
Unterstützung durch lockere Eltern

Plötzlich steht er vor dem Rektorat, Herr O., Vater von Dominik, der in die fünfte Klasse geht. »Ich habe gehört, Sie haben Unterrichtsausfall in Mathe«, sagt er zum Schulleiter. »Dominik hat mir davon erzählt.« »Ja, es ist ein Kreuz mit den Krankheiten. Wir werden die kommen-

den zwei Wochen einen Notplan aufstellen müssen.« »Nicht nötig«, meint Herr O., »ich bin Ingenieur, ich kenne mich in Mathematik aus und habe nächste Woche Urlaub, den meine Frau und ich zu Hause verbringen. Ich könnte die vier Stunden Mathe in der Fünften übernehmen.« Der Rektor ist völlig überrascht. »Kommen Sie doch herein«, sagte er, »darüber müssen wir reden.« Und nach einer Stunde war ein Grobplan für die nächste Woche fertig.
Unterstützung durch Eltern als Experten.

Die Beispiele zeigen eindrucksvoll Entlastungen bzw. Unterstützung durch externe Partner, hier seitens der Eltern. Aber auch andere Personen sind als Experten aus verschiedenen Gebieten erwünscht: Trainer aus Vereinen, Profis aus sozialen oder technisch orientierten Einrichtungen; Sponsoren jeglicher Art.

Kooperation mit der Schule – Angebot und Annahme, Entlastung statt Belastung … Das Leben in die Schule lassen, damit Leben in der Schule ist!

Durch die unterschiedlichen Unterstützungssysteme erfahren die Lehrerinnen und Lehrer in besonderem Maße Ermutigung, Stärkung und Entlastung. Damit werden Energien frei, die sie für ihre Arbeit mit den Schülern zur Verfügung haben.

7. Selbstständig und souverän auf dem Weg …

Wer keine Hilfen braucht, von Helfenden also nicht abhängig ist, sondern sich Unterstützungen sucht mit dem Ziel, unterstützungsfrei zu werden, ist bereits auf dem Weg zur Selbst-Ständigkeit, was bedeutet: Er / sie kann selbst stehen, die beste Voraussetzung für das Selbst gehen und damit souverän auf dem Weg *sein*.

7.1 Anpassung an die Realität

Nach zehn Jahren Hochschulstudium begann ich als Lehrer in einer Grund- und Hauptschule und unterrichtete unter anderem das Fach Mathematik in einer dritten Klasse. (Wer sich noch erinnert: Mengenlehreeuphorie!). Nach einigen Wochen bereitete ich meine erste Klassenarbeit vor, teilte sie aus, ließ die Kinder arbeiten – und merkte nach einiger Zeit, dass diese immer unruhiger wurden, tuschelten, was mich veranlasste, in einige Arbeiten zu sehen, um dann erkennen zu müssen: Mein Test war viel zu schwer, viel zu lang, die Zeit für die Bearbeitung viel zu kurz. Ich unterbrach die trotz allem eifrig Schreibenden, sammelte die unvollständigen Blätter ein – und alle zusammen vergnügten wir uns für den Rest der Stunde.
Konsequenz: *Ich* passte mich an die Realität, sprich Leistungsfähigkeit der Kinder an, statt stur auf den Lehrplan zu schauen, auf meinen Forderungen zu beharren und sie damit zu überfordern.

Wer sich auf den Weg begibt, sieht sich am Start um, macht sich kundig über die Ausrüstung, schätzt seine Fähigkeiten ein, plant die Reiseroute – und entscheidet dann, ob er ihn gehen kann oder nicht.

Was die Schülerinnen und Schüler betrifft, so werden im Großen und Ganzen die wichtigen Vorkehrungen für ihren (Schul-)Weg von den Erwachsenen getroffen. Was die Lehrerinnen und Lehrer angeht, so habe ich den Eindruck, dass die Vorbereitungen auf ihren über

Jahrzehnte dauernden Schulweg nur unzureichend getroffen werden und die Ausrüstung dafür in wichtigen Bereichen mangelhaft ist. Aber nicht nur die, sondern auch ihre Vorstellungen:

Eine Lehramtsstudentin, befragt, warum sie am liebsten Lehrerin in der Grundschule werden wolle, antwortet: »Weil ich Kinder mag – und weil ich nur 1.55 m groß bin; da fällt das bei den Kindern nicht so auf.«

Welche Erfahrungen sie wohl auf ihrem Schulweg machen wird? Wie sieht er aus, der Weg? Was kommt auf Lehrer/innen zu? Sind sie geeignet für diesen ganz speziellen Weg? Haben sie wirklich die nötigen Fähigkeiten? Im Sinne Uwe Schaarschmidts (2005) gefragt: Welches Muster bringen sie mit? Und vor allem: Welche Muster halten der *Realität Schule* stand:

Muster G: Die Person hat ein gesundheitsförderliches Verhältnis zu ihrer Arbeit.

Muster S: Die Person geht schonend mit sich selbst um mit niedriger Resignationstendenz.

Muster A: Die Person hat ein überhöhtes Engagement, zeichnet sich durch Perfektionsstreben aus, hat eine hohe Verausgabungsbereitschaft.

Muster B: Die Person hat eine hohe Resignationstendenz bei ausbleibenden Erfolgserlebnissen und ist am stärksten Burnout gefährdet.

2009: Ich treffe einen Studierenden für das Lehrfach an Grund- und Hauptschulen und komme mit ihm ins Gespräch. Wie er sich denn seinen späteren Beruf vorstelle, frage ich ihn und bekomme rasch eine Antwort: »Nach dem Examen hoffe ich, in eine Grundschule auf dem Land zu kommen; im Oberschwäbischen wär's mir am liebsten. Da komme ich her, und da ist die Welt noch in Ordnung.«

Und wenn nicht? Wie steht es dann um seine Frustrations- bzw. Resignationstendenz? Wer sich dann wohl wem anpassen wird, muss?

Anpassung ist ein autonomer Vorgang von Lebewesen, somit auch von Menschen. Wer dazu nicht fähig ist, erleidet Schaden, physisch wie psychisch, beispielsweise durch Isolation oder Ausgrenzung. Er verpasst den sozialen Anschluss, den Kontakt, verliert die Zugehörigkeit bzw. die »Eingebundenheit« in das Ganze (Fauser 2010, S. 32).

Der Gegenbegriff ist Zwang, schädlich insofern, als er Lebewesen verbiegt, sie funktionalisiert und von Frustration bis Liquidierung alle Möglichkeiten enthält. Ein großes Hindernis für lebensnotwendige Anpassung sind unsere eigenen Vorstellungen, die wir von der Wirklichkeit haben, statt die Realität selbst anzusehen. Bei A. Ellis (1982, S. 63 ff.) habe ich einige treffende Beispiele »irrationaler Ideen« entdeckt, die auch im schulischen Bereich zu beobachten sind und dem Autonomsein entgegenstehen:

- »Die Meinung, es sei für jeden Erwachsenen absolut notwendig, von praktisch jeder anderen Person in seinem Umfeld geliebt oder anerkannt zu werden«. Dadurch ist er abhängig und fühlt sich amputiert, wenn Anerkennung und Liebe fehlen.
- »Die Meinung, dass man sich nur dann als wertvoll empfinden dürfe, wenn man in jeder Hinsicht kompetent, tüchtig und leistungsfähig ist«. Dadurch ist er abhängig von der Qualität seiner Leistung und erleidet Mangel an Wertschätzung, wenn er sie nicht »bringt«.
- »Die Vorstellung, dass es schrecklich und katastrophal ist, wenn die Dinge nicht so sind, wie man sie gerne haben möchte.« Dadurch ist er abhängig, weil er ändern möchte, was nicht zu ändern ist. Anpassung an die »Dinge, wie sie sind«, bringt Freiheit.
- »Die Vorstellung, dass es für jedes menschliche Problem eine absolut richtige, perfekte Lösung gibt und dass es eine Katastrophe sei, wenn diese perfekte Lösung nicht gefunden wird.« Dadurch ist er abhängig vom Zwang, unter allen Umständen richtige Lösungen finden zu müssen.
- »Die Vorstellung, dass man sich auf einen anderen verlassen sollte und dass man einen Stärkeren braucht, auf den man sich stützen kann.« Dadurch ist er abhängig, weil er sich auf andere, und nicht auf sich selbst, verlässt.

> Es sind oftmals unsere eigenen Ideen und Vorstellungen, durch die wir unsere Wege blockieren oder verbauen. Dadurch verlieren wir Autonomie.

7.2 Abschied vom Gehorsam

Während Anpassung ein autonomer Vorgang ist, handelt es sich beim Gehorsam um innere oder äußere Zwangshandlungen: Ich mache dies oder jenes, weil ich muss …; weil meine Eltern damals …; weil der andere es so will …

Als physisch und psychisch abhängiges Wesen während unserer Nichtselbstständigkeit in der Kindheit waren wir *realiter* abhängig von unseren Eltern und anderen Fürsorgepersonen. Ihnen zu gehorchen war für uns damals lebensnotwendig. Das Fatale an diesem gelernten Gehorsam besteht darin, dass wir dieses Verhaltensmuster beibehalten haben, als es für uns schon längst nicht mehr lebensnotwendig war, und dass es sich sogar in der Folge entwicklungshemmend auswirkte, was z. B. im Schulalltag in der Formel »Eigentlich möchte ich, aber …« zum Ausdruck kommt:

»Eigentlich möchte ich ›nein‹ sagen, aber ich kann doch meine Kollegen nicht enttäuschen.« »Eigentlich möchte ich gerne mehr auf die Kinder eingehen, aber ich muss doch den Lehrplan erfüllen.« »Eigentlich möchte ich meine Meinung sagen, aber was denken die anderen dann über mich?« »Eigentlich möchte ich mich wehren, aber dann stehe ich ja als Verweigerer da. Ich muss doch die Erwartungen erfüllen, sonst werde ich nicht mehr geliebt …« (vgl. S. 153).

Um zu zeigen, wie sehr Lehrerinnen und Lehrer Anweisungen bisweilen einfach nur hinnehmen und gehorchen, macht der Schulpsychologe ein Experiment:

Er bittet eine Lehrerin, auf einem Stuhl Platz zu nehmen, stellt sich hinter sie und drückt mit beiden Händen und zunehmender Kraft auf ihre Schultern.
Sie lässt es sich gefallen – bis sie schier vom Stuhl rutscht.
Der Psychologe wendet sich ihr zu: »Und? Wollten Sie nicht reagieren oder sich wehren?« – »Ja, hätte ich denn das tun dürfen?«, lautet ihre Frage.

Wir sind nicht dazu da, uns alles gefallen zu lassen, um zu gehorchen oder um zu fragen, ob wir das »dürfen«. Wir mischen mit, mischen uns ein – weil *wir* es wollen!

> Die Leitlinie ist nicht Gehorsam, sondern selbstständiges und verantwortliches Handeln in einer dynamischen Balance zwischen internen Ansprüchen und externen Anforderungen.

7.3 Ohne Erpressungen

Wodurch wir verführ- oder erpressbar sind:

- »Machen Sie es doch, Sie können das so gut.« *(Schmeichelei)*
- »Ich schaffe das nicht ohne Sie.« *(Einforderung von Solidarität)*
- »Sie müssen das unbedingt noch erledigen.« *(gewohnter Gehorsam)*
- »Machen Sie es doch den Kindern zuliebe.« *(pädagogischer Druck)*
- »Wie stehen wir denn da, wenn wir nicht …« *(Öffentlichkeitsdruck)*
- »Wenn Sie das machen, dann werde ich …« *(Belohnung)*
- »Einer muss es ja machen.« *(Gruppendruck)*
- »Sie sind doch hier zuständig.« *(Verpflichtung)*
- »Dafür sind Sie ja Schulleiter.« *(Funktion)*

Die empfindlichste Stelle, an der wir erpressbar sind, gleichsam unsere pädagogische Achillesferse, sind die Kinder und Jugendlichen: Da wir wissen, dass sie uns brauchen, weil sie noch nicht selbstständig und deshalb legitim auf uns angewiesen sind, und da wir uns dieser »Ich-bin-für-dich-da-Verantwortung« nicht entziehen können, wollen oder dürfen, tun wir alles, um dieser Verpflichtung nachzukommen, auch wenn es an unsere eigene Substanz und über die Grenzen unserer Möglichkeiten hinausgeht:

Ich arbeite als Coach seit einigen Wochen mit vier Lehrerinnen einer kleinen Grundschule, denen es physisch wie psychisch sehr schlecht geht; drei davon sind in ärztlicher Behandlung und betonen immer wieder, ihr Arzt würde sie krankschreiben, aber sie könnten doch nicht alle drei plötzlich ausfallen. In den Gesprächen wurde ihnen zusehends klar, wie sie abhängig waren von ihren eigenen hohen Ansprüchen und der auferlegten Pflicht ihren Schüler/innen gegenüber.

Ohne gegenseitiges Wissen (oder gar Absprache) erkrankten zu Wochenbeginn drei der vier Lehrerinnen, nur der Schulleiter und eine Kollegin konnten unterrichten. Sogar der Hausmeister wurde zur Betreuung der Kinder hinzugezogen. Unterricht fand an den ersten beiden Tagen nur stundenweise statt.
Aufgrund heftiger Beschwerden durch die Eltern kam nach zwei Tagen Ersatz für die erkrankten Lehrerinnen. Das Schulamt »zauberte« plötzlich drei gute »Lehrer-Feen« aus dem Ärmel …
Schwer genug, die Balance zu finden zwischen der Aufrechterhaltung eigener Bedürfnisse und der Erfüllung anderer – ohne sich erpressen zu lassen.

> Wer *mit*spielt, läuft Gefahr, dass mit *ihm* gespielt wird. Wer abhängig ist, ist häufig erpressbar – und damit nicht mehr frei in seinen Entscheidungen und Handlungen.

7.4 Ent-Scheidungen

Die Lehrerin hat sich viel vorgenommen in dieser Stunde; ihr Plan ist detailliert ausgearbeitet. Zu Beginn läuft alles wie am Schnürchen … Aber als sie dann ein Arbeitsblatt austeilt und Ben es vor ihren Augen zerreißt mit der Bemerkung »den Scheiß können Sie behalten«, da kommt sie aus dem Tritt …

In der Supervision berichtet sie, dass sie plötzlich nicht mehr wusste, was sie tun, wofür sie sich entscheiden sollte: Ben zurechtweisen, abwarten, wie die anderen reagieren würden, weitermachen – abgesehen davon, dass sie gar nicht an sich selbst, an ihr eigenes Befinden dachte …

Sich nicht entscheiden (können) bedeutet: nicht hier und nicht dort sein; gleichzeitig hier und dort sein; die Stabilität verlieren und sich instabil in einem Spagat befinden; allen auf einmal und damit niemandem gerecht werden; abhängig sein von den anderen, von den Dingen, von den Umständen. Handlungsunsicherheit, Perturbation, Instabilität und Abhängigkeit sind die Begleiter auf dem Weg des

Hin-und-her-Gerissenseins. Die Lösung besteht in der Fähigkeit, sich zu entscheiden, was zur Folge hat: Abschied von geplanten Zielen, von bestimmten Personen, von möglichen Vorhaben. Dieser Abschied mag zwar bisweilen ungewohnt sein, schwerfallen, schmerzen, aber er bringt letztlich Vorteile, denn, um im Bild zu bleiben: *Beide* »Schulsäcke«, nämlich der vorne auf der Brust und der hinten auf dem Rücken, die man sich aufgeladen hat, sind zu schwer. Deshalb die Entscheidung: *einen* davon ablegen, um *erleichtert* weitergehen zu können, als beide zu behalten und zusammenzubrechen.

Wer sich entscheiden kann, kann sich auf das momentan Dringliche, Notwendige, Sinnvolle konzentrieren mit dem Gewinn von Stabilität, Autonomie und Handlungsfähigkeit.

7.5 Solidarität

Wenn ich in Seminaren zeigen will, was Solidarität bedeutet (abgeleitet von *solidus*, lat. = stark sein), dann demonstriere ich folgende Interaktion:

Ich stelle mich auf ein Bein, sodass ich instabil bin, breite jedoch die Arme aus, um einen Ausgleich zu schaffen, so als wäre ich auf einem Seil. Ich bitte eine Person neben mich mit eben der gleichen Haltung. Nun berühre ich die mir zugewandte Hand, dann den ganzen Arm bis zur Schulter ... Jetzt haben wir als zwei Einbeiner plötzlich durch unsere Verbindung und unser Verbundensein zusammen zwei Beine und sind dadurch wesentlich stabiler und eben »solidus« (= stark).

Eine sehr eindrückliche Demonstration, wie ich finde, weil sie besonders deutlich macht, dass sich Autonomie und Partnerschaft / Gemeinschaft in keiner Weise widersprechen. Es sind zweierlei Bestrebungen, die sich ergänzen, die eine nicht ohne die andere. Die eine: Der Wunsch nach Freiheit = »Ich bin selbstständig«, und die Sehnsucht nach Verbundenheit = »Ich gehöre dazu« (vgl. Hüther 2010, S. 42)

Es ist wie mit einem guten Ehepaar: Ihre Beziehung untereinander ist umso intensiver, je stärker sie als Einzelne sind und je dichter ihre Verbundenheit (nicht ihr *Ge*bundensein) ist. Je schwächer das einzelne Glied, desto reißbarer die ganze Kette.

> Durch Solidarität werden aus hilflosen Lehrer/innen autonome Persönlichkeiten, die sich in Verbundenheit mit anderen entfalten können.

Schluss: Wertschätzung und Reichtum

»Wir alle müssen das Ansehen der Lehrer steigern – die Politiker, indem sie viel mehr Geld in Lehrerstellen investieren; die Bildungsexperten, indem sie über eine bessere Ausbildung nachdenken; die Lehrer, indem sie miteinander reden, sich selbst und sich gegenseitig bestärken und nicht länger allein vor sich hinwursteln; und wir Eltern, indem wir uns klarmachen, was von einem Lehrer heute verlangt wird …« (Kühn 2007, S. 18).

Auch wenn autonome Menschen nicht von Lob abhängig sind, so tun doch Worte der Wertschätzung gut, die dann auch mit der Wertschätzung den Kindern gegenüber korrespondieren:

»Während meiner Schulzeit, und das ist schon seit dem Abitur 25 Jahre her, wurde immer nur nach den Mängeln gekuckt, immer nur darauf, was wir nicht oder noch nicht konnten«, sagt Frau D. zur Rektorin. »Ich bin so froh, dass meine Carina bei Ihnen in der Schule ist. Sie und Ihre Lehrer scheinen zu sehen, was sie kann, und darauf zu achten, wie sie und die anderen gefördert werden können.« »Ja, genau so ist es«, antwortet die Schulleiterin: »Wir sind keine Fehlersuchmaschine, sondern wir begleiten unsere Schülerinnen und Schüler beim Lernen. Zu entdecken, was unsere Kinder und Jugendlichen hier alles (!) können, ist uns das Wichtigste! Fehler gehören bei uns zum Lernen.«

> *»Ich ernähre mich von meinen Fehlern.«*
> Joseph Beuys

Die Schulleiterin einer großen Grundschule bekommt Besuch. Eine Gruppe von Lehrerinnen und Lehrern hat sich angemeldet, um die pädagogischen und didaktischen Innovationen der Schule kennenzulernen. Obwohl kein Klingelzeichen ertönt, füllt sich nach und nach der Pausenhof mit Kindern. Sie oder deren Eltern kommen aus vielen ver-

schiedenen Ländern, was die Besucherinnen und Besucher teilweise erkennen können. »Ja«, sagt die Schulleiterin stolz, »die 420 Kinder sind unser ganzer Reichtum. Es lohnt sich, für sie da zu sein.« Die Gruppe löst sich auf, weil die Besucher sich zu einzelnen Kindern begeben und mit ihnen reden. Ganz neugierig sind sie und gespannt, was ihnen die Mädchen und Jungen wohl alles erzählen werden …

Die Kinder als Reichtum sehen, auch wenn dieser Reichtum – zumindest nach außen – nicht immer golden glänzt. Diesen Reichtum pflegen, vermehren – und alles tun, dass er glänzend bleibt. Das geschieht nur, wenn diejenigen, die mit diesem Reichtum achtsam umgehen, auch gleichzeitig für sich selbst sorgen können, das heißt, wenn sie autonom sind.

Literatur

»Akzente« (2003): München: Hanser Verlag, S. 23.

Bauer, J. (2010): Die Bedeutung der Beziehung für schulisches Lehren und Lernen. In: Pädagogik 2010 / 7–8, S. 6–9.

Bauer, J. (2008): Lob der Schule. München: Heyne.

Becker, G. E. (2010): Disziplin der Schule. Weinheim und Basel: Beltz.

Behr M. / Walterscheid-Kramer, J. (^{4}1995): Einfühlendes Erzieherverhalten. Weinheim und Basel: Beltz.

Berne, E. (1975): Spiele der Erwachsenen. München: Pfeiffer.

Bernhard, T (1986): Auslöschung. Frankfurt a. M.: Suhrkamp.

Biermann, B.(2009): Tod einer Lehrerin. Weinheim und Basel: Beltz.

Blömeke, S. (2010): Unterrichten lernen. In: Friedrich Jahresheft 2010, S. 12–15.

Eberwein, H. (^{2}1997): Systemisch-ganzheitliche Diagnostik in der Schule. In. Voß, G.: Die Schule neu erfinden. Neuwied: Luchterhand, S. 223–230.

Ellis, A. (1982): Die rational-emotive Therapie. München: Pfeiffer.

Fauser, P. (2010): Kerngeschäft der Schule ist das Lernen. In: Pädagogik 4 / 2010, S. 32–34.

Fendt, A. (2010): Kompetenzorientierter Unterricht – wie geht das? In: Friedrich Jahresheft 2010, Seelze: Friedrich, S. 81–85.

Ferrucci, P. (1987): Werde, was du bist. Reinbek: Rowohlt.

Frank, H. (2010): Lehrer am Limit. Gegensteuern und durchstarten. Weinheim und Basel: Beltz.

Gruen, A. (^{11}1996): Der Verrat am Selbst. München: dtv.

Halbritter, M. (2010): Auf dem Weg zur »guten Schule«. Schule gemeinsam entwickeln. Weinheim und Basel: Beltz.

Helmke, A. (2009): Unterrichtsqualität. Seelze: Friedrich.

Helsper, W. (2010): »Ich will, dass ihr selbstständig werdet.« In: Friedrich Jahresheft 2010, Seelze: Friedrich, S. 34–37.

Herrmann, U. (Hrsg.) (22009): Neurodidaktik. Weinheim und Basel: Beltz, S. 145.

Hille, K. / Müller, A. (2009): Menschen sind lernfähig – aber unbelehrbar. Lernpädagogische Zugänge zur Unterrichtsentwicklung. In: Rolff, H. G. u. a. (Hrsg.): Unterrichtsentwicklung – Eine Kernaufgabe der Schule. Köln: Link Luchterhand, S. 29–43.

Hüther, G. (2010): Wie funktioniert das Lernen im Kopf? In: Pädagogik 2010 / 4, Weinheim: Beltz, S. 40–45.

Kammertöns, H.-B. / Lebert: Was macht das Leben lebenswert? Frankfurt a. M.: Fischer.

Keller, G. (2010): Vulkangebiet Schule. Bern: Huber.

Klippert, H. ([13]2002): Methodentraining. Weinheim: Beltz.

Kühn, L (2005).: Das Lehrerhasserbuch. München: Knaur.

Kühn, L. (2007): Schulversagen. München: Knaur.

Langmaack, B./Braune-Krickau, M. ([5]1995): Wie die Gruppe laufen lernt. Weinheim und Basel: Beltz.

Meyer, H. (2008): Was ist guter Unterricht? Berlin: Cornelsen.

Miller, R. ([4]2004): »Das ist ja wieder typisch!« Kommunikation in der Schule. Weinheim: Beltz.

Miller, R. ([4]2003): Beziehungsdidaktik. Weinheim.

Miller, R. (2010): Verstehen und verstanden werden. Kommunikation und Interaktion in der Schule. Ein Trainingsseminar mit Reinhold Miller. DVD: www.miller-kommunikation-dvd.de.

Miller, R. ([4]2007): 99 Schritte zum professionellen Lehrer. Seelze: Friedrich.

Miller, R. (2006): Sich in der Schule wohl fühlen. Weinheim: Beltz.

Mutzeck, W./Schlee, J. (2008): Kollegiale Unterstützungssysteme für Lehrer. Stuttgart: Kohlhammer.

Portele, G. (1989): Autonomie, Macht, Liebe. Frankfurt a. M.: Suhrkamp.

Rauin, U. (2010): Wer wird eigentlich Lehrer? In: Friedrich Jahresheft 2010, Seelze: Friedrich, S. 8–10.

Riemann, F. ([34]2004): Grundformen der Angst. München: Reinhard.

Roitsch, J. (2010): Im System gefangen. In: Friedrich Jahresheft 2010, Seelze: Friedrich, S. 48/49.

Schaarschmidt, U (Hrsg.) ([2]2005): Halbtagsjobber? Psychische Gesundheit im Lehrerberuf. Weinheim: Beltz.

Schmidbauer, W. ([17]2009): Hilflose Helfer. Reinbek: Rowohlt.

Schratz, M. (2003): Qualität sichern. Seelze: Friedrich.

Schratz, M. (2010): Teamarbeit – ein Mythos wird entzaubert. In: Friedrich Jahresheft, S. 105–109.

Schulz von Thun, F. ([38]2003): Miteinander reden. Störungen und Klärungen. Reinbek: Rowohlt. Bd. I.

Singer, K. (2009): Die Schulkatastrophe. Weinheim.

Spitzer, M. (2002): Lernen – Gehirnforschung und die Schule des Lebens. Heidelberg: Spektrum Akademischer Verlag.

Terhart, E. (2010): »Faule Säcke, arme Schweine oder Helden des Alltags?« In: Friedrich Jahresheft 2010, Seelze: Friedrich, S. 38–41.